EL TAROT COMO VÍA DE CONOCIMIENTO

KAREN HAMAKER-ZONDAG

El Tarot como vía de conocimiento

Un enfoque junguiano del Tarot

EDICIONES URANO
Argentina - Chile - Colombia - España
México - Venezuela

Título original: *De Tarot als levensweg*
Editor original: Uitgeverij Schors, Amsterdam
Traducción: Rosa Arruti

Reservados todos los derechos. Queda rigurosamente prohibida, sin la autorización escrita de los titulares del *Copyright*, bajo las sanciones establecidas en las leyes, la reproducción parcial o total de esta obra por cualquier medio o procedimiento, incluidos la reprografía y el tratamiento informático, así como la distribución de ejemplares mediante alquiler o préstamo públicos.

© Worldcopyright *by* Uitgeverij Schors, Reguliersgracht 54, 1017 LT Amsterdam, The Netherlands
© de la traducción, 1999 *by* Rosa Arruti
© 1999 *by* Ediciones Urano, S. A.
   Aribau, 142, pral. - 08036 Barcelona
   www.edicionesurano.com

ISBN: 84-7953-331-5
Depósito legal: B. 42.568 - 1999

Fotocomposición: Ediciones Urano, S. A.
Impreso por Romanyà Valls, S. A. - Verdaguer, 1 - 08786 Capellades (Barcelona)

Impreso en España - *Printed in Spain*

Para Ton y Paul

Índice

Agradecimientos 11
Prólogo 13

Capítulo 1
¿Qué es el Tarot? 17

Capítulo 2
Historia y antecedentes del Tarot 25

Capítulo 3
Estudio comparativo del simbolismo en unas cuantas
barajas 43

Capítulo 4
Los Arcanos Mayores y el Camino del Héroe 77

Capítulo 5
Las cartas numeradas de los Arcanos Menores 93

Capítulo 6
Las cartas cortesanas de los Arcanos Menores 143

Capítulo 7
Interpretación de los Arcanos Mayores 159

Capítulo 8
El Tarot y la astrología 217

Capítulo 9
Trabajar con las cartas 235

Capítulo 10
Tiradas y lecturas básicas 243

Capítulo 11
La tirada de la Cruz Celta 255

Capítulo 12
La tirada del Árbol de la Vida 265

Capítulo 13
La tirada astrológica 281

Bibliografía 311
Índice analítico 321

Agradecimientos

El capítulo titulado «Los Arcanos Mayores y el Camino del Héroe» forma parte del proyecto de Bona Futura sobre el Tarot y se incluye en este libro con la autorización de Bona Futura BV. Parte del capítulo llamado «El Tarot y la astrología» ya ha aparecido en el libro *Astrology and the Tarot: A Survey* [Astrología y el Tarot: Un estudio], de Karen Hamaker-Zondag (en una única edición limitada editada por Symbolon en Amstelveen, Holanda), y se incluye en este libro con la debida autorización.

Las ilustraciones del Tarot Waite Universal se reproducen con autorización de U.S. Games Systems, Inc., Stamford, CT 06902, Estados Unidos. *Copyright* © 1990 *by* U.S. Games, Inc. No se autorizan posteriores reproducciones.

Las ilustraciones del Tarot Morgan-Greer se reproducen también con autorización de U.S. Games Systems, Inc., Stamford, CT. 06902, Estados Unidos. *Copyright* © 1979 *by* U.S. Games, Inc. No se autorizan reproducciones posteriores.

Las ilustraciones del Tarot Hanson Roberts se reproducen con autorización de U.S. Games Systems, Inc., Stamford, CT. 06902, Estados Unidos. *Copyright* © 1985 *by* U.S. Games, Inc. No se autorizan posteriores reproducciones.

Las ilustraciones del Tarot Haindl se reproducen también con autorización de U.S. Games Systems, Inc., Stamford, CT. 06902, Estados Unidos. *Copyright* © 1991 *by* U.S. Games, Inc. No se autorizan posteriores reproducciones.

Las ilustraciones del Tarot de las Brujas se reproducen también con autorización de U.S. Games Systems, Inc., Stamford, CT 06902, Estados Unidos. *Copyright* © 1974 *by* U.S. Games, Inc., Stamford, Ct. 06902, Estados Unidos. No se autorizan posteriores reproducciones.

Las ilustraciones del Tarocchi Visconti-Sforza de Pierpont Morgan se reproducen también con autorización de U.S. Games Systems, Inc., Stamford, CT. 06902, Estados Unidos. *Copyright* © 1975 y 1984 *by* U.S. Games, Inc. No se autorizan posteriores reproducciones.

Las ilustraciones del Tarot de Marsella se reproducen con autorización de U.S. Games Systems, Inc./Carta Mundi. *Copyright* © 1996 *by* U.S. Games, Inc./Carta Mundi. No se autorizan posteriores reproducciones.

Las ilustraciones de la Baraja de Tarot Sola-Busca se han tomado de *The Encyclopedia of Tarot*, vol. 3. *Copyright* © 1990 *by* U.S. Games, Inc. No se autorizan posteriores reproducciones.

Las ilustraciones del Tarot Arcus Arcanum se reproducen con autorización de AGM AGMüller, CH-8212 Neuhausen, Suiza. *Copyright* © 1986 *by* AGM AGMüller. No se autorizan posteriores reproducciones.

Prólogo

Cuando en 1972 empecé a estudiar el Tarot de forma más seria, lo hice como tantas otras personas: dado que las cartas me parecían lo suficientemente imaginativas por sí solas, dejé que las imágenes ocuparan un segundo término y di prioridad a lo que explicaban los libros sobre ellas. Me planteaba una pregunta, tiraba las cartas de acuerdo con cierto sistema y luego me apresuraba a consultar el significado en algún libro.

En un principio esto funcionó, y, tras probar varias barajas, escogí una que parecía adaptarse bien a mí. Pero llegó un momento en que no era suficiente. En primer lugar, quería saber por qué los significados asignados a los naipes eran tales. Yo los tenía memorizados con meticulosidad, pero ¿cómo habían llegado a determinarse? Esta pregunta se volvió más crucial cuando, ahondando aún más en la bibliografía referente al tema, me encontré con significados contradictorios para una misma carta. Estaba perpleja.

Además, en cuanto empecé a estudiar con mayor atención las imágenes de las diferentes barajas del Tarot, salieron a la luz discrepancias cada vez más numerosas. Algunas personas creían ciegamente en la baraja de Marsella, otras en la de Waite. Estas dos eran las tradiciones más influyentes que encontré, pero la variedad de barajas es incontable; algunas de ellas derivan del mazo de Waite, aunque con diseños diferentes o más artísticos. Entretanto, me había aficionado al Tarot y disfrutaba trabajando con él. Mi interés se intensificó cuando vi una baraja en la que la quinta carta del Arcano Mayor, el Papa (o Hierofante), ¡aparecía representado como Baco! Una carta tan espiritual y religiosa, y de repente Baco: ¿cómo era posible? ¿Qué es en realidad el Tarot?

Puesto que también dedicaba bastante atención a la astrología, el I Ching y la psicología junguiana además del Tarot, empecé a formarme ideas desde un punto de vista ajeno al Tarot.

Examiné las cartas con la lupa arquetípica y estudié su simbolismo desde la perspectiva de la psicología junguiana y los arquetipos. Enseguida se hizo evidente que el simbolismo de numerosas barajas de Tarot es totalmente insuficiente: el aspecto psicológico profundo ha sido sacrificado, en muchos casos, por el atractivo del diseño.

También quedó claro que el espíritu de la época en que se diseña la baraja la impregna de su simbolismo. Y el estado psicológico del diseñador desempeña un papel considerable en la presentación. No debería menospreciarse el efecto de estas influencias: significa que cada baraja presenta ciertas deficiencias. Una carta que muestra a Baco sustituyendo al Papa como encarnación de la espiritualidad, ¿qué nos revela del diseñador?

Aún más, la diferencia entre los Arcanos Mayores y los Menores empezó a hacerse cada vez más patente. Es cierto que todos los libros mencionan esta diferencia pero, por desgracia, en lo concerniente a tiradas complicadas, los autores parecían pasarla por alto.

Mediante el estudio de sueños, dibujos y otros aspectos de la imaginación (es decir, el lenguaje simbólico espontáneo del inconsciente), comprendí que las cartas de los Arcanos Mayores representan el proceso de individuación, es decir, el proceso de evolución y realización, con todos los problemas y obstáculos que esto presenta. En cada época y cultura, este proceso ha dado lugar a mitos y leyendas: una expresión colectiva de la sabiduría implícita de forma oculta en lo más profundo de cada uno de nosotros. La tremenda diversidad de estos mitos tiende a oscurecer el modelo implícito, pero en el espléndido libro de Joseph Campbell, *The Hero with a Thousand Faces*,[1] vemos que el proceso de convertirnos en individuos completos sigue unas pautas específicas. Jung llamó a esto arquetipo. Los Arcanos Mayores reflejan el proceso general de individuación.

---

1. Joseph Campbell, *The Hero with a Thousand Faces*, ed. rev., Princeton University Press, Princeton, 1990. [Hay trad. cast.: *El héroe de las mil caras*, F.C.E., México, 1997.]

Los Arcanos Menores parecen mostrar cómo expresamos o dejamos de expresar en la vida cotidiana estas pautas implícitas, cómo nos afectan y qué hacemos con ellas. Por lo tanto son *aplicaciones* de las pautas de los Arcanos Mayores, pero no tienen en absoluto la amplitud de estos últimos: son más especializados. ¡Si varias cartas de los Arcanos Menores aparecen en una tirada que además incluye una carta perteneciente a los Arcanos Mayores, los Arcanos Menores se incorporan a la esfera de influencia del naipe de los Arcanos Mayores!

Al igual que sucede con los signos astrológicos, con frecuencia los Arcanos Menores se asignan a los elementos. No obstante, pese a las similitudes, existen también diferencias. Las discutiremos más adelante en un capítulo aparte.

A menudo se da un tratamiento numerológico a la secuencia del 1 (el as) al 10 de los Arcanos Menores de cada palo. He experimentado con este concepto y he obtenido resultados relativamente fructuosos, pero no del todo satisfactorios. Descubrí que una carta a veces incluye más de lo que cabría esperar por su significado numerológico. Y, no obstante, conocía por la psicología junguiana la importancia de los números. Jung llamaba a los números «los arquetipos del orden».

Por consiguiente, me interesó aprender el significado de los números en los sueños, las visiones o visualizaciones, los dibujos y cualquier otra cosa que sea una manifestación espontánea de la conciencia individual. También quise saber qué papel desempeñaban los números en los mitos, las leyendas, los cuentos, el folklore y otras tradiciones del pasado y el presente. Al combinarlos me formé nuevas ideas sobre el cometido de varios números, y estas nociones parecían corresponderse mejor con lo que yo había podido deducir de ciertas cartas mientras trabajaba con ellas.

Y, por lo tanto, combiné los significados arquetípicos de los números (incluidas sus paradojas) con los significados básicos de los cuatro palos, tal y como eran presentados en las cartas cortesanas de los Arcanos Menores. Como resultado, mi visión de los significados de los números y palos ahondó de modo considerable en la comprensión de las posibilidades y problemas de cada carta; también aclaraba y resolvía las interpretaciones contradictorias que aparecían en varios libros sobre el tema. Con este criterio no hace falta memorizar los significados de las cartas de una baraja completa; puedes aprender a comprenderlos analizando su composición.

Este enfoque analítico es el que voy a describir. Puedes empezar luego a formarte tus propias ideas elementales sobre las cartas. Cada carta —evidentemente las de los Arcanos Mayores— puede contener un mundo de significados. Una vez asimilado este principio, puedes derivar y comprender todas las posibilidades por ti mismo. De este modo, el Tarot se convierte en un eficaz instrumento a la hora de discernir tu situación psíquica, así como las pautas temporales en las que te encuentras. El Tarot se convierte en un camino vital, el Camino del Héroe que hay en ti mismo.

Yo he compartido buena parte de mi propio camino vital con mi marido Hans, quien ha clasificado y registrado mis descubrimientos y todas mis ondas cerebrales, los ha sometido a una crítica constructiva y los ha respaldado cuando ha sido posible. Le estoy muy agradecida por ello.

Karen Hamaker-Zondag

1
¿Qué es el Tarot?

La baraja clásica de Tarot contiene 78 cartas, que se subdividen en dos grupos:

- los Arcanos Mayores, compuestos de 22 cartas; y
- los Arcanos Menores, compuestos de 56 cartas.

A primera vista, el hecho de que los Arcanos Mayores contengan menos cartas que los Arcanos Menores parece implicar una contradicción: pero «Mayores» y «Menores» no hace referencia a la cantidad de cartas sino a su importancia. Las 22 cartas de los Arcanos Mayores se corresponden con cosas situadas en las profundidades de nuestra mente. A menudo se comparan con una forma de iniciación, no sin motivo, como veremos en breve. Las 56 cartas de los Arcanos Menores tienen que ver más bien con la forma en que esto opera en la vida cotidiana.

Las cartas de los Arcanos Mayores se llaman «triunfos»; las de los Arcanos Menores no tienen ningún nombre especial. Los Arcanos Menores se dividen en cuatro series o palos: Varas (Bastos), Espadas, Pentáculos y Copas.

Cada palo consiste en una serie de cartas numeradas del 1 al 10. También hay cuatro cartas cortesanas: Paje (Sota), Caballero, Reina y Rey. Por lo tanto, tenemos la siguiente estructura:

- Arcanos Mayores: 22 triunfos.
- Arcanos Menores: cuatro palos —Varas, Espadas, Pentáculos y Copas—, compuestos cada uno por diez cartas numeradas y cuatro cartas cortesanas.

Que sepamos, las cartas del Tarot siempre se han utilizado para discernir situaciones y actividades y para estudiar tendencias futuras. Como consecuencia, el Tarot se ha ganado una reputación como uno de los métodos de predicción o «mancia», y generalmente se utiliza para predecir el futuro. En un arranque de curiosidad, compras una baraja de Tarot y un manual explicativo, luego planteas una pregunta, echas una o más cartas de acuerdo con las instrucciones y te limitas a consultar «qué va a pasar».

El Tarot se presta muy bien a este planteamiento, pese a que el resultado depende en parte de la manera en que interpretes el libro. No obstante, al disponernos a trabajar de este modo, no hacemos justicia al Tarot. No estamos teniendo en cuenta que cada carta es una imagen, una imagen con un valor simbólico creado en torno a toda una gama de símbolos, cada uno con su propio significado, y que, en conjunto, aporta la profundidad necesaria a la carta. Si abordamos el análisis de su simbolismo con discernimiento, se puede convertir en una fuente de enriquecimiento interior y crecimiento psicológico, y la predicción ocupará un segundo plano por detrás de la comprensión precisa y clara de uno mismo.

Trabajar con el Tarot puede llegar a servirnos como sistema para aceptarnos por completo a nosotros mismos y nuestra vida, y aprender a encarar los altibajos. El Tarot, por sí solo, te hará descubrir una perspectiva adecuada de la vida: trabajar con el simbolismo y profundidades ocultas del Tarot significa sencillamente aprender a bailar siguiendo los ritmos del cosmos.

El poder del simbolismo

Ahora que hemos entrado en el tema del simbolismo, tenemos que plantearnos la cuestión de qué baraja de Tarot es mejor usar. Existen muchísimas, incluidas las antiguas, como la Visconti-Sforza y la de Marsella; barajas populares, como la Rider-Waite (o su nueva versión, la baraja Waite Universal); y otros mazos muy complicados y polémicos, como el Tarot de Thoth creado por Crowley, etcétera.

Son muchas las personas que han diseñado su propio Tarot

o que han creado variantes de versiones existentes. Inevitablemente, cada diseño evoca en nosotros ciertas asociaciones. De hecho, reverbera con el contenido de nuestro inconsciente, que se activa con la visión de la imágenes. Puede despertar emociones específicas con tal fuerza que, por ejemplo, uno encuentre una imagen dada tan hermosa que prácticamente le impida apartar la vista de ella. Esta emoción revela la preocupación real de uno. Otra imagen o parte de otra imagen puede provocar horror o algo menos específico, como inquietud, o un miedo inexplicable.

Aunque no siempre seamos muy conscientes de todo esto, las imágenes visuales, tanto del Tarot como de la televisión, activan todo tipo de cosas en nuestro inconsciente y, por lo tanto, pueden constituir un espejo prodigioso que refleje lo que acontece en nuestro interior. Lo único que necesitamos son ojos para ver.

El Tarot, no obstante, ofrece una dimensión adicional. En una baraja con un buen diseño simbólico las imágenes no son lo único que nos fascina; también los símbolos despiertan algo en nosotros que nos enseña la manera de resolver un problema determinado. Este proceso tan importante tiene lugar primordialmente en nuestro inconsciente, sin que nuestra conciencia racional le siga la pista. De cualquier modo, no solemos percatarnos del todo de lo útiles que pueden ser unas buenas imágenes simbólicas. Su función es similar a la que desempeñan los cuentos para niños.

Los cuentos van acompañados de imágenes con una base simbólica. La mayoría de niños lo dan por sentado, y la mayoría de adultos se imagina que los cuentos son historietas originales. El mensaje implícito que transmiten las imágenes sustenta el desarrollo del niño. El cuento de la Caperucita Roja, por ejemplo, habla de una niña pequeña que, desatendiendo las advertencias de su madre, sigue el consejo de un lobo y, alejándose del camino del bosque, se adentra entre los árboles para recoger las flores más bonitas. Entretanto, el lobo se apresura hasta la pequeña cabaña de la abuela a quien Caperucita quiere visitar. Devora a la anciana, y el mismo destino espera a Caperucita Roja cuando llega. Por fortuna, un cazador pasa por allá en el momento preciso, raja el estómago del lobo y Caperucita Roja y su abuela salen intactas. Caperucita Roja y su madre pueden volver a reunirse.

He conocido muchos niños para quienes este era su cuento favorito durante cierta etapa (no es raro que suceda en torno a los tres años). Sus padres tenían que leérselo una y otra vez. Con el tiempo, a menudo al cabo de muchos meses, de pronto tenían bastante de la historia y no la necesitaban de manera tan compulsiva.

¿Qué vemos en este cuento? Caperucita Roja es desobediente, sigue un instinto (el lobo), hace cosas impulsivas (coger flores) y tiene que enfrentarse a las consecuencias (que se la coma el lobo). Pero, pese a todo, las cosas salen bien al final. Esto refleja la posición del niño durante su fase desafiante: quiere hacer las cosas a su modo aunque todavía es incapaz de apañárselas por sí solo. Experimenta un conflicto entre la obediencia, que aporta una atención positiva (permanecer en el camino del bosque y hacer lo que le dicen), y lo que quiere de verdad, lo que aporta la mejor diversión (coger las bonitas flores). En la vida cotidiana esto puede expresarse, por ejemplo, en tocar los mandos del horno cuando te prohíben hacerlo y en otras actitudes revoltosas. El niño sabe que le regañarán o castigarán, y que el castigo no será agradable.

Pero el cuento dice: «¡No tengas miedo! Aunque experimentes y ocasionalmente vayas a la tuya, no pasará nada, no perderás el entorno seguro de tus padres». El cuento recalca que este conflicto es un modelo humano general y lo muestra al niño en un idioma de imágenes simbólicas. Como cuento «imprescindible», sabemos que el niño lo necesita como guía constructiva. (Por supuesto, como tantos productos del inconsciente, el cuento se puede interpretar de diversas maneras. He escogido ésta porque se constata con suma claridad en los niños.)

Igual que el cuento proporciona al niño un asesoramiento inconsciente y lo ayuda a hacer frente a problemas de la vida cotidiana ordinaria, las imágenes de algunas barajas del Tarot cumplen el mismo papel con nosotros. Apenas nos percatamos de lo mucho que una de las pequeñas imágenes del Tarot puede activar. La variedad de maneras en que están diseñadas las diferentes barajas del Tarot es enorme, por lo tanto, lo que se ha activado en nuestro inconsciente tiene o tendrá resonancias variadas. Cuanta mayor concordancia exista entre las imágenes y el simbolismo con el que nos hemos familiarizado a través del psicoanálisis, mayor será el impacto producido por las imágenes sobre nuestra conciencia. Por lo tanto, tu elección de la baraja ciertamente tendrá un efecto sobre tu manera de trabajar, sobre lo que puedes hacer con el Tarot, sobre lo que libera en tu interior y sobre lo que sientes.

Elección de una baraja

Si empleas el Tarot sólo como medio de predicción y, en lo que a ti respecta, el simbolismo de las imágenes está subordinado a las lecturas del manual explicativo, apenas importa la baraja que emplees. Pero si tu intención es usar el Tarot de un modo más profundo y quieres tener en cuenta su simbolismo, entonces, como ya hemos visto, las diferencias de diseño se vuelven especialmente importantes. Aunque cada baraja, en sus aspectos principales, apunta en una misma dirección, algunas barajas tienen un diseño simbólico mucho más rico y más armonioso que otras, aunque estas últimas cuenten con un trabajo artístico superior. Por lo tanto, una baraja te permite ir mucho más lejos que otra. En el capítulo 3 aclararé este punto mediante unas cuantas comparaciones.

Tras analizar un número de barajas diferentes, mi criterio actual es que el Tarot de Waite es el mejor desde un punto de vista simbólico, y haré constantes referencias a él en este libro. No obstante, si ves que otra baraja activa emociones intensas en ti, te parece que te dice algo o te provoca una sensación favorable, no dudes en trabajar con ella. Esa baraja tal vez haga resonar una cuerda simpática en ti y sea capaz de ayudarte en tu camino. Trabajar con imágenes y con el inconsciente presenta muchos aspectos irracionales, de modo que permite que tus sentimientos te guíen en tu elección de las cartas.

Símbolos en el Tarot

Las imágenes y los símbolos ayudan a expresar el lenguaje del inconsciente. El inconsciente es extremadamente creativo y juguetón, con una lógica propia que no tiene nada que ver como la lógica tal y como la conocemos nosotros. Es precisamente este carácter juguetón y esta creatividad del Tarot la que lo convierte en un espejo que emplear infinitamente en muchas situaciones. Pero esto requiere una predisposición en el usuario a ser creativo y juguetón a la hora de manejar el Tarot, y a estar listo para aceptar el funcionamiento del inconsciente. Mientras por un lado la mente consciente tiene que ver con el orden, el inconsciente está conectado con el caos, en el cual se esconde un gran potencial. Mientras el consciente obedece a normas y reglas para conseguir que una situación sea más manejable y más fácil de controlar, el inconsciente funciona mejor cuando existe cierto grado de libertad, especialmente en situaciones que son caóticas o ilógicas. El control y la presión son fatales para la creatividad intuitiva y llena de inspiración del inconsciente.

Este concepto tiene consecuencias importantes ya que afecta a nuestra manera de manejar el Tarot. Para contentar nuestras mentes conscientes, tendemos a recurrir a libros escritos con lucidez en los que cada carta se interpreta en la línea de «qué significa la carta "X"» y «cómo debe interpretarse cuando cae en tal o cual lugar». Y «cuáles son las tiradas mejores».

• • •

Cuando concedemos prioridad al inconsciente, nos concentramos normalmente en las cartas que tenemos delante. Buscamos una tirada que nos resulte sugerente; entonces nos atrevemos a permitir que se cree cierta empatía con la imagen simbólica, meditamos acerca de ella, prestamos atención a lo que evoca en nosotros y vemos lo que revela. Si nos aferramos a las interpretaciones estándares que se encuentran en los libros, nos negamos la oportunidad de manejar libremente y con inspiración el simbolismo de múltiples niveles de las cartas. Este simbolismo puede ofrecer un significado mucho más personal para nosotros que el que podemos encontrar bajo las tapas de los libros. Lo único que pueden hacer los libros es enumerar los significados generales; nunca nos informarán sobre la forma en que el simbolismo se relaciona con nuestra vida individual.

A veces ayuda comparar esto con los sueños. Es muy posible que generalmente los símbolos de tus sueños incluyan significados válidos tal y como se recogen en los libros de sueños pero, en tu caso personal, un cierto símbolo podría significar algo por entero diferente. En el análisis junguiano de los sueños, siempre buscamos el significado personal y, si es preciso, recurrimos también al significado simbólico colectivo.

Si tratamos las imágenes del Tarot como símbolos colectivos, sin duda podremos hacer una descripción general espléndida de las mismas, pero cada persona que trabaja con el Tarot posee una carácter emocional único y reacciones altamente personales. El Tarot puede ajustarse a nuestro uso individual del simbolismo de tal modo que los significados de ciertas cartas incluyan algo adicional para nosotros (a veces de forma temporal) o ciertas cartas tengan algo especial que decirnos. Ese pequeño significado adicional varía de persona a persona.

El secreto para entender las cartas es ser receptivo y dejar que su simbolismo opere en ti. Con este propósito, deberías ir más allá del «significado de las cartas» cada vez que sientas la necesidad de hacerlo. No obstante, esto supone entrar en un mundo interior no estructurado donde tú, tú mismo, eres tu único guía. Aun así, al dar este paso, te sentirás recompensado con la experiencia de ver que puedes sumergirte en ti mismo con una intensidad y profundidad mayores de lo que hubieras imaginado; y, como individuo, aumentarás tu capacidad para apoyar a los demás. La creatividad e inspiración del inconsciente puede enriquecer tu vida, siempre que tomes la precaución de evitar proyecciones psicológicas, en las que un deseo o miedo puede ser el padre del pensamiento.

En cierta medida, este libro es diferente de los muchos libros de trabajo sistemáticos y manuales que se usan en este ámbito. En función de su simbolismo, las cartas se tratan como representación de mecanismos psíquicos (los Arcanos Mayores) y de la manera en que estos mecanismos se expresan en la vida cotidiana (los Arcanos Menores), pero no hay ninguna gran sinopsis que explique en detalle lo que significan las cartas en cada apartado.

En su lugar, intento mostrar, mediante la referencia a mecanismos psíquicos, cómo puedes adaptarte a la interpretación según las ideas que te has formado del simbolismo.

2
Historia y antecedentes del Tarot

Los orígenes del Tarot permanecen sumidos en la oscuridad. Según algunos, tenemos que buscarlos en los ritos de iniciación del Antiguo Egipto. Otros ven conexiones con India. También hay quienes consideran las cartas como depositarias de la tradición oculta de los romaníes nómadas (o gitanos), y así sucesivamente. La verdad es simplemente que lo desconocemos. Por otro lado, las referencias históricas al Tarot son tardías: sólo al final de la Edad Media empezamos a oír hablar del Tarot. Sin embargo, son muchas las personas que coinciden, tras estudiar a fondo las cartas, en que su origen es más antiguo.

Es posible que en un tiempo el Tarot fuera algo diferente al conjunto de cartas que conocemos hoy en día, o tal vez la baraja recibiera otro nombre. Por ejemplo, se sabe que ciertas imágenes de pequeño formato (¡cartas!) desempeñaban en otro tiempo un papel en la preparación e iniciación religiosa en países orientales. Estas imágenes simbólicas eran en esencia una especie de lenguaje secreto, un código con un dogma o pensamiento asociado que sólo podían entender los iniciados.

Este método de transmisión del conocimiento oculto se encuentra también en el resto del mundo. Universalmente, desde los mayas a Pitágoras, encontramos símbolos, bien abstractos, bien en forma de imágenes, cuyo significado es más profundo que lo aparente a primera vista. No obstante, lo que es importante en relación con el Tarot es que las cartas de hecho ya se usaban en Oriente además de pinturas y murales. También parece existir una conexión entre la tradición oriental y el simbolismo del Tarot.

Los palos

Al examinar los Arcanos Menores, vemos que se componen de cuatro grupos (o palos): Copas, Varas, Pentáculos y Espadas. Cada uno de estos palos tiene su propio significado básico que se subdivide en las cartas numeradas, del 1 (as) al 10, y las cuatro cartas cortesanas: Paje, Caballero, Reina y Rey.

Se han hecho muchas tentativas de vincular los palos a los cuatro elementos. Aunque existe una correspondencia inconfundible entre estos grupos y los elementos, también existen diferencias. Esto sugiere que no deberíamos limitar nuestra atención a los elementos sino que deberíamos ahondar un poco más. ¿Por qué nos presentan estos símbolos en vez de otros? ¿Por qué estos cuatro símbolos se hallan también sobre la mesa de trabajo del Mago (o Malabarista) en la primera carta de los Arcanos Mayores? Los cuatro símbolos aparecen a menudo en la mitología, pero queremos saber cuándo hicieron su aparición por primera vez en la baraja.

El *Larousse World Mythology*[1] muestra una copa, un cetro, un anillo y una espada sostenidos por las manos de la divinidad andrógina (mitad masculina, mitad femenina) de cuatro brazos, Ardhanarisvara. Esta divinidad es una combinación de Kali y Shiva. (Véase figura 1, página 27.)

La diosa griega del destino, Némesis, llevaba los mismos símbolos: una copa, la rama de un manzano, una rueda y una espada. Y otros dioses de todo el mundo, como el dios mono indonesio, Hanuman, parecen tener este cuarteto como atributos propios.

Sin duda estos cuatro símbolos encierran un significado profundo y se han entendido del mismo modo en épocas diferentes y en diferentes partes del mundo. Las copas son las mismas en todo el mundo, las varas (bastos) toman forma de cetro o de rama de manzano. Los pentáculos, que se representan como círculos o como monedas, también se ven como anillos o ruedas, y las espadas, como las copas, siempre son las mismas.

---

1. *Larousse World Mythology*, Pierre Grimal, ed., Hamlyn, Londres, 1965.

Figura 1. Ardhanarisvara, divinidad andrógina de cuatro brazos, con sus cuatro emblemas: copa, cetro, anillo y espada.

(Tomado de Isaac Myer, *Qabbalah: The Philosophical Writings of Solomon Ben Yehudeh Ibn Gebirol or Avicebron,* Samuel Weiser, Nueva York, 1974.)

La copa y las formas huecas asociadas son un símbolo inmemorial del principio receptivo del cosmos, interpretado hoy como una faceta del yin o del factor femenino. La espada siempre se ha reconocido universalmente como el principio cósmico que tiene que ver con la separación y la diferenciación: una faceta del yang o factor masculino. Las formas circulares, como los pentáculos, son femeninas, también, y las formas verticales, como las varas (bastos), son masculinas.

Llama la atención que, en varios mitos, estos cuatro atributos de divinidades diferentes se pueden reducir a varias formas de dualidad: la polaridad primitiva, el yin y el yang o masculino-femenino. Incluso en la Iglesia cristiana encontramos este simbolismo en la forma del cáliz y la cruz.

Precisamente el hecho de que una divinidad andrógina, símbolo en sí misma de la fusión de lo masculino y lo femenino, posea estos cuatro atributos revela incluso con mayor claridad que la función de los palos de los Arcanos Menores y los objetos colocados sobre la mesa del Mago en los Arcanos Mayores es indicarnos la polaridad primaria del cosmos, que se expresa en los contrarios de la luz y la oscuridad, el día y la noche, la actividad y la pasividad, la creación y la recepción, lo masculino y lo femenino. Todos nosotros necesitamos encontrar una manera de dar equilibrio a esta polaridad dentro de nosotros mismos. Es nuestro camino y nuestro destino. No encontrar el camino sería, literal o figurativamente, «fatal» para nosotros. Por este motivo estos símbolos son también los atributos de Némesis. Los estoicos la adoraban porque la veían como el principio que regía el curso del mundo y la naturaleza. Incluso Zeus temía a Némesis: era implacable e ineludible.

Si existe un falta de equilibrio entre el yin y el yang en nuestra vida cotidiana, inevitablemente acusaremos las consecuencias, bien en forma de problemas externos o en forma de miedos y pesadillas, bien como enfermedad física o como problemas mentales; por ejemplo, una neurosis (o algo peor).

No hay nada nuevo en todo esto, pero, en épocas antiguas, la forma de expresarlo era a través de símbolos. Tales símbolos se encuentran en forma de parejas en el Tarot. Cuando los reconocemos en las tiradas podemos determinar qué lado del equilibrio tiene prioridad en nuestra vida. Dada la estrecha correlación entre los temas de los Arcanos Mayores y los de los antiguos mitos, parece poco probable que hacia el final de la Edad Media alguien se limitara a sentarse una tarde y creara los diseños básicos de las cartas.

El simbolismo del Tarot parece más bien el precipitado del conocimiento original que todos llevamos dentro de nosotros desde tiempos inmemoriales y hemos expresado de formas innumerables en mitos e imágenes. Es posible que este conocimiento fuera guardándose gradualmente en estas 78 cartas. Las cartas me parecen a mí el resultado de un proceso de crecimiento en el que varios diseñadores han puesto su parte; diseñadores que, como producto de su tiempo, estaban influidos inconscientemente por éste. Por esto ciertas barajas del Tarot se han quedado anticuadas a causa de su fuerte conexión con el periodo en que se crearon. En el capítulo 3 ofreceré algunos ejemplos de esto.

Los aspectos numerológicos

Otra cuestión más: la numeración de las cartas no parece arbitraria, aunque los números 22, 56 y 78 digan poco a la mayoría de gente. De hecho, merece la pena estudiar la estructura. Los números siempre han desempeñado un papel en el simbolismo, aparte de su función en los sistemas de numeración.

Aquí voy a limitar mi atención a los sistemas antiguos que coinciden de forma universal. C. G. Jung dijo, al final de su vida, que los números bien podrían ser arquetipos primarios.

Pensemos en el número 2: aparece siempre que hay una dualidad y, por lo tanto, destaca como el número de la dualidad, del yin y el yang, lo masculino y lo femenino.

Los números 3 y 7 siempre han sido considerados significativos, y no sólo por la cristiandad. Piensa en la Santísima Trinidad o, algo más sencillo, en la relación creativa y estado de equilibrio entre hombre y mujer. El proceso implícito en este encuentro fecundo de los opuestos queda representado por el número 3, y el símbolo cotidiano de esta creatividad es el niño.

El 3, no obstante, es una idea; el número 4 representa su realización en la vida cotidiana. Considera al niño: su vida aún tiene que tomar forma. Es el principio de algo nuevo y el símbolo del impulso creativo que puede iniciar un proceso renovador. Conduce a su objetivación y materialización en el número 4; por este motivo el 4 tiene que ver con la materia, y también con los mandalas. Una idea es útil y la creatividad tiene sentido sólo cuando se aplica a la vida.

Jung observó en su trabajo la tremenda significación del número 4: descubrió las cuatro maneras de orientación psicológica (las cuatro funciones); por otro lado, el número 4 en los sueños, en la imaginación y en las fantasías indica en muchos casos que las cosas encuentran su sitio y que los procesos tienen un buen resultado. Podemos pensar en los cuatro puntos cardinales, los cuatro ríos del paraíso (¡donde se alzaban dos árboles!).

Resumiendo, lo que tenemos hasta ahora es:

1) unidad;
2) polaridad primaria;
3) la idea resultante de un encuentro, el inicio de un proceso;
4) la formación en el mundo concreto.

Por consiguiente, existe una estrecha conexión entre los números 3 y 4: representan la traducción de una idea a la realidad. El éxito de esta traducción enlaza con el número 7, que es 3 + 4.

Ahora volvamos a los números del Tarot:

$2 \times 7 = 14$

Cada palo o grupo de los Arcanos Menores está compuesto por catorce cartas, lo cual expresa tanto el lado masculino como el femenino (número 2) del número 7.

$3 \times 7 = 21$

La multiplicación de estos dos números clave da como resultado el número de los Arcanos Mayores menos 1. ¡Porque los Arcanos Mayores se componen de 22 cartas, pero se numeran sólo hasta el 21! El Loco lleva la cifra 0. El Loco es todo y nada. Un «invento» fantástico, ya que sin el Loco las series producidas por el 3 × 7 permanecerán siempre estáticas.

El 3 es una forma de redondear, y el 7 también es una forma de redondear. En el 3 hay un campo de tensión entre concretarse en el 4 o en retroceder al 2. En el 7 también hay un campo de tensión, del que me ocuparé en el capítulo 5. El 7 parece estar implicado en una paradoja viva. El potencial de creación está contenido en el 3 y en el 7, pero eso no es suficiente por sí solo. Se precisa una chispa o impulso creativo para iniciar el proceso.

Y es el 0, el Loco, quien puede aparecer en cualquier lugar y crear una ruptura. Incluso en las lecturas ordinarias de cartas, el Loco significa «prepárate para dar un salto en la oscuridad; en secreto, la vida está dando un nuevo giro para ti». Aparte de las 21 cartas de los Arcanos Mayores, tenemos la vigesimosegunda carta en el número 0; una carta que pertenece a todo y a ningún sitio, lo cual imparte dinamismo y activa los procesos.

Se dice que el número de Arcanos Mayores (3 × 7), dejando aparte al Loco una vez más, representa una doctrina del Antiguo Egipto a la que ya hacía alusión Pitágoras. En ésta, el 3 es un número perfecto y el 7 es un número místico. Si descartamos al Loco de toda la baraja, nos quedan 77 cartas, y eso es 11 × 7. Ahora, si pensamos en el número 11 en conexión con el carnaval, vemos que la idea del Loco adquiere protagonismo en este número y que se manifiesta en el Tarot siete veces, aunque de forma más encubierta que en la carta individual.

$8 \times 7 = 56$

Los Arcanos Menores suman 8 × 7 = 56 cartas. El 8 se refiere a menudo a la «forma»; son los Arcanos Menores los que nos hacen ver el resultado de distintas situaciones en el mundo material, el mundo de la forma. El 3 es la idea que busca una realización concreta: 3 × 7 son los Arcanos Mayores. Y el gran Cero, el Loco, es, en todos los casos, el impulso primario que lo completa, el deseo de vivir, la necesidad inevitable de hacer algo creativo. En resumidas cuentas, es la necesidad humana de individuación, el proceso puesto en marcha por los Arcanos Mayores (el 3 × 7) y elaborado en los Arcanos Menores reflejado en la materia: el 8 × 7.

Los números 7 y 14 desempeñan también un papel simbólico en otros aspectos. Cada uno a su propia manera tienen que ver con el orden. Por lo tanto, de forma ideal, las fases de la Luna tienen un ciclo de 4 × 7 = 28 días. Si llamamos 0 al día de luna nueva (nuestro punto inicial), entonces tenemos el cuarto creciente en el séptimo día, la luna llena en el decimocuarto, el cuarto menguante 7 días después de la luna llena, y la luna nueva 14 días después de la luna llena.

De modo que hay cuatro fases (y ya hemos visto lo importante que es el número 4) de siete días cada una. En el budismo, encontramos algo similar en la tradición que cuenta que Buda dio sus 56 primeros pasos en las cuatro direcciones principales: en cada dirección dio 7 pasos hacia delante y 7 de retroceso, o 14 por cada dirección, y 4 × 14 = 56, el número total de cartas de los Arcanos Mayores.

El número 14 desempeña también un papel en otros mitos: en los 14 pasos de la escalera celestial de Osiris, por mencionar un ejemplo. Por lo tanto, el diseño de la subserie conocida como los Arcanos Menores se basa en un simbolismo numerológico, y las cartas se agrupan en cuatro palos análogos a un mandala, que expresa la realización concreta. Los cuatro palos tienen por sí solos símbolos que dirigen nuestra atención a la polaridad primaria de la vida, al yin y al yang, que pretenden mantener un equilibrio mediante la interacción eterna.

Es más, se puede ver que ciertas asignaciones de cartas incorporan una buena cantidad de conocimiento y discernimiento. No es accidental que la Luna sea la carta 18 y el Sol la carta 19. Los planos orbitales del Sol y la Luna se sitúan en un pequeño ángulo, con el resultado de que los eclipses solares y lunares se producen en ciclos. Un ciclo de este tipo dura unos diecinueve años. Los astrólogos entenderán que esto tiene que ver con la rotación del Nodo Norte en el zodiaco. Pero, atención: dos periodos de diecinueve años y un periodo de dieciocho años llevan al Sol y a la Luna de vuelta precisamente a su punto de partida. Esto se llama el Gran Año. El número de cartas del Arcano Menor es 19 + 19 + 18 = 56. Simbólicamente, el Sol siempre va un paso por delante de la Luna, por lo tanto la Luna es la carta 18 y el Sol es la carta 19. Y por lo tanto, encontramos encerrado en el Tarot un conocimiento astronómico, o más bien un conocimiento de los ciclos celestiales.

Relaciones pictográficas con el alfabeto

Más de un autor ha señalado el parecido entre las 22 letras del alfabeto hebreo y las 22 cartas de los Arcanos Mayores, y el hecho de que las letras del alfabeto hebreo tengan sus propios valores simbólicos ha animado a investigar las similitudes. También se ha planteado la cuestión de si los Arcanos Mayores se han desarrollado a partir de alfabetos anteriores.

Aunque no es algo inconcebible, mi impresión personal es que los significados de las letras de los antiguos alfabetos (normalmente pictográficos) y la riqueza de imágenes simbólicas encontradas en todo el mundo surgen de alguna fuente profunda dentro de nosotros mismos, una forma de «conocimiento oculto» ubicada por Jung en los niveles más profundos del inconsciente colectivo.

Es en este último donde tienen su origen los arquetipos; sirven como puntos de relevo para la energía psíquica en los que el «conocimiento oculto» se convierte en símbolos e imágenes antes de que esta energía psíquica afecte a la mente consciente. Esta transformación puede tener lugar en cada individuo en forma de sueños, visiones, dibujos o danzas espontáneas; puede producirse de forma colectiva en mitos, cuentos, folklore y leyendas. Esto me lleva a creer que lo que aquí tenemos no es sólo algo que se ha transmitido en nuestra propia cultura. Expresiones análogas en todo el mundo, en forma de sistemas y procesos que surgen de modo independiente, reflejan cada una a su manera el conocimiento latente de la humanidad, y cada una nos ayuda inconscientemente a encontrar nuestra orientación en el mundo de los fenómenos.

Primeros juegos de cartas

En mi opinión, el origen del Tarot se remonta mucho en el tiempo. En esencia, el Tarot está anclado en nuestro inconsciente y representa el conocimiento de uno mismo. No obstante, sólo entre los años 1300 y 1500 nos topamos con referencias a lo que parecen ser las cartas actuales del Tarot, aunque no se las denomine por este nombre. Las primeras menciones son más bien a la existencia de juegos de cartas en barajas de diseños diversos.

En 1377, un monje alemán, el hermano Johannes, escribió sobre el *ludus cartarum* (juego de cartas). Éste incluía 52 cartas y nada sugiere la existencia de los Arcanos Mayores. No obstante, ¡el buen hermano señaló lo valiosos que estos juegos de cartas eran para la promoción de los valores morales y la educación! En 1423, san Bernardo de Siena pronunció un ardoroso sermón contra el juego de cartas en la iglesia de San Petronio en Bolonia. La baraja que mencionaba se componía de

56 cartas. Da la casualidad de que la Iglesia a menudo se ha opuesto resueltamente a los juegos de cartas; por lo tanto, las opiniones del hermano Johannes son muy notables.

Da la impresión de que los Arcanos Mayores y los Menores se desarrollasen por separado y se fundieran en un momento concreto. Sólo después de una proliferación de los juegos de cartas y de que empezaran a mencionarse en sermones, en decretos que prohibían su uso e incluso en poemas, aparece por primera vez la palabra *tarocchi* (pronunciada «taroqui»). La lista más antigua en la que se describen las cartas del Tarot data aproximadamente de 1500 y se encuentra en un manuscrito titulado *Sermones de Ludo Cumalis*. Aunque muestra algunas variaciones en la secuencia y diseño de cartas, la descripción ya se aproxima bastante a la de las cartas que tenemos actualmente.

El Tarot clásico

La primera baraja de Tarot conservada casi por completo es la mundialmente famosa baraja Visconti-Sforza, creada a mediados del siglo xv. Se conoce la existencia de varias versiones diferentes. Las originales son verdaderas obras de arte, por la hermosura de su diseño y la calidad de su pintura. Las cartas están dispersas por varios museos de todo el mundo. Se especula sin demasiado acierto sobre diversas cuestiones: ¿cómo se usaron? ¿Por qué se hicieron en aquel momento concreto?

Se acepta de forma generalizada que los miembros de la familia Visconti-Sforza posaron como modelos para las imágenes de las 22 cartas de los Arcanos Mayores. Se pueden ver sus símbolos heráldicos y escudos de armas en los naipes. Según algunas personas, las cartas también representan, de un modo sumamente simbólico, a personas y sucesos pertenecientes al Milán del siglo xv.

Unos cuantos expertos afirman que las cartas de «tarocchi» se emplearon durante siglos, como juego y también como retratos de familias nobles. Esta hipótesis se establece principalmente porque no existen indicios de que el Tarot se usara para la predicción. Sin embargo, sí que existen indicios de este tipo para el juego ordinario de cartas: en torno a 1487 apareció el

Mainzer Kartenlosbuch [El libro de adivinación de Mainz], aparentemente obra de un ilustrador de libros de Ulm, en el que las cartas de juegos ordinarios están ilustradas junto con sus significados.[2] Pero nada se dice en ellos en relación a los Arcanos Mayores.

Personalmente dudo que el objetivo principal del Tarot Visconti-Sforza fuera retratar a la aristócrata familia. Por supuesto que es muy posible que los miembros de la familia sirvieran de modelos; pero me parece improbable que se hubiese querido incluir cartas como el Colgado y el Diablo en una serie que pretendía glorificar a la familia. Aunque en la baraja Visconti-Sforza como la conocemos en la actualidad faltan cuatro cartas —dos cartas de los palos y el Diablo y la Torre de los Arcanos Mayores—, originalmente éstas habrían estado presentes, como podemos determinar por su existencia en barajas comparables de su tiempo. En una reproducción de estas cartas, el Diablo y la Torre se han reconstruido según el estilo de las otras cartas pertenecientes al mismo periodo.

La baraja también contiene muchas escenas cristianas. Así, se dice que el Diablo es una advertencia contra las tentaciones del «mundo, la carne y...», y se especula con que el Colgado representa a san Pedro, quien, según la tradición, pidió que lo colocaran cabeza abajo cuando iban a crucificarlo. Una vez más, existen cartas, como el Loco, harapiento y sumido en la pobreza, para las que me cuesta imaginar que una persona de alta alcurnia consintiera en posar como modelo. El esqueleto de la Muerte aún es menos apetecible. No, yo creo que el orden de las cartas y su simbolismo ya se habían establecido y que las familias aristocráticas encargaban que les hicieran barajas personalizadas. Pero ¿se consideraban un juego o se pretendía lograr algún discernimiento a través de ellas? No lo sabemos.

Después de su vigencia durante varios siglos, las cartas se convirtieron de pronto en el centro de la atención a finales del siglo XVIII cuando un francés, Court de Gebelin, publicó su *Monde Primitif* en 1781. En aquel libro afirmaba que la com-

---

2. Véase Stuart R. Kaplan, *The Encyclopedia of Tarot*, vol. 1, U.S. Games Systems, Stamford, Connecticut, Estados Unidos, 1978, p. 348.

pilación de cartas en los Arcanos Mayores era el antiguo y mágico *Libro de Tot*, que se había rescatado del gran incendio de Alejandría. Defiende que este libro era la síntesis de todo el conocimiento humano combinada con un profundo misticismo. Tot era el dios egipcio de la sabiduría, la ciencia y el ocultismo.

Otro francés, Éliphas Levy (seudónimo de Louis Constant, 1810-1875), quien era conocido entonces por sus libros sobre magia, observó numerosas correspondencias entre el Tarot y la Cábala. Todo este interés y las alusiones a misterios más profundos y sus conexiones con el ocultismo, hicieron que el Tarot fuese muy popular entre las órdenes mágicas, los grupos de ocultismo, las sociedades teosóficas, etc. Posteriormente, ya en el siglo XX, el Tarot atrajo la atención del público general, y hoy en día es empleado con regularidad por muchas personas como instrumento de adivinación o simplemente para aclarar ciertas situaciones.

Se han editado muchas barajas de Tarot diferentes. Una de las más populares es el Tarot de Marsella por la autenticidad que denota. Pero también hay otras barajas importantes; el trabajo enciclopédico de Stuart R. Kaplan, recopilador y experto en Tarot, demuestra lo enorme que ha llegado a ser el número de barajas diferentes.[3]

Entre ellas se encuentra la baraja de hermoso diseño creada por la visión de Aleister Crowley, quien escribió un libro para acompañarla. La baraja de A. E. Waite fue editada en 1910 por Rider & Co. de Londres (razón por la que se conoce como Tarot Rider-Waite). Enseguida se ganó la enorme popularidad de la que aún disfruta.[4]

Las imágenes simbólicas de la baraja Rider-Waite fueron dibujadas por Pamela Coleman Smith, según las directrices de Waite. Éste tenía un conocimiento inusual del simbolismo pero, por su pertenencia a las sociedades ocultistas que existían por aquella época, le pareció necesario mantener silencio y no

---

[3]. Stuart R. Kaplan, *The Encyclopedia of Tarot,* 3 vols. (1978, 1985 y 1990).

[4]. Este libro está ilustrado con la baraja Waite Universal. La baraja original de A. E. Waite se ha vuelto a pintar con colores más suaves. La baraja puede ser de interés para las personas familiarizadas con la baraja Rider-Waite.

desvelar lo que sabía. Apenas se han obtenido detalles por boca de Waite sobre sus intenciones o intuiciones, aunque el análisis del simbolismo de sus cartas revela que Waite era una autoridad o que debía de poseer una gran clarividencia (intuitiva o de otro tipo).

De cualquier modo, la artista Pamela Coleman Smith también debía de estar dotada de una gran percepción para poder reproducir de forma tan sutil y simbólica los esbozos elementales. Waite adaptó el simbolismo del Tarot y alteró ciertas imágenes: lo quería más acorde con las corrientes de ocultismo y simbolismo vigentes en sus días. Por lo tanto, lo denominó «Tarot revisado».

También dio otro paso importante: cambió los Arcanos Menores. Hasta principios del siglo XX, las cartas numeradas del Arcano Menor (con una excepción) no incorporaban imágenes. No contenían nada aparte de un símbolo y el número de la carta; por esto el Siete de Varas tenía siete varas y nada más. Waite creó imágenes reconocibles para cada una de las 56 cartas de los Arcanos Menores. Es cierto que también defendió el antiguo método de adjudicar al número de ese símbolo un sitio en algún lugar de la carta, pero normalmente como parte integral del diseño.

De este modo, las 78 cartas de la baraja Rider-Waite presentan un elevado simbolismo, en cierto sentido más profundo y rico en los Arcanos Mayores que en los Menores. Existen indicios fiables de que Pamela Coleman Smith tenía delante de ella la única baraja de Tarot (o al menos fotos de ella) que cuenta con imágenes reales en los Arcanos Menores, que probablemente data del siglo XV. Existen una o dos similitudes asombrosas entre el viejo *Tarot Sola-Busca* y los Arcanos Menores del de A. E. Waite, aunque aún sean más numerosas las diferencias (véanse las figuras 2, 3 y 4 de las págs. 38-41).

En el siguiente capítulo, veremos por qué la baraja Rider-Waite se ha convertido justificadamente en el Tarot de hoy en día, y cuál es su relación con otras barajas en lo que a simbolismo se refiere.

Figura 2. Arriba: El Loco (Tarot Waite) y el Cinco de Copas (Tarot Sola-Busca). Abajo: el Diez de Varas (Tarot Waite) y el Diez de Espadas (Tarot Sola-Busca). (Tomado de Stuart R. Kaplan, *The Encyclopedia of Tarot,* vol. 3 U.S. Games Systems, Inc., Stamford [Connecticut], 1990.)

Figura 3. Arriba: el Siete de Espadas (Tarot Waite y Tarot Sola-Busca). Abajo: el Seis de Varas (Tarot Waite) y el Rey de Copas (Tarot Sola-Busca). (De Stuart Kaplan, ob. cit.)

Figura 4. Arriba: la Reina de Espadas (Tarot Sola-Busca) y la Reina de Varas (Tarot Sola-Busca). Abajo: la Reina de Espadas (Waite). (De Stuart Kaplan, ob. cit.)

Figura 4 (continuación). Arriba: el Rey de Varas (Tarot Waite y Tarot Sola-Busca). (De Stuart Kaplan, ob. cit.)

3
Estudio comparativo del simbolismo en unas cuantas barajas

Entre el gran número de barajas diferentes, he seleccionado siete que se encuentran entre las más populares, como la ya mencionada baraja Rider-Waite, que está muy bien considerada, y el Tarot de Marsella, de aspecto muy auténtico, según algunos un producto genuino de la Edad Media.

Me veo obligada a comentar que, por lo que yo sé, ninguna carta del Tarot de Marsella proviene de la Edad Media. Los vestigios de esta baraja no se remontan más allá de 1784, el año en que Grimaud editó su primera baraja de cartas. Y lo mismo que en la actualidad hay numerosas versiones de la Rider-Waite, igualmente en el siglo XVIII había numerosas versiones del Tarot de Marsella. En el siguiente estudio comparativo haré uso del Tarot de Marsella tal y como se reproduce en las cartas de Grimaud.

Las barajas de las que voy a seleccionar unas pocas cartas con objeto de comparar su simbolismo son las siguientes:

1. Tarot de Marsella,
2. Tarot Rider-Waite,
3. Tarot Hanson-Roberts,
4. Tarot Morgan-Greer,
5. Tarot Arcus Arcanum,
6. Tarot Haindl,
7. Tarot de las Brujas.

Puesto que el Tarot de Marsella era la baraja más popular antes de la aparición de la Rider-Waite, y esta última era en cierto sentido una reacción a la primera, empezaré comparando estas dos. Posteriormente introduciré material suplementario de otras barajas, algunas de las cuales son interpretaciones muy artísticas de la baraja Rider-Waite, en tanto que otras son completamente originales.

He escogido cuatro cartas de los Arcanos Mayores: el Loco, el Mago, los Amantes y la Muerte. Primero comentaré los principios generales y sus mecanismos psicológicos asociados. En segundo lugar, pasaré a discutir la manera en que las diferentes cartas expresan estos principios y mecanismos.

Lo mismo sucederá con una carta de los Arcanos Menores (el Siete de Copas): explicaré cómo funciona esta carta en la práctica y cómo su significado ha sido incorporado a las imágenes de las cartas de las diversas barajas.

El Loco

El mecanismo psíquico asociado al Loco es nuestro deseo innato (que potencialmente puede realizarse) de desarrollar nuestra personalidad. El conocimiento de uno mismo es primordial para que esto suceda. El Loco es el mecanismo que tiende a evitar que nos quedemos estancados y dejemos de crecer interiormente. Por lo tanto, el Loco aparece siempre cuando nos encontramos al principio de algo nuevo; a menudo nos parece que estamos a punto de dar un salto en la oscuridad, pero será un paso a una situación o actividad muy importante para nosotros.

En muchos aspectos este salto es duro de dar: estamos dejando el territorio de lo conocido y no tenemos ni idea de cómo van a salir las cosas. Por lo tanto, es muy importante tener una buena conexión con nuestro mundo interior para que podamos experimentar o reconocer nuestras reacciones.

- *La dirección en que camina el Loco*

En el Tarot de Marsella, el Loco camina hacia el lado derecho de la carta, considerado generalmente el lado yang o masculino. En el Tarot Rider-Waite, el Loco camina hacia el lado izquierdo de la carta, el yin o lado femenino. La figura 5 de las páginas 46 y 47 muestra al Loco en varias barajas de Tarot que comentamos aquí.

En la Edad Media, y también durante varios siglos posteriores (en contraste con el estado actual de las cosas), aún les quedaba por delante un enorme desarrollo del pensamiento y la razón. La gente medieval tenía que salir de la sombra del dicho *Memento mori* («recuerda que debes morir») para aprender que eran algo más que unidades de un colectivo. Con el despertar renacentista vemos una tendencia en la dirección de *Memento vivere* («recuerda que debes vivir»), vemos la introducción de la perspectiva en el arte y el crecimiento del individualismo, lo que llevó históricamente a la Revolución francesa y a la guerra de Independencia de Estados Unidos.

El desarrollo del lado yang tanto en hombres como mujeres era, por lo tanto, de suma importancia.

Aunque el Tarot de Marsella perteneciera a una fecha posterior, por ejemplo, al siglo XVII o el XVIII, los comentarios anteriores siguen siendo fundamentalmente válidos. No debemos olvidar que el ritmo de cambio experimentado por la mentalidad colectiva fue mucho más lento durante estos siglos de lo que es en la actualidad. Por dar sólo un ejemplo, en el siglo XVIII un granjero seguía trabajando exactamente del mismo modo que su predecesor del siglo XII. Hoy en día, la vida es muy diferente y sería un error pensar que nuestras técnicas y desarrollos contemporáneos se encontraban disponibles en siglos anteriores.

En el siglo presente, a menudo tenemos que enfrentarnos a las consecuencias de un énfasis excesivo en la racionalidad y la eficiencia. Ya no conocemos el significado de la receptividad, la feminidad o el yin. Hemos asumido durante demasiado tiempo que podemos encontrar la respuesta a cualquier problema con nuestra lógica y tecnología.

Pero ahora estamos empezando a reconocer los desequilibrios que presenta este planteamiento. La ciencia se encuentra cada vez más con lo irracional en sus experimentos, la teoría del caos ha sido reconocida. El yin una vez más llama a la puerta de los bastiones de la razón, por débil que sea la llamada.

Tarot de Marsella

Tarot Waite

Tarot Hanson-Roberts

Tarot Morgan-Greer

Figura 5. Diferentes versiones del Loco. Todas estas barajas de Tarot están disponibles hoy en día.

Estudio comparativo del simbolismo

Tarot Arcus Arcanum

Tarot de las Brujas

Tarot Haindl

Nuestro tiempo pide a gritos que se conceda una atención renovada a los valores femeninos, al yin, a la receptividad y a la aceptación del papel de lo «no racional». Se requiere una respuesta positiva a esta llamada por parte de los seres humanos, no sólo como especie sino como individuos, mientras cada uno de nosotros se esfuerza por ser más equilibrado personalmente y ofrecer a la comunidad el lugar apropiado. Por consiguiente, en nuestra época, el Loco tiene que caminar sin duda hacia la izquierda...

En las barajas Hanson-Roberts y Morgan-Greer, el Loco camina también hacia la izquierda, y en el mazo Haindl, el Loco mira hacia la izquierda. Sin embargo, en el Tarot Arcus Arcanum y en el Tarot de las Brujas, el Loco camina hacia la derecha, lo cual, desde el punto de vista del simbolismo, es contrario a la tendencia de nuestro tiempo.

- *El Perro* («*O el perro o el gato te morderá...*»)

El papel desempeñado por el perro en el Tarot de Marsella no es el mismo que el del perro en la baraja Rider-Waite. En el mazo Rider-Waite está dibujado como un cuadrúpedo juguetón que da brincos junto a su propietario. En el Tarot de Marsella, el perro se abalanza desde atrás contra el Loco y le hace un agujero en los pantalones.

El perro aparece a menudo en el simbolismo (en sueños, por ejemplo) y refleja fuerzas instintivas del inconsciente. Los animales pueden representar estas fuerzas en diferentes planos: cuanto más fiero y viejo el animal, más remoto es este factor de nuestra conciencia. Es muy diferente soñar con un gato o soñar con un lince. El gato es un animal que ha estado domesticado durante siglos y mantiene vínculos estrechos con los seres humanos y la cultura humana. Su significado simbólico se puede captar con facilidad.

Exactamente lo mismo se puede decir del perro: representa una parte de nuestro mundo instintivo. Simboliza fuerzas de ayuda a la espera de que nosotros aprendamos a usarlas, ya que van asociadas al perro. Como sucede con otros muchos factores del inconsciente, el perro puede dirigir nuestra atención a asuntos de los cuales la mente consciente no se percata. Sólo tenemos que pensar en la función de asistencia y aviso que tienen los animales en los cuentos. Es importante que nos acostumbremos a prestarles atención y a no rechazarlos por irracionales o disparatados. Porque entonces las mismas fuerzas instintivas recaerán indirectamente sobre nosotros, ya que al final no permitirán que las apartemos de nuestro camino.

En el Tarot de Marsella, el perro se abalanza contra el Loco desde detrás. Hay un detalle importante consistente en que los pantalones del Loco están rotos en la parte superior de la pierna donde empiezan las nalgas, no precisamente un lugar que uno querría que quedara expuesto.

El Loco camina hacia la derecha en esta baraja; su orientación persigue un mayor desarrollo de la mente consciente. En muchos casos suele ser característico de este desarrollo (de forma temporal o no) un rechazo de las premoniciones y de otras cosas no racionales y aparentemente ilógicas. Pero esto implica el riesgo de perder el equilibrio y acabar siendo tan parcial que, como el Loco, «¡nos cojan con los pantalones bajados!».

Ese es el peligro que describe el perro en el Tarot de Marsella. La existencia de la facultad de asistencia y aviso por parte de nuestros instintos normalmente no se ve (el perro va detrás del Loco), y su presencia no se percibe hasta que hace aparición de forma súbita.

¡Qué diferente es la baraja Rider-Waite! Allí el perro acompaña al Loco. No es que este último pueda ver bien al animal mientras anda con la mirada alta, pero sin duda el perro se encuentra en las proximidades de su campo de atención. Hay más: aunque el perro va dando brincos, lo hace al lado del Loco sin rasgarle la ropa. En el siglo XX, especialmente con nuestros avances en el campo de la psicología (y el psicoanálisis), nos hemos formado una idea mucho más clara sobre el funcionamiento del inconsciente y el contenido del mismo.

También existe un deseo creciente (como queda en evidencia por los diversos movimientos de la Nueva Era) de aprender de nuevo a comprender el lenguaje del inconsciente, de estudiar el simbolismo y devolver los sueños y sucesos sincrónicos al lugar que les corresponde (como hechos irracionales). Que el perro exhiba su camaradería también dice mucho.

Si estamos deseosos de ver y entender a nuestro fiel compañero, este será capaz de prevenir nuestra caída en el abismo que parece amenazarnos. En el Tarot de Marsella no hay precipicio. En aquel tiempo, el gran avance consistía en desarrollar la conciencia, con todos los altibajos que eso representa. En nuestros días, el paso requerido es procurar que nuestras psiques sean completas, para lo cual tenemos que volver a aprender a ver, entender y usar el lenguaje del inconsciente.

En la baraja Hanson-Roberts no aparece el perro, pero hay un precipicio visible en el fondo. Pero, simbólicamente, el perro como poder asistente tiene suma importancia, y su ausencia priva al Loco de un rasgo esencial. Puede lanzarse con éxito al abismo sólo en la medida en que mantenga una relación amistosa con su mundo instintivo. La baraja Morgan-Greer muestra un perro amistoso; el precipicio también está ahí, pero no es tan obvio.

La baraja Arcus Arcanum muestra un gato como compañero del Loco en vez de un perro. Por su parte, el animal del Tarot de las Brujas está a medio camino entre un perro y un gato. Teniendo en cuenta el hecho de que en esta baraja son gatos los animales que aparecen en los demás sitios de los Arcanos Mayores, es más probable que, también en este caso, el animal que aparece con el Loco sea un gato.

El gato, tanto como el perro, es un símbolo de factores instintivos y elementos de advertencia en el inconsciente, pero, al mismo tiempo, el gato tiene un significado propio. El gato es más caprichoso, y en los cuentos es conocido como el animal de la bruja. El gato no es tan dócil como el perro sino que va a la suya. Tradicionalmente, el gato va asociado a la noche: un gato tiene una capacidad notable para cazar en la oscuridad, y, por lo tanto, diversas culturas lo han imaginado en alianza con los poderes de las tinieblas.

Se considera al gato un animal astuto y taimado (sólo tenemos que imaginar la forma en que se arrastra hasta su presa para comprender los motivos), y también la representación del femenino oscuro (como la bruja malvada en las leyendas populares). Aunque el término «femenino oscuro» es un juicio establecido en un contexto cultural concreto y a pesar de los aspectos tan positivos de este lado irracional orientado a la naturaleza, es un hecho comprobable la poca comprensión del lado yin que ha existido en nuestra situación social a lo largo de siglos. Estas son algunas de las maneras en que la imagen del gato difiere de la del perro, y, por lo tanto, tiene mucha importancia qué animal es el que te ayuda (y también si te desgarra la ropa).

En la baraja Arcus Arcanum, este animal nocturno de espíritu libre está situado al borde del precipicio. El lado incomprensible de lo femenino (y por lo tanto la oscuridad repudiada a menudo) sin duda puede asistir al Loco en nuestros tiempos, especialmente si se mueve hacia la derecha en la dirección que le aparta del lado irracional; la forma del gato posee este aspecto de la naturaleza humana que hoy en día necesitamos integrar. Pero la baraja Arcus Arcanum no muestra de forma convincente que el gato cumpla una función de advertencia: parece más interesado en observar lo que va a hacer el Loco.

El Tarot de las Brujas también muestra a un Loco que camina hacia la derecha, el Loco que quiere dejar atrás lo irracional. En este caso, igual que sucedía con el perro en el Tarot de Marsella, el gato le ataca desde detrás y le hace un agujero en los pantalones. Es el femenino nocturno e instintivo, el lado irracional y oscuro, lo que clava las garras al Loco. En la vida cotidiana, el asaltante puede ser, por ejemplo, una atmósfera muy tensa, una emoción intensa y tal vez incluso una depresión. Éstas retienen al Loco y le apartan del camino que le lleva al borde del desastre. En lugar de ofrecer al Loco la asistencia del inconsciente mientras viaja en la dirección yin y la protección necesaria para no caer en el abismo, como vimos en la baraja Rider-Waite, son las fuerzas yin oscuras las que en este caso intentan restringir al Loco yang en su avance por este camino parcial: ¡un simbolismo diferente por completo!

El Tarot Haindl difiere por entero de las imágenes anteriores. No hay precipicio, no hay perro o gato que prevenga sino un cisne, con un flexible cuello curvado, alas ampliamente extendidas y el pecho herido. Según el libro adjunto, el cisne herido representa la Caída y la expulsión de la humanidad del Jardín del Edén. Si se mira desde el punto de vista del simbolismo, la herida en el pecho del ave parece estar conectada con la antigua fábula del pelícano que picotea su pecho con objeto de alimentar a sus crías con su propia sangre. Una analogía extraída de esta creencia convierte al pelícano en un símbolo de la muerte de Cristo y su ofrenda eterna en la cruz por toda la humanidad. El mismo simbolismo aparece en la alquimia, donde el pelícano va asociado a la labor altruista de la destilación o la purificación. Por lo tanto, la mancha de sangre podría hacer referencia a este símbolo. No obstante, la carta no muestra un pelícano sino un cisne.

El cisne solía ser un símbolo de pureza (excepto en la Edad Media) y se decía que tiene poderes proféticos. De todos modos, por lo que yo sé, un cisne con el pecho herido no desempeña un papel específico en el simbolismo colectivo de la mitología. Por lo tanto, lo que aquí estamos analizando es un fragmento de simbolismo personal. El cisne, como criatura que acompaña al Loco, podría indicar la necesidad de experimentar el proceso de individuación como una depuración, aunque, en términos estrictos, el cisne que aparece en esta imagen no representa ninguna ayuda del inconsciente. Por lo tanto, en la versión que encontramos en la baraja Haindl, la idea de la Caída es prominente en la acción del Loco.

El Mago

Tanto en el Tarot de Marsella como en la baraja Rider-Waite, vemos a un hombre con una vara en su mano, una lemniscata sobre la cabeza (esta figura forma parte del gorro en el Tarot de Marsella) y una mesa delante de él con varios objetos. Pero existen claras diferencias de diseño y, por lo tanto, diferencias de significado simbólico. Desde el punto de vista psicológico, el sentido general del Mago es una necesidad de dar a nuestra vida una actividad dirigida. La acción enérgica, marcarse objetivos y la realización personal en pos de un discernimiento de la realidad forman el significado básico de esta carta. Esta noción de la realidad puede implicar el mundo físico, el comportamiento de la materia y de la psique, y la actividad del espíritu. De modo que tenemos que adoptar una visión muy amplia.

- **Materia**

En el Tarot de Marsella, el Mago sostiene una vara en la mano izquierda. En la baraja Rider-Waite la mano empleada es la derecha. Tradicionalmente, la mano izquierda significa recepción, anticipación, cualquier faceta de nuestro inconsciente, tanto positiva como negativa. En contraste, la mano derecha representa dirección, actuación y hechos, y nuestro consciente. Los lectores tal vez deseen comparar las diversas barajas. Presta atención a la figura 6 de las páginas 56-57. La baraja más antigua, el Tarot de Marsella, parece representar que el origen de la actividad deliberada se encuentra en gran medida en nuestro inconsciente, expresado con mayor énfasis que como se refleja en la baraja Rider-Waite. En la baraja Rider-Waite, la dirección consciente y el establecimiento de objetivos quedan representados de forma mucho más clara por el lado derecho. Una vara (o un basto) suele ser símbolo en muchos casos de la dirección y control de la energía (un ejemplo es el puntero usado en una pizarra) o de marcar el ritmo (como sucede con la batuta de un director). Esta dirección, control o dosificación de la capacidad de uno mismo, en el Tarot de Marsella, es en gran parte una cuestión del inconsciente; la ventaja consiste en que el lado asistente del inconsciente puede intervenir con mayor facilidad, y la desventaja es que no son tan evidentes una comprensión consciente y sabia orientación. ¡Pero se supone que el Mago expresa la exploración y comprensión, la dirección y orientación! Su vara tiene dos extremos, uno que señala el espíritu y el otro la materia —los dos polos de la existencia—, ambos muy importantes, y hace falta mantenerlos equilibrados. Tanto el Tarot de Marsella como la baraja Rider-Waite representan una vara con extremos idénticos, que aluden por consiguiente al hecho de que las polaridades de nuestra vida tienen igual valor.

Las barajas Morgan-Greer, Hanson-Roberts, Arcus Arcanum y el Tarot de las Brujas presentan todas al Mago sosteniendo la vara con la mano derecha, lo cual significa la necesidad de desarrollar un discernimiento consciente del mundo de los fenómenos. No obstante, las varas varían de forma. El mazo Morgan-Greer tiene una vara similar a la de la baraja Rider-Waite, con extremos parecidos.

Tarot de Marsella

Tarot Waite

Tarot Hanson-Roberts

Tarot Morgan-Greer

Figura 6. Diferentes versiones del Mago. Todas estas barajas de Tarot están disponibles hoy en día.

Estudio comparativo del simbolismo 55

Tarot Arcus Arcanum

Tarot de las Brujas

Tarot Haindl

La baraja Hanson-Roberts presenta un diseño interesante en el sentido de que la vara se sostiene muy alta y tiene extremos que difieren de forma evidente. El extremo superior ni siquiera aparece en su totalidad en la imagen: un hecho lleno de significación. Si te involucras en alguna terapia artística, observarás que los pacientes que encuentran dificultades para afrontar cierta faceta de sí mismos, que no son suficientemente conscientes de ella o no le prestan suficiente atención, dibujarán a menudo de una manera que da la impresión de que su hoja de papel no parece lo bastante grande. En otras palabras, el objeto no se ajusta (lo suficiente) a la imagen. La parte superior de la vara de la baraja Hanson-Roberts se queda justo fuera de la imagen. Tal vez el Mago no sea todo lo indagador que debiera ser. Y el lado yin, el extremo inferior de la vara, no acaba de adoptar la forma de un puño distinguible. De modo que parece que a este Mago le queda mucho trabajo por hacer.

En la baraja Arcus Arcanum vemos una hermosa vara con extremos en absoluto similares: el extremo superior está coronado y el inferior no. Por lo tanto no se expresan valores iguales en este caso; la diferencia podría explicarse por la necesidad de distinguir entre macho (superior) y hembra (inferior).

El Tarot de las Brujas muestra una pequeña vara sostenida desde la parte inferior, lo cual deja únicamente la parte superior visible. En contraste con las otras barajas, la vara se sostiene hacia abajo (y parece señalar la bola de cristal colocada sobre la mesa). La posición de los brazos en la baraja Rider-Waite, a saber, el brazo derecho alzado al cielo y el izquierdo dirigido directamente al suelo para preservar el contacto con la Tierra, refuerza el mensaje de los extremos similares en la vara: que los polos primarios, el yin y el yang, el cielo y la tierra, etc., deben mantener un equilibrio. Este simbolismo está ausente en el Tarot de las Brujas: la vara parece casi la que podría usar un prestidigitador.

En la baraja Haindl, la vara no aparece en absoluto en la carta del Mago. Es una señal importante, especialmente si tenemos en cuenta que la vara recalca el lado activo del Mago, ya que se trata de una imagen acerca del deseo de dirigir y controlar. En su lugar, la baraja Haindl muestra unos cristales que brotan del ojo del Mago, en la izquierda de la carta, que deben interpretarse como la capacidad de percibir las formas puras de la existencia. Esta capacidad puede verse alterada por emociones oscuras, no integradas, como las representadas por la figura oscura que surge de la diadema de la cabeza de la pálida figura. Por lo tanto, la baraja Haindl no nos presenta un Mago activo en su simbolismo sino uno contemplativo, un Mago que tiene más cualidades yin que las permitidas por las ideas originales del Tarot.

- *La mesa del Mago y su contenido*

En la baraja Rider-Waite, los objetos colocados sobre la mesa del Mago simbolizan los cuatro palos de los Arcanos Menores. Como vimos en el capítulo anterior, éstos representan categorías muy arraigadas en nuestra vida. El empleo de estas categorías y el esfuerzo para ahondar en nuestro discernimiento de ellas mejora nuestra capacidad para funcionar de forma más equilibrada y favorable en nuestra vida cotidiana y para marcarnos objetivos más realistas. Aún más, existe un vínculo entre los Arcanos Mayores, de los que el Mago forma parte, y el mundo proteico de los fenómenos de los Arcanos Menores.

En el Tarot de Marsella vemos una variedad de objetos mucho más arbitraria sobre la mesa, como un cuchillo, un dado, una bolsa o cartera y una taza; en pocas palabras, nada que indique un deseo de emplear categorías definidas. Más que nada, el Mago parece representar a un malabarista. Aunque el Mago refleja nuestra necesidad de describir los principios creativos que existen tras nuestro mundo de las apariencias, tanto en el Tarot de Marsella como en la baraja Rider-Waite, el diseño de la carta es mucho más definido en la segunda.

Las otras barajas, con la excepción del Tarot de las Brujas, coinciden con la baraja Rider-Waite a la hora de hacer referencia explícita a los cuatro palos. La baraja Hanson-Roberts, la Morgan-Greer y la baraja Arcus Arcanum muestran los cuatro objetos simbólicos colocados sobre la mesa con disposiciones diversas.

En la baraja Haindl, los objetos se hallan en primer plano

sin ningún medio de soporte. La forma en que están agrupados es asombrosa: el cetro se ha convertido en una especie de flecha que parece estar atravesando la copa, y la espada atraviesa la piedra que sirve de pentáculo. Desde un punto de vista simbólico supone una diferencia tremenda: mientras que en las otras cartas los cuatro objetos de los Arcanos Menores están separados, la baraja Haindl los agrupa en pares que muestran los símbolos yin (la piedra y la copa) perforados por los símbolos yang (la flecha y la espada). Simbólicamente, esto puede significar que los cuatro factores que representan nuestra realidad (los cuatro elementos, los cuatro palos de los Arcanos Menores) se reducen a dos pares que no pueden tratarse por separado.

Aunque este simbolismo no carece de atractivo, no puedo conciliarlo con mi propia experiencia.

Los objetos colocados sobre la mesa del Mago en el Tarot de las Brujas no son los mismos que en las demás cartas. No aparecen símbolos tomados prestados de los Arcanos Menores, y por consiguiente ninguna sugerencia de algún deseo por parte del Mago de entender los factores que controlan la vida cotidiana. El gato, el dado y la bola de cristal indican un planteamiento muy intuitivo sin ninguna planificación en el sentido usual de la palabra.

El Mago concede prioridad a lo subjetivo, lo irracional y los procesos experimentales en su forma de abordar el mundo. No son cuestiones intrínsecamente negativas; por el contrario, forman una valiosa aportación al racionalismo de nuestra sociedad occidental. Pero el significado original del Mago no sale a relucir aquí: el Mago es mucho más yin de lo que le permite normalmente su condición.

Los Amantes

Las imágenes que aparecen en las cartas de la baraja Rider-Waite y en el Tarot de Marsella son, por sorprendente que parezca, muy diferentes. La gente que acaba de empezar a estudiar el Tarot imagina a menudo que esta carta representa el amor verdadero y que predice una feliz relación cuando aparece en una tirada, pero la verdad es en muchos casos bien distinta. La figura 7 (págs. 60-61) muestra versiones diferentes de los Amantes en las barajas que comentamos aquí.

En principio, la carta de los Amantes representa el afán interno de conciliar los contrarios en la vida, y especialmente los contrarios primordiales del inconsciente y la mente consciente. Esto se aprende en la confrontación con el mundo exterior y, también, mediante el establecimiento de relaciones con él. A través de nuestras propias reacciones y las de los demás, aprendemos a experimentar lo que acontece en nuestro inconsciente. Sólo entonces estamos en condiciones de funcionar con franqueza y sensatez en una relación amorosa. Ayuda además a elegir con claridad e independencia: siempre depende de nosotros aprender a relacionarnos con los demás.

El Tarot de Marsella incluye la imagen de un hombre situado entre dos mujeres: una mayor, a la izquierda de la carta (que atrae su atención), y una más joven a la derecha. Sobre su cabeza, Cupido (o Eros) está a punto de disparar una flecha, más o menos en dirección a la mujer joven.

Todo el retrato respira una dualidad que puede interpretarse de distintas formas. Podría representar a un hombre que tiene que escoger entre los vínculos con su madre (a quien está mirando) y una relación (posiblemente erótica) con la mujer a la que Eros apunta con la flecha. Se trata de un proceso inconsciente por el que todos pasamos, seamos hombres o mujeres: tenemos que desvincularnos de nuestros padres para poder profundizar y dar forma a nuestra relación con nuestra pareja en la vida.

La mujer de mayor edad también puede representar el factor femenino de sabiduría y espiritualidad que hay en todo hombre, y la mujer más joven puede representar el lado físico y sensual. Estas dos facetas con frecuencia parecen estar en conflicto, pero el hecho es que la sexualidad y la espiritualidad se encuentran estrechamente conectadas. Aprender a unir estas dos facetas en nosotros mismos instiga un evidente crecimiento psíquico.

La baraja Rider-Waite no representa a Eros en la carta de los Amantes; es un ángel quien ejecuta la bendición en este caso. También muestra a un hombre y a una mujer que estiran

Tarot de Marsella

Tarot Waite

Tarot Hanson-Roberts

Tarot Morgan-Greer

Figura 7. Diferentes versiones de los Amantes. Aquí hemos incluido también el Tarot Visconti-Sforza.

Estudio comparativo del simbolismo

Tarot Arcus Arcanum

Tarot de las Brujas

Tarot Haindl

Tarot Visconti-Sforza

un brazo el uno hacia el otro, con los dos árboles del paraíso en el fondo: el «árbol de la vida» tras el hombre y el «árbol de la ciencia del bien y del mal» tras la mujer.

El simbolismo del árbol en el fondo de la imagen indica la necesidad de aprender a discriminar, con referencia tanto a nosotros como al mundo exterior. No es suficiente adaptarse a la «Vida» y al «Conocimiento» (los dos árboles), hay que hacer un esfuerzo especial en nuestra intimidad con el sexo opuesto para reconocer al «otro» que existe en nosotros.

Curiosamente, lo anterior no tiene nada que ver con el matrimonio. En el inconsciente de toda mujer duerme un aspecto masculino (C. G. Jung lo llamó *animus*), y un aspecto femenino *(anima)* en el inconsciente de todo hombre. Sólo cuando la mujer aprende a aceptar y desarrollar su determinación interior y sus poderes de ejecución, depende menos de las figuras masculinas del exterior. Y sólo cuando el hombre se atreva a aceptar que lleva en su interior lo emocional y lo irracional, como contrastes valiosos de su voluntad resolutiva, aprenderá a aceptar y apreciar el mundo de lo femenino y del yin.

Este significado es el que encontramos en los Amantes: con la bendición del Paraíso, nuestra primera tarea es unir los dos polos del yin y el yang coexistentes en nuestro interior, con la idea de llegar a ser más analíticos y vivir de forma más armoniosa nuestra situación total: masculino y femenino, social y ambiental. Con el objeto de iniciar este proceso, tenemos que hacer varias elecciones y abandonar nuestro entorno protegido. En la práctica, la carta aparece a menudo en tiradas de jóvenes que dejan el hogar familiar y se establecen por su cuenta, o que asumen responsabilidades en algún sentido. ¡La carta no siempre representa una aventura sentimental!

Al comparar la baraja Rider-Waite con el Tarot de Marsella, observamos que en el Tarot de Marsella existe un campo de tensión obvio entre los vínculos paternos y la protección (la mujer mayor), y el deseo de una relación independiente y sexualidad (la joven).

En la baraja Rider-Waite se ha añadido cierta profundidad al tema; liberarse de los padres queda simbolizado por la decisión de formar una nueva relación: el hombre y la mujer extienden la mano el uno hacia el otro. No obstante, de forma más genérica, lo que se muestra no es sólo una elección entre los padres y una posible pareja sino un paso hacia la independencia de las imágenes paternales que siempre están activas en nosotros. Al dar la perspectiva adecuada a todo esto, las energías primarias originales se convierten en energías que mantienen viva la conexión con la creatividad (yang, padre, hombre) y lo receptivo (yin, madre, mujer) en cada hombre y mujer.

Por consiguiente, en la baraja Rider-Waite encontramos un proceso múltiple con un número correspondiente de opciones representadas, no sólo referentes al individuo (como sugeríamos con la flecha de Cupido en el Tarot de Marsella) sino más bien a la relación del consultante del Tarot con el yo y el mundo, tanto material como espiritualmente. En este aspecto, la baraja Rider-Waite ofrece un retrato más acorde con nuestros tiempos.

En el capítulo anterior mencioné la baraja Visconti-Sforza, y quiero hacer una breve comparación de esta baraja con el Tarot de Marsella. Es digno de destacar que en la baraja Visconti-Sforza del siglo XV no aparezca la figura maternal que vemos en el Tarot de Marsella. En su lugar encontramos a un hombre y a una mujer que se estrechan la mano y, encima, un joven Cupido con los ojos vendados pero que no dispara ninguna flecha.

En este simbolismo, el joven y la joven que se estrechan las manos comparten más puntos en común con la pareja de la baraja Rider-Waite. No obstante, el Cupido con los ojos vendados alude a la ceguera de las proyecciones que hacen quienes se enamoran y, por lo tanto, tiene menos que ver con dar un paso deliberado —en el mundo exterior— que implique tomar decisiones. De todos modos, aunque la baraja Visconti-Sforza muestra el paso que se da al mundo exterior, la elección parece, incluso así, estar determinada por el destino y lo inconsciente.

En el caso concreto de esta carta, sería interesante saber si el Tarot de Marsella es un producto genuino de la Edad Media o no, ya que entonces estaríamos viendo dos procesos, el uno al lado del otro. Si el Tarot de Marsella es una baraja más reciente, bien podríamos estar mirando la influencia de la psique del diseñador, quien habría incorporado sus propios conflictos a las cartas desafiando lo que tendría que haber sido el simbolismo.

En la baraja Hanson-Roberts, en la Morgan-Greer y en el Tarot de las Brujas, se recalca con fuerza la relación amorosa. En la baraja Hanson-Roberts, una figura celestial a medio camino entre un ángel y un joven Cupido tiene aún un papel, pero desaparece el simbolismo más profundo de la baraja Rider-Waite con los dos árboles en el fondo. Otro peligro de este diseño es que puede interpretarse con un énfasis excesivo en el amor entre los sexos, aunque su alcance verdadero sea mucho más amplio.

Lo mismo se puede decir de la baraja Morgan-Greer, en la que falta el ángel además de los árboles. Las calas de aspecto fálico ocupan aquí el primer plano, y pueden simbolizar la atracción sexual entre hombre y mujer, junto a otras interpretaciones. La lámina apenas permite otras asociaciones, por lo tanto su simbolismo apunta en gran medida hacia una dirección: amor (incluido el físico) entre ambos sexos. No se encuentra la manera de simbolizar a los hijos que abandonan el hogar y dan sus primeros pasos independientes en el mundo, que es un aspecto de los Amantes (que se atreven a implicarse en el mundo).

En el mismo ámbito se halla el Tarot de las Brujas, en el que el aspecto físico es incluso más inflexible. El simbolismo del árbol de la baraja Rider-Waite se ofrece aquí tratando a los dos amantes como un «tronco de árbol», entrelazados por el cabello negro de un modo que recuerda a la serpiente de Adán y Eva (en el mazo Rider-Waite aparece enroscada en el árbol de la izquierda de la carta).

Los contrarios quedan expresados por el Sol y la Luna en esta carta, pero este es un tema recurrente en el Tarot de las Brujas. En efecto, parece ser uno de los motivos básicos de la baraja y no deja de recordarnos que el Tarot se basa en el eterno campo de tensión entre el yin y el yang.

La baraja Arcus Arcanum presenta una imagen completamente diferente. Vemos a una pareja joven y romántica que desea unirse para fortalecer su relación, pero que se halla de pie en un cruce de caminos cerca del «árbol del Mundo». Una segunda pareja, que camina por senderos diferentes, está a punto de reunirse en el Árbol del Mundo, expresando otra forma de relación. De modo que se nos ofrece una opción en este terreno.

Según el cuadernillo que acompaña la baraja, el diseñador quería expresar, entre otras cosas, que existe un conflicto entre las diferentes formas de atracción y que a menudo hay que tomar una opción, no desde planteamientos racionales sino en función de otros valores o inclinaciones. ¡Sin embargo, independientemente de la intención del diseñador, al observar esta imagen deberías ser capaz de ver, por ejemplo, que los jóvenes han alcanzado un punto decisivo en su relación en lo que respecta a las imágenes paternales!

En la baraja Haindl volvemos a ver a un hombre y una mujer, y se supone que los dos árboles a ambos lados de ellos simbolizan los dos árboles del Paraíso, igual que en la baraja Rider-Waite. Pero donde se hallaba el ángel en la baraja Rider-Waite, ahora tenemos una flecha, una copa, una rosa y un unicornio. El diseñador quería que el unicornio y la rosa representaran las cualidades místicas del amor; el suelo es el lado terrenal del amor, y el cabello fosilizado de la mujer muestra la gran antigüedad de las tradiciones sexuales humanas. La flecha y la copa pueden interpretarse como símbolos de lo masculino y lo femenino.

En esta baraja, el énfasis recae más bien en el lado terrenal y místico de la relación sexual entre hombre y mujer, y menos en el «paso al mundo exterior» de cariz más general.

Muerte

Como fase psicológica, la Muerte representa la retirada de todo lo que ya no es necesario. Aquí se incluyen actitudes y modelos de conducta caducos, máscaras tras las cuales nos ocultamos, y todo aquello que obstruye nuestro libre desarrollo. La decisión de librarnos de nuestros lastres a menudo va cargada de ansiedad: lo antiguo nos es familiar, lo nuevo, no. Cuando lo viejo desaparece, podemos tener la impresión de estar cayendo en un agujero negro: es una especie de proceso moribundo. Pero, al mismo tiempo, lo nuevo puede salir a la luz. La figura 8 (págs. 66-67) muestra varias versiones de la Muerte que vamos a comentar en este apartado.

Tarot de Marsella

Tarot Waite

Tarot Hanson-Roberts

Tarot Morgan-Greer

Figura 8. Diferentes versiones de la carta de la Muerte.

Estudio comparativo del simbolismo

Tarot Arcus Arcanum

Tarot de las Brujas

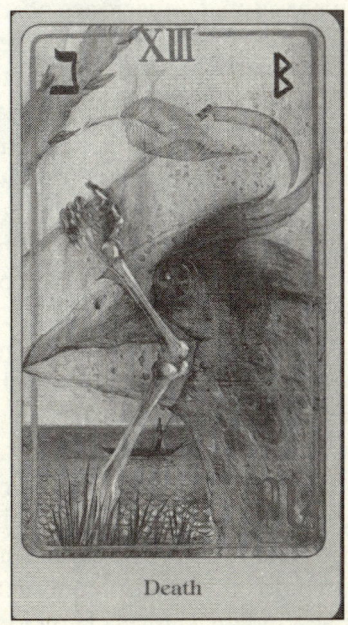
Tarot Haindl

No sorprende que un esqueleto aparezca con tanta frecuencia en las cartas que representan la Muerte. En el Tarot de Marsella lo vemos sosteniendo una guadaña, símbolo extendido de una amputación irrevocable. Miembros segados se esparcen sobre el campo. A la izquierda, la Muerte se halla sobre una cabeza cortada, y a la derecha vemos una cabeza coronada: ni siquiera los príncipes escapan a la Muerte. Todo el simbolismo de la carta apunta al fin absoluto, inevitable e irrevocable.

En la baraja Rider-Waite esto queda representado de otra manera. La figura de la Muerte, sentada sobre un caballo blanco, cabalga a nuestro encuentro. El rey ya ha caído y, aunque el prelado está rezando, tampoco escapará a la muerte. A la derecha, una doncella parece estar a punto de desplomarse. El único que puede hacer algo es el pequeño niño de azul, que ofrece a la Muerte un ramillete de flores.

Este detalle encierra una lección de gran importancia, a saber: nadie puede escapar a la necesidad de adaptarse y cambiar en la vida. Hay un momento para cada uno de nosotros en el que tenemos que abandonar situaciones obstruidas y actitudes obsoletas. No tiene sentido copiar al rey, quien intentó resistirse a la fuerza. La vida nos la pondrá en el camino, bien desde fuera bien desde dentro. Uno puede aceptarla a través de la religión (como el prelado), pero no puede esquivarla. La inocencia de la juventud tampoco es garantía de que vaya a pasarnos por alto. La única actitud sensata es la del niño que acude al encuentro de esta energía de forma abierta y libre, como si fuera algo que se da por sentado en la vida y no como una amenaza (el ramillete de flores).

De este modo, un vez dado este paso, tus limitaciones se pueden manejar con mucha más facilidad y el encuentro con la muerte no implica un final definitivo sino un principio esperanzador, aunque no sepas por anticipado a dónde te lleva lo nuevo. El pequeño barco se dirige a un puerto distante: zarpa río arriba, sin saber si encontrará tormentas o calma. Pero zarpa, y la vida continúa. Mediante todo este simbolismo, esta carta nos presenta un objetivo definido que su equivalente en el Tarot de Marsella no incluye y, además, revela la mejor manera de abordar este proceso psíquico.

La baraja Hanson-Roberts tiene una versión estilizada de la carta que aparece en la baraja Rider-Waite, pero hay diversas variaciones de importancia: no hay ningún clérigo que intente adaptar el suceso a un sistema religioso, y el niño de azul (que sostenía un ramillete en el mazo Rider-Waite) aquí está muerto. En el fondo no se ve ninguna embarcación en el río y, en resumidas cuentas, el simbolismo esperanzador y las indicaciones de cómo hacer frente a esta fase de la vida no aparecen en esta carta.

Lo mismo se puede decir de la baraja Arcus Arcanum: hay un bonito dibujo de un esqueleto que sostiene una guadaña y cabalga en un caballo blanco bajo un anochecer rojo, pero toda la gente está muerta. En la baraja Morgan-Greer no aparece ninguna persona, sólo el esqueleto con la guadaña. En la distancia, el sol se pone sobre el río. Hay una rosa blanca con espinas claramente definidas en primer plano, pero en este contexto una rosa, por sí sola, no transmite la idea de un nuevo principio ni sugiere cómo debería encarar uno la muerte.

El Tarot de las Brujas también presenta un esqueleto con una guadaña, pero no hay gente. De la calavera salen reptando serpientes verdes a través de la fontanela, las órbitas de los ojos y la boca. La energía psíquica (las serpientes) abandona el esqueleto y, por decirlo así, se extingue. Una vez más, se recalca el proceso moribundo, no hay ningún simbolismo alentador que muestre el camino para salir de este dilema en la vida.

La baraja Haindl tiene un barco. En este caso, se supone que la embarcación es un símbolo de la vida y la muerte. Según el diseñador, el ojo del pavo real colocado en medio simboliza que hay que afrontar la verdad cuando encaras la muerte. El ave representa el alma y el potencial divino de la humanidad. El esqueleto con la guadaña anuncia que esta es la carta de la Muerte. Con esta imagen, la baraja Haindl indica, ante todo y sobre todo, el proceso de mirar cualquier cosa con rectitud, y al mismo tiempo, mediante el simbolismo del barco, muestra la conexión entre la vida y la muerte. La aceptación despreocupada exhibida por el niño (que hemos interpretado como un buen consejo en la baraja Rider-Waite) no aparece aquí, igual que está ausente en otras barajas.

Una carta de los Arcanos Menores: el Siete de Copas

No todas las barajas del Tarot tienen una ilustración por completo pictórica en los Arcanos Menores. El Tarot de Marsella, la baraja Haindl y el Tarot de las Brujas muestran, cada uno a su manera, siete copas emblemáticas. La ventaja de esta forma neutral de representación es que el simbolismo se puede estudiar desde todas las perspectivas. Esto también es al mismo tiempo la desventaja: las láminas nos ofrecen poca cosa para avanzar. El Siete de Copas nos obliga a comprobar la fuerza de nuestras emociones y de la imaginación, y el peligro de confundir los sueños con la realidad. En un sentido positivo, los sueños, los deseos y los anhelos pueden estimularnos en la vida cotidiana, pero también pueden constituir una distracción. El Siete de Copas nos alerta de los riesgos y ventajas del mundo de las ilusiones. La figura 9 (págs. 72-73) muestra el Siete de Copas de siete barajas diferentes.

A. E. Waite ha expresado su punto de vista envolviendo las siete copas con nubes para situarlas en el reino de la imaginación. Las copas se colocan en dos hileras: cuatro en la fila inferior y tres en la superior. Esta división es deliberada; las cuatro copas inferiores expresan el peligro, y las tres superiores sugieren el desarrollo psíquico fructífero.

Al mirar las copas de la hilera inferior de izquierda a derecha, vemos un castillo en la montaña: un símbolo de poderío; un montón de joyas: símbolo de posesiones; una corona de laurel: un símbolo de fama y ambición; y un monstruo: un símbolo de afirmación que enseguida se transforma en agresión. Está muy bien soñar con poder, gloria, riqueza y capacidad para realizar todo lo que nos pasa por la cabeza, pero la vida cotidiana no es así; y si confundimos los sueños con la realidad, las consecuencias para el desarrollo de nuestro carácter tendrán gran repercusión, primordialmente negativa.

La fila superior incluye una cabeza: un símbolo del «otro lado» de nuestro inconsciente. En sentido junguiano, se trata del *animus* y el *anima*, de los que podemos obtener gran respaldo y equilibrio interior al entrar en contacto con ellos. La serpiente en la copa de la derecha es un símbolo del fluir de la energía psíquica. Es importante, porque el estancamiento lleva a obstrucciones mentales y a la formación de complejos.

En la copa situada en medio hay una persona de pie con los brazos estirados, cubierta por una sábana, pero que irradia luz a través de ella. Es un símbolo de nuestro verdadero centro divino. En sentido junguiano, es el Yo. Por consiguiente, la fila inferior incluye símbolos seductivos pero peligrosos, y la superior incluye símbolos de totalidad y crecimiento.

Si nos fijamos en las otras barajas, vemos que ha sucedido todo tipo de cosas al contenido de las copas y que no hay división en dos hileras como en la baraja Rider-Waite.

En la baraja Morgan-Greer, por ejemplo, tenemos una fila inferior con tres copas y dos filas superiores con dos copas cada una. La imagen del Yo, la figura reluciente bajo la sábana, ha sido sustituida por una máscara. La fila inferior incluye el flujo de energía psíquica (la serpiente), el ansia de fama y honor (la corona de laurel), y la máscara, que puede interpretarse sólo como defensa contra el mundo exterior, o como atuendo de carnaval. No es posible interpretarla como centro de la totalidad de uno mismo.

En la hilera de encima, tenemos el *animus* (o *anima*) y el deseo de posesiones, el uno al lado del otro; el conjunto está coronado por el poder (montaña y castillo) y la afirmación-agresividad (el monstruo). No obstante, la forma del monstruo, parecida a la de un dragón, también podría hacer referencia a las fuerzas aniquiladoras del inconsciente. Al mirar estos detalles y su disposición, el conjunto de su simbolismo no acaba de satisfacerme.

Nos encontramos con el mismo problema en los otros naipes. La baraja Hanson-Roberts también tiene varias filas de copas. La corona de laurel, la serpiente y el Yo han desaparecido. El *animus* (o *anima*) ha tenido que dejar sitio a un hada (!), y la serpiente se ha convertido en una especie de calamar. La corona de laurel ha sido reemplazada por un arco iris, y el Yo parece haber sido sustituido por estrellas. Toda la dualidad del siete (que se ve en cualquier otra interpretación del Siete de Copas en los Arcanos Mayores) decididamente no aparece re-

Tarot de Marsella

Tarot Waite

Tarot Hanson-Roberts

Tarot Morgan-Greer

Figura 9. El Siete de Copas en diferentes barajas de Tarot.

Estudio comparativo del simbolismo 73

Tarot Arcus Arcanum

Tarot de las Brujas

Tarot Haindl

presentada en esta carta, y la división entre símbolos de advertencia y de integración dada por la baraja Rider-Waite no aparece aquí.

En el mazo Arcus Arcanum, una figura oscura sentada en primer término contempla en un espejo una conmovedora escena de un hombre y una mujer que sostienen conjuntamente una taza que contiene el símbolo del Yo o el centro divino interior. Se trata de un rasgo primordial en la carta. Pero la división en dos filas de la copas sobre la mesa no se corresponde con la doble división en peligros y dones. A la izquierda vemos los peligros del poder, la agresión (o el inconsciente destructor) y la reputación; a la derecha vemos la serpiente como factor positivo que debe representar el flujo de energía psíquica. No obstante, la serpiente permanece quieta y no activa como en la baraja Rider-Waite.

El *animus* (o *anima*) ahora se ha convertido en un retrato enmarcado que más bien sugiere una representación del pasado (aquí no tiene importancia si es reciente o remoto), en vez de una realidad que debemos afrontar. Las joyas de esta hilera se refieren a los peligros que acechan tras la codicia. De modo que, en este caso, un simbolismo bastante embrollado reemplaza el simbolismo bien definido de la carta Rider-Waite.

• • •

Estos pocos ejemplos parecen indicarnos que, cuando se pretende hacer un esfuerzo serio para entender el simbolismo, la elección de la baraja de Tarot es muy importante. Las imágenes siempre estimulan nuestros sentimientos y emociones, y reavivan cualquier simbolismo personal asociado. Con frecuencia observo que los usuarios del Tarot prestan escasa atención a las láminas y no tardan en recurrir a las interpretaciones que ofrecen algunos libros. A menudo han memorizado páginas de los supuestos «significados» sin preguntarse nunca a sí mismos si de verdad éstos se ajustan a las imágenes.

Para consultas rápidas, tal vez sirvan; pero si el Tarot va a usarse más a fondo (p. ej., para meditar sobre las ilustraciones), es vital buscar lo que pueda liberar este simbolismo en nosotros.

Por lo dicho hasta ahora, sin duda resultará obvio que mi propia preferencia recae sobre el simbolismo de la baraja Rider-Waite, que se adapta al espíritu de nuestros tiempos y representa con acierto los significados de las cartas. Tal vez, en el futuro, aparezca alguna nueva baraja inspirada que sea más representativa de la evolución, necesidades y dinámica de un próximo siglo.

Los procesos psíquicos de los seres humanos continúan siendo los mismos en su sentido más profundo, pero en varias fases suscitan diferentes necesidades e imágenes. Sobre todo, los Arcanos Mayores representan alcanzar la plena condición de seres humanos o, como expresó Jung, nuestro proceso de individuación, un proceso que aparece en todos los mitos y culturas como «El Camino del Héroe», que se mostrará en el próximo capítulo.

4
Los Arcanos Mayores y el Camino del Héroe

En numerosos mitos y epopeyas de todo el mundo descubrimos los mismos temas, temas que parecen comunes a la humanidad. C. G. Jung los llamó arquetipos. Son temas que marcan, representan y simbolizan estadios de nuestro crecimiento psíquico (de la psique), ya que la búsqueda fundamental del héroe es convertirse en una persona equilibrada y estable.

Este héroe vive en cada uno de nosotros, o más bien, nosotros somos los héroes de nuestra vida. Y, como los héroes, tenemos que entrar en cavernas y pozos, enfrentarnos a la adversidad, desempeñar labores, tomar decisiones difíciles y luchar contra dragones y otras criaturas terribles que simbolizan ciertas fuerzas de nuestro inconsciente. Cada paso en el camino (del proceso de individuación) nos lleva, nos guste o no, a situaciones de la vida o va asociado a desarrollos psíquicos que se dan a conocer en sueños y fantasías, temores y alteraciones, nuevos deseos y visiones, dibujos espontáneos, y así sucesivamente.

Notas sobre el proceso psíquico

Decididamente, no deberíamos clasificar los desarrollos interiores como buenos o malos. Algunos procesos se pueden experimentar y considerar como negativos en una fase, mientras que en otra pueden ser importantes e incluso necesarios. Por ejemplo, el Diablo no constituye una carta especialmente grata para muchos de nosotros. De cualquier modo, esta carta simboliza la confrontación con nuestros impulsos y, por lo tanto, afrontar el riesgo de vernos arrastrados por la satisfacción de los deseos propios, el hedonismo, la codicia, el ansia de poder, etcétera.

No obstante, he visto que niños en plena pubertad sacan esta misma carta. Para ellos, experimentar el tirón de estas fuerzas interiores —de tal o cual modo— y de la sexualidad es inevitable. Debido a la incertidumbre experimentada en la pubertad, a veces los jóvenes llaman la atención con provocación e insistencia, dan demasiada importancia a ser independientes y pueden encontrarse enfrentados a la sociedad. Tienen que atravesar el proceso simbolizado por el Diablo para poder alcanzar un nuevo estado de equilibrio que pueda transmitirles una noción de su propia valía, sin tener que llevar las ropas «adecuadas» y sin sentir la necesidad de aguantar que les digan qué hacer.

Por consiguiente, en este contexto, el Diablo no es ni bueno ni malo, simplemente representa una fase de desarrollo. No obstante, si un empresario saca la carta como respuesta a una frase: «Dame una idea más amplia de mis relaciones comerciales con fulanito», entonces, para expresarlo con moderación, le hace falta pararse a pensar sobre su disposición a aprovecharse de la otra parte. En referencia a lo cual, yo diría que algunas situaciones en la vida te ponen gente en el camino que puede «liberar» ciertas formas de conducta reiteradas en ti, lo cual te permite llegar a conocer mejor tu sombra (e incluso a integrarla) encarándote a la parte menos civilizada de ti mismo. Y el Diablo puede iniciar este desarrollo si estás dispuesto a reconocer qué te dice la carta.

Ninguna de las cartas transmite un juicio. Cada carta es neutral en esencia, presenta a la vez lados constructivos y destructivos, así como su propia forma de estancamiento. O, para explicarlo de otra manera, puedes quedarte obstruido en ciertos procesos psíquicos y persistir en pautas de conducta inconvenientes y desfasadas. Al trabajar con las cartas, y especialmente al estudiar su conexión con esos impulsos y procesos humanos comunes, cada vez me queda más claro que los Arcanos Mayores se pueden dividir en tres grupos:

- los impulsos básicos (cartas 0-V);
- la construcción del ego (cartas VI-XII);
- la integración de la mente consciente e inconsciente (cartas XIII-XXI).

Los impulsos básicos (cartas 0-V)

Cada uno de nosotros tiene la necesidad profundamente arraigada de evolucionar hasta convertirse en un individuo hecho y derecho. Una y otra vez, en diferentes momentos de nuestra vida, esta necesidad apremiante despierta, nos estimula, se vuelve un incentivo para la acción, nos pone sobre nuevos caminos y nos enfrenta a decisiones difíciles. A causa de esta necesidad perenne, somos capaces de irrumpir en nuevos terrenos y evitar quedarnos atrapados en rutinas. Bajo su influencia, a menudo damos pasos que en un principio parecen difíciles o que provocan incertidumbre, pero después se ven como puntos decisivos en nuestra vida.

Esta necesidad queda simbolizada por la carta 0: el Loco. Es el principio absoluto de todo, incluso antes de que se vuelva tangible. Cada vez que el Loco sale en una tirada, puede producirse un avance que se siente como un salto al vacío. Pero también hay en ello un gran potencial de crecimiento.

El cielo y la tierra, el día y la noche, lo masculino y lo femenino, son formas de expresión de la polaridad primaria llamada yin y yang en Oriente. Bajo el principio yang o masculino se encuentra el elemento activo, la capacidad creativa, el periodo diurno en el intervalo de las veinticuatro horas. El elemento pasivo, el receptivo, la capacidad de tratar con creatividad, lo que encontremos en el camino y el periodo nocturno dentro de las veinticuatro horas, viene bajo el principio yin o femenino. Como vimos en el capítulo 2, la interacción mutua entre yin y yang, masculino y femenino, es fundamental en el Tarot. Estos principios se recalcan con gran énfasis en las cartas de la I a la IV: el yang en el Mago y el Emperador, y el yin en la Suma Sacerdotisa y la Emperatriz.

Del principio masculino, el Mago aporta principalmente la faceta activa (interior) y el establecimiento de objetivos interio-

Figura 10. Cartas 0 a V de los Arcanos Mayores (Tarot Waite).

res, mientras que el Emperador expresa sobre todo la necesidad de organizar y producir estructuras externas; tiende a representar actividades en un marco ordenado socialmente.

En el Mago existe un principio visible y, como tendencia psíquica, también representa nuestro deseo de estar ocupado en todo tipo de cosas. El Emperador, por otro lado, acentúa la acción bien definida. Eso significa erradicar todos los aspectos irracionales y caóticos hasta que quede un todo eficaz, efectivo y ordenado. Aquí también encontramos las dos caras, las ventajas y las desventajas del principio yang. La actividad puede ser importante, pero no debe llegar al exceso. Lo mismo se aplica a la elaboración de reglas: son buenas para la eficiencia, pero no hay que permitir que nos paralicen en el plano creativo.

Como carta yin, la Suma Sacerdotisa expresa pasividad suprema y, al mismo tiempo, un estado de reposo con un conocimiento completo pero inconsciente: es serena, tranquila y mística. La otra carta yin, la Emperatriz, es el lado vivaz y creativo del polo femenino. Indica la necesidad de entrar en la vida de pleno en el aquí y el ahora, sin complicarnos en descubrir si lo que estamos haciendo es lógico o razonable. La Emperatriz sigue una lógica interior de un orden completamente diferente.

De modo que ahora vemos las dos caras tanto del yin como del yang: cada una tiene un rostro que mira hacia el interior —el Mago y la Suma Sacerdotisa— y un rostro que mira hacia el exterior —el Emperador y la Emperatriz—.

Yin y yang son complementarios, pero también son opuestos naturales en muchos aspectos, y esto puede crear campos de tensión. Su funcionamiento eterno y continuo requiere un mecanismo de enlace, un factor psíquico que pueda ayudar a equilibrar esta tensión de forma aceptable.

Nuestra función religiosa ofrece una perspectiva, representada por el Papa o Hierofante. Este sentimiento religioso innato, que no debería identificarse con ir a la iglesia o la adhesión a un credo religioso específico, nos hace buscar una dimensión adicional en la vida, la dimensión de la indagación en el significado de las cosas. Algunas personas encuentran este significado en su pertenencia a una comunidad de creyentes que comparten una fe común; otros miran dentro de sí, y también logran un profundo sentido de unidad con las cosas vivas, o tal vez tengan experiencias místicas.

Las cartas que representan estos impulsos básicos aparecen en la figura 10 (pág. 80). Podemos resumir los impulsos básicos de la siguiente manera.

- El Loco es la necesidad (vital) que pretende mantener nuestro proceso de desarrollo.
- El Mago y el Emperador son dos aspectos del yang, y la Suma Sacerdotisa y la Emperatriz son dos aspectos del yin, a través de los cuales el yang-yin expresa la polaridad vital masculino-femenina y día-noche.
- El Hierofante es el impulso religioso innato que pretende tender un puente entre los polos de la vida y añadir otra dimensión a ésta.

Con este grupo inicial entramos en el mundo interior y encontramos la serie de cartas que van de la VI a la XII.

La construcción del ego (cartas VI-XII)

Nuestra manera de conocer los impulsos básicos y descubrir qué formas de expresión darles es a través de nuestros contactos con la vida y el mundo que nos rodea. La figura 11 (pág. 84) muestra las cartas de la VI a la XII y nos indica cómo será la fase siguiente. Tenemos que aventurarnos al exterior para relacionarnos con otras personas, animales, cosas y el mundo existente fuera de nosotros; e inevitablemente optamos por algo al hacerlo. Esta es la fase de los Amantes, una carta que en principio no tiene por qué estar relacionada con enamorarse. Con más frecuencia se refiere al valor de involucrarse con los demás en la vida y al valor de elegir. Proyecta el yin y el yang al mundo exterior. Por supuesto, tales proyecciones pueden verse con especial claridad en las relaciones de pareja.

A través de las emociones y experiencias producidas en los contactos con otras personas llegamos a conocer nuestros propios incentivos inconscientes. De esta manera también podemos aprender a vernos con mayor claridad a nosotros mismos, a mejorar conscientemente las opciones que tomamos y a comportarnos mejor: la fase del Carro.

El Carro hace referencia a triunfos militares. Vemos un auriga cuyos «caballos» son dos esfinges que miran a diferentes lados: la mente consciente debe hacer un esfuerzo autocontrolado para gestionar las fuerzas y procesos inconscientes opuestos a ella con objeto de conseguir que su «carro» se mueva hacia delante y avance socialmente. Siempre se toman decisiones; ciertos deseos y procesos internos pueden dificultar sumamente nuestro funcionamiento en nuestro entorno, y por lo tanto hacemos todo lo posible para suprimirlos. Es fácil que el mundo exterior y el mundo interior se enfrenten entre sí. Es frustrante ser incapaces de librarnos de cosas que preferiríamos no ver y que, por consiguiente, suprimiríamos de buena gana. Los contenidos de nuestro inconsciente tienen vida propia y aparecen sin que hayan sido invitados en nuestros actos, en nuestros sueños y en nuestras angustias. Tiene gran importancia vigilar los factores que preferiríamos que no desempeñaran ninguna función.

Por lo tanto, tenemos que escuchar lo que tiene que decir el inconsciente, y también deberíamos escuchar a nuestros instintos. Luego, con nuestra mente consciente, necesitamos decidir qué vamos a hacer con el mensaje: ahí es donde interviene la carta de la Fuerza. Representa a una mujer (que simboliza la receptividad) que puede abrir y cerrar la boca de un león (fuerzas inconscientes): hay veces en que el inconsciente puede oírse y otras en que debe permanecer en silencio. En este intercambio abierto entre mente consciente e inconsciente, deberíamos poder ver gradualmente nuestra vida bajo una luz diferente y ser capaces de vernos a nosotros mismos desde una perspectiva más amplia. En la vida hay más que lo meramente existente. Partimos a una búsqueda, como el Ermitaño.

¿Qué significado tienen los acontecimientos? ¿Por qué me suceden a mí? ¿Quién soy yo? En la fase del Ermitaño nos planteamos preguntas que no ofrecen respuestas definidas o predeterminadas. Necesitamos la libertad, el espacio y la independencia para ser capaces de descubrir nuestras propias respuestas

Figura 11. Cartas VI a XII de los Arcanos Mayores del Tarot Waite.

y formarnos una idea sobre lo que nos puede conducir hasta nuestra verdad, sea espiritual, filosófica o social. Existen preguntas difíciles, especialmente cuando tienen que ver con el significado de las cosas, ya que la vida está rebosante de circunstancias concurrentes, cosas que parecen sucedernos por casualidad o por algún lance del destino. Todo esto es un proceso psíquico doloroso que nos conduce a la noción de que existe una conexión entre nuestra psique y lo que soportamos. Es importante advertir que, aunque la conexión existe, está presente en un nivel que no nos permita culpar de forma inmediata a otro por nuestra situación. A menudo repetimos los mismos esquemas, con lo que vuelven a acontecer los mismos sucesos, posiblemente con leves variaciones.

Es la fase de la Rueda de la Fortuna la que nos hace abrir los ojos ante estos hechos. Echa un vistazo a lo que realmente estás haciendo, mira los efectos secundarios no intencionados de tus actividades. ¿Están saliendo las cosas como pretendías? ¿Y no te sientes tú mismo enredado en las mismas situaciones que tan ansiosamente intentas evitar? En la Rueda de la Fortuna podemos aprender a sentirnos responsables de nosotros mismos y de nuestra vida, y a no depender de los demás o echar la culpa a otros cuando las cosas van mal. Una valoración franca y sincera de nuestras actividades y conductas en el mundo exterior (incluidas nuestras intenciones respecto a él y nuestras relaciones con los demás) lógicamente requiere asumir la responsabilidad de nuestra vida.

Y eso nos lleva a la Justicia. A través de la reflexión sobre los esquemas que se repiten en nuestra vida, analizando lo que descubrimos en la fase de la Rueda de la Fortuna, y también mediante un examen franco de este discernimiento bajo la mirada atenta de la Justicia, nos sentimos estimulados (gracias al análisis de nosotros mismos) a adquirir un mayor equilibrio personal. Vemos una conexión más clara entre nuestro mundo interior y nuestra vida, entre el ego y la mente consciente por un lado, y los pros y los contras del inconsciente por el otro. Nos apercibimos de nuestras limitaciones e inhibiciones (incluidas las arrastradas desde el pasado) y podemos desechar gradualmente nuestra carga superflua, no por represión sino por asimilación. Todo esto nos predispone a ser más modestos; es la fase del Colgado.

En muchos casos, la asimilación significa antes que nada llorar sin reprimirse por los viejos pesares y prepararnos para explayarnos en el propio dolor interior. El retiro interior para estudiar tus represiones con clarividencia y comprensión, y sin autocompasión (la que, como es natural, intentará imponerse por todos los medios), pertenece a la fase del Colgado.

Mantener las apariencias no es importante, los procesos internos lo son más. Es como una crisálida; la mariposa emergerá al final, pero el proceso se produce por debajo de la superficie, invisible, lejos del mundo. Como Odín, quien (del mismo modo que otras figuras mitológicas) cuelga boca abajo de un árbol, el Colgado está involucrado en el proceso de alcanzar cierta forma de sabiduría.

No es el conocimiento adquirido en los libros sino la unión con algo interior (difícil de describir pero no difícil de experimentar) lo que formará una base inquebrantable para que en el futuro alcancemos un «conocimiento» y «percepción» positivos. A esta fase le corresponden una limpieza completa y un alto grado de reserva, lo que nos ofrece una noción más clara de los cambios venideros. Tal vez necesitemos abandonar algún comportamiento en concreto o cambiar cierto estilo de vida que no es adecuado o ha dejado de serlo. Y esto nos lleva al siguiente grupo de cartas.

Integración de la mente consciente e inconsciente (cartas XIII-XXI)

¿Qué es lo que te impide avanzar? ¿A qué tienes miedo? ¿Cuáles son tus reacciones típicas cuando ocultas tu incertidumbre? ¿Cuán displicente eres? En la fase de la Muerte nos vemos enfrentados a estas preguntas, y además a sentimientos y experiencias de inhibición y dolor. La figura 12 (pág. 86) muestra las cartas de los Arcanos Mayores implicadas en esta siguiente fase. A veces, a través de una crisis, nos vemos obligados a soportar un enfrentamiento con nosotros mismos para poder dejar a un lado antiguos esquemas o disfraces. Y es curioso: una

Figura 12. Cartas XIII a XXI de los Arcanos Mayores del Tarot Waite.

vez que los has dejado atrás por completo (o al menos lo mejor que has podido), de pronto sientes una tranquilidad, una tranquilidad serena. De súbito no hace falta lanzarse a actividades de todo tipo, sino que puedes adoptar una actitud más distante hacia las emociones y los acontecimientos: la fase de la Templanza.

La Templanza proporciona una dosis de equilibrio. No un equilibrio total sino una nueva sensación de reposo tras el trabajo, que nos permite apreciar en su debida perspectiva el mundo sin perdernos de vista a nosotros mismos. En esta fase también observaremos que somos capaces de reaccionar hacia los demás con más cordialidad, rectitud y amor. No obstante, como conducta recién adquirida, aún es fácil que se nos «escabulla»; en la imagen vemos un ángel, no a un ser humano. Es una señal de advertencia para que no nos dejemos llevar por esta sensación embriagadora que hemos descubierto. Si insistimos en esta ilusión, factores y cuestiones reprimidos que pensábamos que ya habían sido asimilados regresarán de forma gradual a la superficie y nos llevarán a la situación representada por el Diablo.

¿Eres de veras tan agradable como aparentas? Y si profesas cierta filosofía de la vida, ¿cuán acordes van tu conducta y estilo de vida con lo que dices? ¿En qué medida es tu actitud servicial una tentativa de asegurarte cierto poder? ¿Hasta qué punto los motivos egoístas se han infiltrado en tu noble conducta?

Se trata de preguntas engorrosas que todos nos las apañamos para esquivar con cierta frecuencia. Todo tipo de racionamientos engañosos nos permiten demostrarnos, para propia satisfacción, que la culpa es de los demás —¡algo absolutamente característico de la fase del Diablo!—. Es él quien prepara el camino para la confrontación con nuestra Sombra, es decir, con nuestro lado menos agradable.

Si abordamos este enfrentamiento con franqueza, de pronto podemos cambiar mucho. Pero si lo evitamos, de pronto, de forma inesperada, recibiremos una conmoción emocional, como ilustra la Torre. El proceso de la Torre incorpora el impacto de una renovación y demolición sustanciales, que pueden iniciarse de forma consciente o no. Como si un rayo hubiera sido arrojado desde un cielo sin nubes, la vida se ve por completo diferente de forma inmediata. Cambios rápidos, a menudo acompañados de tensión (por ejemplo, enfermedad o despido de un trabajo), son típicos de la Torre. Parece que la vida nos dé un puntapié para que nos pongamos en movimiento por el camino perteneciente a nuestro ser interior y a nuestra psique total, de tal modo que tenemos que dejar de vivir dentro de las fronteras limitadas de la seguridad, o permanecer estancados en ciertas ideas y teorías.

La Torre es la fase en la que, para entendernos, somos arrojados de nuevo a la vida. Ha pasado la época de esconderse, aunque tal vez nos parapetemos tras quejas sobre lo mal que van las cosas, sobre contratiempos y cosas por el estilo.

No obstante, si acogemos con beneplácito la renovación, una vez que concluya esta fase llegará un periodo de calma. Habremos dejado atrás la gran confrontación con el inconsciente y nos formaremos una idea más clara sobre la diferencia entre nosotros mismos y el mundo exterior. Esto quiere decir comprender que somos individuos y a la vez seres humanos, que aunque compartimos características humanas con los demás, somos únicos, y somos responsables de nuestras acciones pero no de los sufrimientos del mundo. El resultado es la tranquilidad y la incorporación de la Estrella. Gracias a la paz interior con nosotros y el mundo, y cierta aceptación de que las cosas pueden tomar un curso diferente al planeado, nos llena una calma que nos hace menos vulnerables a las influencias. Ya no damos tanta importancia a lo que la gente piensa y dice; por ejemplo, no es tan fácil que nos convenzan la publicidad solapada y las consignas contagiosas. Nos encontramos al principio de un vuelco hacia dentro que nos lleva a los estratos más profundos de nosotros mismos. Los hábitos y las máscaras se dejan en gran medida a un lado y miramos con más atención lo que queda. También nos encontramos en condiciones de ahondar y tener el valor de admitir que aún quedan muchas cosas ocultas y reprimidas que, inconscientemente, afectan de forma adversa y desprevenida a nuestra vida cotidiana.

En esta coyuntura, la Estrella nos prepara para la fase de la Luna. Factores incomprensibles, extraños (a menudo inquietantes) y muy arraigados aparecen ahora en nuestros sueños, símbolos, sentimientos, emociones y proyecciones. ¿Con qué frecuencia vemos que, después de haber asimilado tanto, algunos sucesos o emociones más intensos se cruzan en nuestro camino? Vuelven a surgir antiguos problemas, pero ahora en un plano más profundo y bajo otra apariencia. Es como someterse a un examen desconcertante en el que se nos plantea algo que nos hace sentir impotentes, como si no pudiéramos hacer nada al respecto.

No obstante, lo importante de la fase de la Luna es dejar hablar a los temores, sentimientos e imaginaciones. Haz sitio a estos factores dentro de ti y acéptalos como parte de tu personalidad. Pertenecen a un mundo que puede ayudarte y alertarte, igual que los animales de los cuentos cumplen una función de advertencia. Acepta, también, que no dominas estos factores irracionales y caprichosos que viven en tu fuero más interno y en el de los demás. Atrévete a tratar con ellos. Sólo entonces avanzarás en la dirección que te permitirá convertirte en un ser completo y alcanzar la fase del Sol.

El Sol dice: «Aprende a quererte a ti mismo de forma apropiada, con un amor que no sea egoísta. Acepta la vida y la vida te aceptará a ti. Vete a su encuentro con paso brioso, bien predispuesto y contento. Goza». Este gozo no significa perder todo sentido de la responsabilidad, mucho menos pensar que no tienes individualidad o que sigues siendo sólo un niño. Sin embargo, descubre al niño que hay en ti y atrévete a jugar. Para muchos de nosotros se trata de una tarea difícil pero necesaria para ir verdaderamente más lejos. Sólo si te gustas a ti mismo y eres capaz de aceptarte como eres, podrán gustarte también los demás y apreciarás su valor. Esto crea una brecha a través de la cual descubrir un profundo amor por los seres humanos que te rodean y por la vida: la fase del Juicio.

Aunque otras fases también te permiten percibir un orden superior en el que puedes experimentar un cierto reposo interior, puede decirse que, en este sentido, la carta del Juicio representa una fase más significativa que cualquiera de las mencionadas. Lo que aquí puedes experimentar es una sensación de vida, y de tu propia vida en concreto, que no puede expresarse en palabras. Experimentas, conoces y sientes estas conexiones interiores y la relación entre tú y el mundo. El Juicio incorpora su propia noción de espiritualidad y, con la adquisición de este conocimiento interior, te encuentras en una posición mucho más favorable para vivir la vida que verdaderamente te corresponde.

También en esta fase descubres que, sin darte cuenta, ya has experimentado cierta «irrupción» de vida y ya has empezado a asimilarla. Ahora eres capaz de retomar el hilo de forma consciente. Normalmente esto va asociado a una profunda sensación de realización. El proceso emerge finalmente a la superficie con lo que expresa la última carta de los Arcanos Mayores: el Mundo.

Puesto que eres capaz de ver tu vida interior en un contexto más amplio, sabes que la vida cuenta con el lado diurno y el nocturno, en el que la alegría y el pesar tienen su propio lugar natural. En la fase del Mundo eres capaz de aceptar la vida como llega y estar a la altura de las circunstancias. Puedes decir «sí» a lo que encuentras en tu camino, y puedes atreverte a zambullirte en los sufrimientos y emociones que forman parte de la vida. Con el Mundo eres un individuo completo y no te dejas llevar por la pena o la alegría. Puedes aceptarlas sin permitir que te dominen experiencias agotadoras ni que los éxitos vividos se te suban a la cabeza. Avanzas bailando por la vida, te dejas llevar por la corriente y sabes que así está bien. Es más, pese a desear que algunas cosas fueran diferentes, sabes que tu psique total te reserva algo diferente a lo que probablemente escogería tu mente consciente.

Presta atención al ritmo del conjunto y baila al compás de los cambios de energía del Mundo, tanto si se han ensayado como si no. Sobra decir que esto te ayudará a seguir feliz en momentos de tormenta o de bonanza, y te sentirás profundamente enamorado de la vida y de todo lo que tiene vida. Formarás una unidad con el mundo.

Todos recorremos este Camino del Héroe, pese a que todos nos quedamos parados de vez en cuando. En esos momentos es cuando el Loco puede volver a hacer su aparición para darnos un empujoncito, tal vez desde dentro, pero seguramente desde una concurrencia de circunstancias no previstas. Cada situación interior tiene que ver con circunstancias y sucesos externos —sin que necesariamente sean sus causas—, ya que lo que pasa es más bien un efecto reflejo.

Las cartas del Tarot sostienen ante nosotros un modelo similar en cuanto a movimiento y cambio constante en nuestra vida. Aunque saquemos la carta del Mundo, ni siquiera entonces habremos llegado. Cada carta de los Arcanos Mayores representa un modelo primario, una parte de la manera en que nosotros, como seres humanos, debemos caminar para encontrarnos a nosotros mismos. La carta no dice nada acerca del nivel. Cuando hayamos completado un ciclo, tenemos que empezar otro nuevo, para que podamos hacer algo diferente con nuestros nuevos logros. También surgen nuevas experiencias, por no mencionar nuevos problemas. Si, por ejemplo, en la fase del Mundo hemos alcanzado un nivel de genuina serenidad y nos hemos enamorado de la vida que fluye por nosotros, con el tiempo la Emperatriz puede empezar a bullir otra vez en nuestro interior; nos vuelve a apremiar la necesidad de hacer una pausa en medio de la vida para poder expresar nuestra creatividad interior de forma diferente, lo cual se convierte en una fuente de nuevos problemas.

Los ciclos del Tarot nunca dejarán de cumplir una función de espejo reflector para cualquiera de nosotros mientras estemos vivos.

5
Las cartas numeradas de los Arcanos Menores

Los Arcanos Menores, compuestos por 56 cartas, son muy diferentes en su forma y su significado a los Arcanos Mayores. Cuando trabajas simultáneamente con cartas de ambos Arcanos, los naipes de los Arcanos Mayores proporcionan los motivos principales, aportan el fundamental acento y marcan la dirección; luego, estas cartas se matizan, se amplían y se completan con los naipes de los Arcanos Menores. Pero no menospreciéis por todo esto los Arcanos Menores.

Igual que los Arcanos Mayores describen el Camino del Héroe, es decir, nuestro proceso de individuación, del mismo modo los Arcanos Menores describen los procesos y dinámicas de la psique. Pero, como ya se ha demostrado, siguen esquemas diferentes.

En el capítulo 2 vimos que la estructura del Tarot dista mucho de ser arbitraria y que el Mago (carta I) tiene sobre su mesa objetos que representan los cuatro palos de los Arcanos Menores. Es el Mago quien ansía un amplio conocimiento del mundo, un conocimiento de cómo se adhiere la materia (el motivo de estudios como la física y la química), aunque sin excluir la dinámica psíquica. Sobre su mesa se hallan símbolos que sugieren la determinación necesaria para aceptar la realidad como se presenta en la vida cotidiana: desde la gravitación a la economía, desde la frivolidad al mal de amores.

Estas facetas de la vida son las que encontramos en las cartas de los Arcanos Menores. Aunque la vida nos sorprende con una variedad inconcebible de fenómenos, sucesos, condiciones e ideas, bajo ella subyace una sola estructura. También esto aparece indicado, de un modo sutil, en los Arcanos Menores. Si pretendemos examinar estas 56 cartas en profundidad, primero debemos comprender la estructura subyacente.

Los Arcanos Menores comprenden cuatro grupos de catorce cartas cada uno. En el capítulo 2 vimos que el número 14 aparece con frecuencia de forma simbólica en el contexto de la religión. El número 7 es un número especial en muchas partes del mundo; de hecho, es un número sagrado en muchas culturas. En su doble manifestación, el 7 nos da un 14. Recordemos también los catorce peldaños de la escalera de Osiris, la escalera que une cielo y tierra, ya que aúna espiritualidad y vida cotidiana.

Este producto numérico apunta con sutileza a la existencia de algo superior, algo más significativo, en todo lo que consideramos ordinario en nuestra vida.

La división de los Arcanos Menores en cuatro palos también es altamente significativa en sí misma. Varios autores han intentado vincularlos a los cuatro elementos (véase también el capítulo 8). Para una comprensión satisfactoria de la interpretación de los Arcanos Menores, las siguientes indicaciones proporcionarán una buena base.

Varas

Las Varas tienen que ver con el movimiento y la acción, las iniciativas y la puesta en marcha de nuevas ideas. Por lo tanto, las Varas se caracterizan por un rendimiento fabuloso, capaz de sustentar diversas actividades e ideas originales, pero también, en su vertiente negativa, capaz de una productividad contraproducente provocada por la imprudencia.

Espadas

Las Espadas representan el poder de la discriminación desde el punto de vista del pensamiento y la lógica. Las Espadas son también activas, lo cual significa que hacen distinciones por su propia iniciativa, y en un sentido negativo, provocan separación.

Pentáculos

Los Pentáculos representan el mundo de lo tangible y de la producción de formas genuinas en la materia, en pro de resultados positivos, y también a favor de la experiencia del mundo manifiesto. Por lo tanto, los Pentáculos están relacionados con lo que podemos percibir con nuestros sentidos y traducir en formas. Esto puede encontrar una salida útil en la creatividad concreta y en el disfrute del mundo físico, pero, en un sentido menos beneficioso, puede implicar un apego al pasado, codicia y búsqueda del placer.

Copas

Las Copas representan el mundo de la experiencia y la sensación en el sentido amplio de la palabra. Por consiguiente, las Copas tienen que ver con la exteriorización de la emoción, dando forma a las emociones, y con el papel de las emociones en relación con los demás. También tienen que ver con la susceptibilidad, la fantasía, los sueños y lo irracional en general. En un sentido positivo, aportan una sensación de paz y satisfacción, pero en un sentido negativo pueden indicar expectativas poco realistas, ideas ilusorias, caprichos, etcétera.

• • •

Las Varas y las Espadas forman el principio yang; los Pentáculos y las Copas son dos aspectos del principio yin.

Cada uno de los cuatro palos de los Arcanos Menores contiene cuatro cartas cortesanas: el Paje, el Caballero, la Reina y el Rey, y otras diez cartas del as al diez. Los números representan aquí un papel importante, y contemplarlos desde un punto de vista neurológico no tendría nada de absurdo. Sin embargo, en mi opinión, ya que el Tarot es un espejo psicológico tan extraordinario, es preferible investigar el empleo de ciertos números en el mundo de la mitología, los cuentos, el simbolismo y los sueños. Los sueños siempre son una expresión individual del inconsciente, y la mitología es su expresión colectiva.

El análisis de esta función particular de los números nos puede ayudar a adquirir una noción psicológica acerca de ciertos dígitos; esta percepción puede aplicarse entonces al análisis de los Arcanos Menores. Por lo tanto, nuestro primer paso será echar un rápido vistazo al mundo de los números en la psicología.

Cualquier cosa imaginable en el heterogéneo cosmos pertenece a una misma realidad subyacente. No es algo que podamos percibir con los sentidos, sino un solo mundo incorporado a las profundidades de nuestra psique, más allá de los límites del tiempo y el espacio, un mundo en el que todo constituye una sola cosa.

En su *Mysterium Coniunctionis*, Jung llamó a este mundo *Unus Mundus*.[1] En las profundidades del *Unus Mundus*, la mente y la materia son una. (La física moderna expresa actualmente conclusiones similares.) El *Unus Mundus* se ve mejor como un telón de fondo transcendental que, en el sentido más profundo, es la base o fuente de nuestra realidad total, tanto material como espiritual. Lo que en nuestra conciencia y experiencia se presenta como dos terrenos completamente separados, de hecho se encuentra perfectamente unido.

En los fenómenos sincrónicos, a veces captamos una breve y asombrosa visión de la manera en que la mente y la materia se entrelazan. Para un enfoque realmente notable sobre «predicción y sincronicidad» recomiendo calurosamente el libro *On Divination and Synchronicity* [Sobre adivinación y sincronicidad] de la analista junguiana Marie-Louise von Franz.[2]

Según C. G. Jung, los números tienen que ver tanto con el mundo de la materia como con la psique. En lo que se refiere a la materia, queda bastante claro: la ciencia y la tecnología no podrían existir sin los números y la manipulación de éstos. El mundo moderno sería impensable sin las matemáticas, un instrumento tan difícil de manejar por la humanidad en su inicio. Las tribus primitivas no podían ir más allá de la serie «uno, dos,

---

1. C. G. Jung, *Mysterium Coniunctionis, The Collected Works,* vol. 14, R. F. C. Hull, trad., Bollingen Series n.º XX, Princeton University Press, Princeton, 1963.

2. M. L. von Franz, *On Divination and Synchronicity,* Inner City Books, Toronto, 1980.

tres, muchos». Pero eso cambió, y ahora somos conscientes de que cada forma y cada fenómeno físico tiene un aspecto matemático. Empleamos números cada día sin pararnos a pensar que tal vez tengan un *significado*.

También encontramos números en la psique. Pueden manifestarse en los sueños individuales y, por otro lado, ciertos números se repiten constantemente como imágenes específicas en determinadas circunstancias psíquicas. En relación con esto, Jung estableció que cuando aparecen formas de mandalas, con sus divisiones cuádruples, en los sueños o dibujos hechos por gente con problemas mentales, se ha iniciado el camino de la sanación, y la psique se encuentra una vez más en condición de sacar sentido de sí misma. De hecho, esta conclusión fue tan asombrosa que Jung determinó que el mandala es la unidad definitiva de todos los arquetipos, y también de la multiplicidad en el mundo de los fenómenos. Por consiguiente, en cierto sentido, el mandala es un equivalente del *Unus Mundus*. A la fuerza central y a la estructura central resultantes en nuestra psique Jung las denominó el Sí mismo: una especie de arquetipo de rango superior.

El número 4 parece tener además un papel prominente en los cuentos; por ejemplo, en forma de cuatro tareas que el personaje principal tiene que ejecutar para escapar a un cierto destino, o en forma de un rey con tres hijos (en total cuatro personas), etcétera.

Aunque en un principio los mitos, cuentos y leyendas debieron de surgir del cerebro de alguna persona individual, el hecho de que se hayan conservado durante tanto tiempo (sin duda reelaborados y pulidos por el paso del tiempo) es un indicativo de que cautivan a amplios grupos de personas. Y si son, o han sido, significativos en cierta medida para tanta gente, en un sentido imaginativo o emocional, deben de alcanzar algún plano de la psique que forma parte del inconsciente colectivo.

Por lo tanto, los temas tratados en los mitos, leyendas y cuentos pertenecen también a la psique, y podemos analizar qué papel desempeñan los números en ellos. Ahora bien, estos números rara vez se manifiestan como tales [1, 2, 3...], sino que frecuentemente aparecen implícitos como cantidades. Tenemos que deducirlos de la narración: por ejemplo, contando el número de personajes principales que intervienen, la cantidad de animales que ayudan, el número de tareas, hadas malvadas, y así sucesivamente. ¡Y, al hacerlo, se nos abren los ojos a esquemas con una analogía universal!

Algunos números naturales y sus múltiplos mantienen una importante conexión con factores psíquicos. ¡Jung sostenía que los números son la forma más primitiva del espíritu![3] En otro momento dijo que los números naturales son el arquetipo de una ordenación de la que se cobra conciencia. Con lo cual quería decir que tenemos un conocimiento inconsciente del orden natural, y que, en el momento en que tomamos conciencia de cualquier ordenación, lo percibimos o lo captamos en forma de números naturales o con ayuda de éstos. Eso es precisamente lo que hacemos en las ciencias exactas.

La ordenación desempeña también un papel en la psique, pero, hasta ahora, se le ha prestado escasa atención. La ordenación que existe dentro y fuera de nosotros se presenta en pensamientos y conceptos, en formas y estructuras externas, en sueños y obras de arte, prácticamente en cualquier cosa que se nos ocurra citar. Y el conocimiento del orden también se plasma de una forma particular en el Tarot.

Puesto que los números son símbolos del mundo de la psique y, por lo tanto, mucho más ricos en contenido que lo expresable mediante palabras, sólo podemos referirnos a su naturaleza de forma indirecta. Pero no se precisan muchos números a los que reducir las estructuras de la vida. Tampoco tenemos que asumir una secuencia lógica.

Jung inculcó a sus alumnos que el inconsciente no tenía en cuenta el tiempo y el espacio, y que tenía su propia forma de lógica, que no se parecía en absoluto a la lógica de la conciencia.

---

3. Véase, por ejemplo, C. G. Jung, *Civilization in Transition, The Collected Works,* ob. cit., vol. 10, Bollingen Series n.º XX, párrafo 776, donde dice: «Si concebimos los números como si hubiesen sido *descubiertos,* y no simplemente *inventados* como un instrumento para contar, entonces, por su naturaleza mitológica pertenecen al terreno de las figuras humanas y animales «divinas» y son tan arquetípicos como éstas». Y en el párrafo 777 dice: «Los números pueden ser vehículos de los procesos psíquicos en el inconsciente».

Las cartas numeradas de los Arcanos Menores 99

Por lo tanto, el 3 no tiene por qué provenir del 2; es posible que sea así, pero también es posible que no. Cada número es un mundo en sí mismo, con su propio derecho a existir, su propio significado y su propia manifestación en relación con la vida. Y, como resultado de la dinámica psíquica, brota en su propio momento del *Unus Mundus* o Sí mismo. En un principio parece extraño que cosas tan «lógicas» como los números que usamos en nuestros cálculos deban considerarse de repente factores psíquicos autónomos con un significado simbólico más profundo, que no encuentra expresión en el lenguaje de la lógica consciente.

Sin abandonar el tema, no deja de ser muy curioso apreciar que en la religión de los mayas los números y los símbolos están incorporados a sus dioses. Desde el punto de vista psicológico, cada dios es un símbolo con significación específica para nosotros. Para los mayas, casi todos los dioses tenían sus propios números, y el dios supremo, el dios que dominaba toda la creación, tenía el número 1. Era conocido como Hunabku, Aquel que Está Solo. Que los mayas supieran que, en el análisis final, no todo en el inconsciente es numerable, también quedó expresado por ellos de forma simbólica: los últimos cinco días del año no estaban numerados. Los dioses del caos y del infierno pertenecían a estas fechas; dioses que no tenían números ni nombre. Existían también otras culturas donde los dioses y los números estaban relacionados.

No obstante, aunque los números tienen su propio significado único, que puede emerger en la psique de manera del todo independiente, el análisis de los mitos y del orden de los sucesos narrados en ellos, junto con el análisis del material psíquico individual, nos sirven para deducir que ciertos temas tienden a aparecer en ciertas secuencias o a ordenarse de cierta manera. Los vínculos entre los números y estos temas nos permiten ver cómo se desenvuelven en el tiempo las secuencias numéricas.

Jung observó en sus viajes que en cuanto se juntan tres personas, una cuarta se unirá a ellos, como si la serie de tres no pudiera existir y buscara completarse. Por lo tanto, los números parecen tener mucho que ver con la manera en que la psique de cada uno se desarrolla y con la manera en que adquirimos experiencia; o, como dijo Jung, con el modo en que los arquetipos surgen y actúan en la conciencia.

Puesto que los números tienen que ver con la psique tanto como con la materia, parecen representar en ambos mundos una dinámica que opera en el tiempo. Si observamos una calidad temporal concreta, podemos avistar el arquetipo (o arquetipos) que opera dentro de ella. Los números asociados tienen una función de ordenación.

Sin embargo, sería un error pensar que podemos limitarnos a decir que el «1» representa el todo y el «2» representa la dualidad, etc. Sí que podemos decirlo, pero también debemos percatarnos de que cuando tratamos estos números como una dinámica de la psique y de la materia no es posible expresar en palabras la mayor parte de su significado. Pero los números sí tienen propiedades individuales específicas que sin duda deberían estar abiertas a la interpretación simbólica. En mi opinión, queda mucho terreno por explorar aquí.

A la luz de experiencias realizadas con sueños, dibujos y otros simbolismos, analizaremos ahora varios números, y comprobaremos que lo que descubrimos en ellos ilumina las cartas correspondientes de los Arcanos Menores.

As

Cada vez que multiplicamos un número por sí mismo, el producto siempre es un número mayor. En el caso del dos, 2×2 es igual a $2 + 2$, que es 4; pero además, la potencia al cuadrado de un número siempre es mayor que la suma de su adición a sí mismo. En el caso del 1, por otro lado, el resultado de multiplicarse por sí mismo es inferior al resultado de sumarse a sí mismo. Uno multiplicado por sí mismo siempre sigue siendo 1. ¿Quiere decir que el 1 siempre es enteramente él? ¿Que 1 es la perfección divina que se mantiene durante la división por sí mismo y la multiplicación por sí mismo?

Pero cuando el 1 se refleja mediante la adición a sí mismo, el otro, el 2 cobra vida. Por lo tanto, el 1 que es todo no se ve a sí mismo y no es consciente de sí mismo. Sólo reflejándose en el otro, en el 2, y mediante la experiencia de la dualidad, el 1 puede ser consciente de sí mismo. Pero este reflejo evoca confrontaciones y tensiones, como en todo proceso de verdadera toma de conciencia. No obstante, desde el punto de vista simbólico, el 1 es un estado de unidad y totalidad, aunque no sea consciente de sí mismo. Por consiguiente, en él hay un gran potencial que continúa luchando por realizarse.

Cuando examinamos los cuatro ases, encontramos el mismo símbolo en cada uno de ellos: una mano divina que sale de una nube y sostiene el emblema del palo correspondiente. Todos los Ases tienen en esencia el mismo significado debido al hecho de que son las primeras cartas y, en este sentido, representan el potencial de su palo. Se supone que nosotros debemos aceptar este potencial como un regalo y hacer algo al respecto: deducir del conocimiento de que «todo está ya ahí» un impulso para ponerse a trabajar y actualizarlo. Entonces el futuro será nuestro.

Esto queda recalcado con el simbolismo de cada uno de los cuatro palos: Varas, Espadas, Copas y Pentáculos. Las Varas (o Bastos) tienen retoños, no están muertas. Las Espadas de los naipes son en todos los casos Espadas auténticas, pero en el As el arma lleva una corona y está adornada de follaje: un símbolo de fecundidad, incluso aquí. Los Pentáculos aparecen en un entorno fértil, y de la Copa de la carta del As mana agua. Todos son símbolos fecundos que implican una promesa de crecimiento, incluso en el As de Espadas. El poder reside aquí, pero tienes que hacerte con él. Por lo tanto los ases tienen que ver con las oportunidades, cada uno en su propia esfera de influencia.

Merece la pena destacar que el número Uno aparece rara vez en sueños, al menos en mi propia experiencia; Paneth hace la misma observación en su libro *Zahlensymbolik im Unbewusstsein* [Simbolismo de los números en el inconsciente].[4] Tal vez el 1 que aparece en los sueños no sea otra cosa que nosotros mismos como actores principales de esos sueños, y podemos reflejarlo sólo cuando empezamos a soñar con otra persona o varias más. Pero entonces aparece inmediatamente otro número que no es el número Uno.

---

4. L. Paneth, *Zahlensymbolik im Unbewusstsein*, Rascher, Zúrich, 1952.

As de Varas
(Yang)

Tiene lugar una irrupción de nuevas ideas e impulsos creativos muy sugerentes para ti. Se merecen sin duda que nos tomemos la molestia de llevarlos a la práctica. Te enfrentas a nuevos retos que brotan desde dentro, o bien se presentan en nuestro camino procedentes del exterior. Te encuentras en el umbral de alguna nueva iniciativa o una nueva orientación en la vida, y puedes proceder con entusiasmo y energía. Aunque todo parece ir en tu favor, no te precipites demasiado.

As de Espadas
(Yang)

Puedes plantar cara a lo que anteriormente era caótico y puedes reducirlo a alguna forma de orden; con calma, pero, en cierta medida, con bastante distanciamiento. Sientes la necesidad de organizar las cosas metódicamente y puedes implicarte en aficiones o estudios en los que el uso de tu intelecto y comprensión ocupe un lugar preponderante. El lado positivo de esta carta es una perspicacia que, en función de un discernimiento sensato, puede ser decisiva y cortar el nudo gordiano; una ventaja añadida es el fortalecimiento de la confianza en uno mismo. El lado negativo puede ser una frialdad y un distanciamiento concurrentes; existe poco apego o fervor en el As de Espadas.

As de Pentáculos
(Yin)

Aunque el As de Pentáculos sugiere actividad, esta actividad no es la misma que la implícita en el As de Varas. El As de Pentáculos no surge con una idea que ha de realizarse (este papel corresponde a las Varas), sino que revela que ha llegado el momento de dar expresión concreta a dones y talentos, innatos o adquiridos, y lograr tal vez algo con ellos. Con el As de Pentáculos resulta eficaz concentrarse en una o dos facetas de la realidad y entregarse por completo a ellas. Si consideras la posibilidad de dedicarte a algún proyecto concreto para el cual crees estar dotado, es muy probable que se insinúe en tu camino o que las circunstancias te estimulen a iniciarlo. El As de Pentáculos parece favorecer con regularidad el inicio de una relación e introducir un factor de bienestar incluso antes de que suceda algo en el plano concreto.

As de Copas
(Yin)

Júbilo, sensación de buena suerte y sentirse realizado son aspectos pertenecientes al As de Copas. Todo ello no tiene que ver con algo concreto (eso atañería al As de Pentáculos), sino que es debido a que nos encontramos en condición de alcanzar estratos más profundos de las emociones donde aún queda una dimensión casi religiosa por explorar. por debajo del pavimento de la vida cotidiana. El As de Copas nos vuelve receptivos a otros valores, al mundo de lo irracional y los sueños, al simbolismo y la sutileza. La característica habitual en el «as» que permite ponerse a trabajar no siempre queda tan recalcada en el As de Copas, o al menos eso parece. Para el As de Copas, retirarse al mundo del sueño y la fantasía, de los dibujos espontáneos y la imaginación, aunque posiblemente sea menos «útil» desde un punto de vista social, es un modo extraordinario de obtener acceso permanente a la fuente emocional profunda, que aporta una sensación de felicidad y satisfacción que lleva indirectamente a la aceptación de uno mismo. De este modo, el As de Copas puede representar un potencial para el amor en un sentido amplio: amor hacia nosotros mismos y hacia la vida. El peligro del As de Copas es el de obsesionarse con los sentimientos y no lograr participar en la vida cotidiana.

Dos

El Dos es el Uno mirando su propio reflejo. La polaridad del Uno consigo mismo es lo que inicialmente se experimenta como «otra cosa». ¿Qué haces con esta polaridad? ¿Te implicas en ella? ¿Evoca dudas? ¿Intentas combatirla? Son todas ellas cuestiones que van unidas al tema de la dualidad, y que los cuatro palos abordan a su propia manera. En este contexto, Dos significa además conflicto o cosas que te provocan cierta incertidumbre. El Dos altera la unidad y la desata. Cuando el Dos aparece en sueños, es frecuente que exista una cuestión de dualidad en diversas formas, y la situación es dinámica. El Dos no es autosuficiente y busca una solución.

Como dije en el capítulo 2 en referencia a la imagen del Mago, la Copa y el Pentáculo colocados sobre la mesa del prestidigitador son representaciones de lo femenino del cosmos, o yin, y el Basto y la Espada son representativos del principio masculino, o yang. Yin y yang tienen que ver con la dualidad cada una a su propio modo. Como bien se sabe, el yin intenta asociarse con todo lo que encuentra y se esfuerza por dar preferencia a la vida. El yang, por otro lado, intenta distinguir al «otro», clasificarlo, y, si es posible, mantenerse ajeno, o bien organizarlo y entenderlo. El yin une, el yang separa.

Al analizar los cuatro Doses de los Arcanos Menores, nos llaman la atención los siguientes puntos:

Dos de Varas
(Yang)

Hay cierto grado de aislamiento aquí, debido al hecho de que, mediante la sistematización y la organización, has alcanzado un punto elevado y te enfrentas a la dualidad del éxito y el vacío, de la realización concreta a través de la acción (Varas) y la evocación opuesta: una falta de realización y un estancamiento, de donde se produce una falta de motivación. La carta refleja tu actividad: al vivir una vida activa puedes obtener todo lo que deseas, pero ¿te hará feliz? Existen sentimientos ambiguos en relación al contenido de tu vida que piden ser resueltos.

Dos de Espadas
(Yang)

Al querer hacer distinciones que son demasiado marcadas, tu pensamiento acaba haciendo lo contrario. El poder del discernimiento claro y racional se transforma en razonamiento destructivo y excentricidad. Mientras el As de Espadas muestra la capacidad de discriminar, en el Dos de Espadas esto queda reflejado por lo contrario. ¿En qué medida te ocultas tras tu capacidad para distinguir y clasificar? ¿Estás de verdad implicado en la vida? ¿Ves las cosas como de veras son? ¿Hasta qué punto tu pensamiento dualista te divide en dos?

Dos de Pentáculos
(Yin)

En el plano material, la potencialidad se expresa a sí misma en fases periódicas: suficiente, no suficiente. La clave está en que las posibilidades de la materia repercuten en las imposibilidades, en las cosas que no puedes obtener o lograr y que se frustran. ¿Pero es realmente un fracaso lo que tiene lugar, o es la fluctuación natural de la vida? ¿Te estás concentrando en un polo (la persecución de posesiones) o el otro (verte a ti mismo como un fracaso), o percibes la conexión entre tus altibajos? La pregunta es la siguiente: ¿estás preparado para entrar en la vida y quieres dar los pasos necesarios para promocionar tu crecimiento interior sin tener en cuenta las consecuencias materiales? El hombre que aparece en la carta tiene en sus manos ambos polos (Pentáculos), el negativo y el positivo, como para asegurarse de que el conocimiento de esta dualidad es algo que puedes manejar. La carta expresa una actitud ambivalente hacia tus expectativas materiales y tus propias actividades en la vida.

Dos de Copas
(Yin)

Fíjate en esta imagen tan amistosa, pero también en la dualidad más profunda, presente aquí como en todos los Doses. La cualidad yin une, y en este caso vemos dos copas que unen (o al menos ponen en contacto) dos mundos emocionales y vivenciales muy diferentes. Es aquí donde reside el espejo de las Copas: el reflejo de tus propias emociones en las de la otra persona. Algo que a veces provoca bastante miedo. Pero el Dos de Copas muestra el conflicto potencial más como un encuentro que como un problema: esta es siempre la manera en que el yin puro parece enfocar el problema de la dualidad, a través de la aceptación. Por lo tanto, la cuestión en este caso es si te encuentras en la actitud mental correcta para aclarar las dudas con tu número o números opuestos.

Vemos en los Doses una diferencia indudable entre las perspectivas yin y yang. En las cartas yin —Pentáculos y Copas— existe un grado de unión y aceptación que está ausente en las Varas y las Espadas, donde se recalca el aislamiento y la separación. ¡Por consiguiente, los dos principios cósmicos afectan al Dos también de forma diferente!

Tres

La tensión del Dos puede intentar resolverse por sí sola, bien volviendo al Uno, bien ascendiendo al Tres. ¡Es importante permanecer atento a la posibilidad de retroceder! Por ejemplo, cuando uno se enamora o se casa, corre el peligro, en el plano de su «condición de dos», de enredarse en problemas de relación (la dualidad y la tensión negativa de ser el otro), pero un peligro igualmente importante es entregarse de tal manera a la relación que se pierda toda conciencia de ser una entidad independiente y sumirse en una sensación de unicidad. ¡Y la unicidad es un estado mental en el que no puedes progresar! La tensión del 2 también puede buscar una resolución vía la creatividad y la formación de algo nuevo. El ejemplo tradicional de esto es la relación entre hombre y mujer de la que brota un hijo. (El número de niños carece de importancia; el punto esencial es que el niño o los niños son una resolución de la tensión inherente al Dos.) ¡Por consiguiente, siempre existe un movimiento que tiende a alejarnos del Dos! Da la impresión de que el Dos no pueda seguir existiendo.

El Tres es una especie de síntesis. Pero en los sueños nunca vemos el Tres como estado final; más bien marca un principio. Aún parece existir algo de la tensión del Dos, pero da la impresión de estar superada por una nueva idea, un impulso creativo. El Tres representa lo que está en proceso de formación, una fuerza en funcionamiento; ya se han tomado decisiones, pero el objetivo aún no ha sido alcanzado. La forma no cobra vida hasta el siguiente número: el Cuatro. Von Franz hace hincapié en que, en la psicología junguiana, el Tres se repite siempre como proceso dinámico. No dejamos de encontrar el Tres allí donde fluye una corriente de energía psíquica (¡el impulso!), asociada al tiempo y al destino. Por consiguiente, algo está presto a suceder en los terrenos del tiempo y el espacio.

Si ahora echamos un vistazo a los Treses de los Arcanos Menores, podemos ver los siguientes significados.

Tres de Varas
(Yang)

El Tres de Varas nos muestra a un hombre que contempla un agua resplandeciente, dorada por la puesta de sol. Los barcos del hombre se alejan navegando. Ha alcanzado el éxito en la vida y su consolidación en ella. Ya no necesita aprovechar cada oportunidad que se le presenta. Se detecta un sosiego positivo en esta carta. El Tres de Varas se considera tradicionalmente como una carta de éxito, llena de poder y decisión. Los tratos y actividades del hombre han llevado a un punto de equilibrio, pero desde luego no ha llegado a su punto final. Este punto aún no se alcanza a ver, ni es importante. El Tres de Varas describe a alguien que puede recoger el fruto de sus transacciones sin que todavía sea un asunto concluido, y sin saber si le llevará a algo nuevo o no.

Tres de Espadas
(Yang)

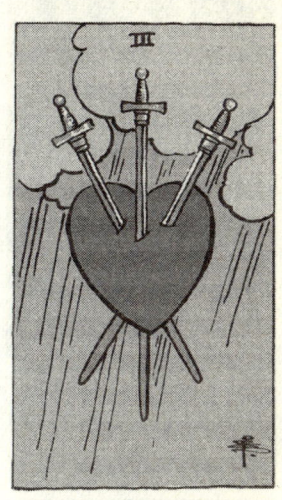

Esta carta muestra un corazón atravesado. Tres espadas han traspasado un corazón rojo, y tradicionalmente esto indica el sufrimiento emocional o el mal de amores. Pero esta explicación tradicional no agota ni mucho menos el significado de la carta. La situación es consecuencia de la energía que hay en movimiento, y por lo tanto no representa un final. Cuando sacas esta carta, experimentas emoción, dolor y dificultades, pero no estás sentado en una celda oscura ni nada por el estilo. Tampoco sientes que la situación sea una fase definitiva; por el contrario, sigues en marcha. Tras de ti ya cuentas con cierta actividad que se caracteriza por este movimiento; por ejemplo, has tomado una o más decisiones importantes, has pasado por varias situaciones tortuosas, te ha tocado una mano difícil en la partida, etc. Tal vez hayas estado considerando cierto proyecto en tu mente y te encuentras a punto de ponerlo en práctica, decidido a ver cómo funciona pese a todos los problemas y molestias.

Tres de Pentáculos
(Yin)

La corriente de energía psíquica se expresa aquí como un proceso concreto de realización: un mampostero está trabajando en una obra. El hecho de que esté trabajando en una iglesia aporta una dimensión espiritual a su manipulación de la materia, una espiritualidad que además queda reflejada en otros

símbolos de la carta. Aquí, también, no hay un punto final. No sólo el trabajo está incompleto (y aparentemente lo discute con un sacerdote y un arquitecto, los otros hombres que aparecen en el naipe), sino que este Tres de Pentáculos sugiere que cuando hagas una salida al mundo concreto con tus habilidades (por ejemplo, tu conocimiento intelectual o formación técnica), alcanzarás, de forma lenta pero segura, tu objetivo. Te hallas en el buen camino para conseguirlo, y esto es motivo suficiente para continuar adelante confiando en ti mismo y en un estado de ánimo feliz.

Tres de Copas
(Yin)

El fruto recogido se halla sobre el suelo y tres mujeres danzan alegremente con sus cálices alzados; todo ello es señal de que esta carta representa felicidad y alegría. Pero las cosas no son tan simples como parecen. Con frecuencia, en la práctica, esta carta muestra un momento en que experimentas la recompensa inicial por tu aplicación, por tus actividades y tu perseverancia en cierto campo. No promete una promoción o remuneración, sino que indica que te sientes bien, eres consciente de que trabajas bien y presientes que la gente te valora, y quieres compartir tu deleite por todo esto. Por consiguiente, en líneas generales, hemos estado haciendo lo que teníamos que hacer y con buenos resultados. Con esta carta compartimos con los demás nuestra felicidad por el desarrollo de los acontecimientos. No obstante, nuestro trayecto no ha acabado, aunque podemos mantener el optimismo.

Con el Tres, el mensaje en todas las cartas en realidad es: «Continúa en marcha, estás en el buen camino». Puesto que el Tres, como impulso creativo, se encarga de liberar la tensión del Dos, todas estas cartas transmiten una buena impresión, incluso el Tres de Espadas, ocupado en cortar lazos para poder escapar de una camisa de fuerza emocional. La diferencia entre las cartas yin y yang no es tan grande aquí, posiblemente porque todas las cartas describen un proceso, una situación que cobra vida, no una situación estática. Esto último es típico del Cuatro.

Cuatro

En los sueños, el Cuatro hace su aparición en ciertas circunstancias con el significado de un Dos acentuado, es decir, con un dualismo más agudo que exige atención con suma urgencia. Es más frecuente encontrar el Cuatro como la expresión de la totalidad en el acto de la formación. Los mandalas reflejan esto con gran énfasis. El Cuatro es inequívoco, pero además incluye parte de la tensión del Dos. La idea «divide y vencerás» se aplica aquí normalmente, aunque puede interpretarse de forma menos tajante, en el sentido de «dividir y clasificar como ayuda al entendimiento y a una mejor asimilación de los fenómenos externos». Pero el Cuatro, el número de la forma, puede significar fosilización.

El número Cuatro desempeña un papel importante en la orientación humana: como en los cuatro puntos cardinales, las cuatro funciones primarias de la mente enunciadas por Jung, los cuatro elementos y las cuatro fuerzas fundamentales de la naturaleza conocidas por la física. Incluso el ADN y el ARN se basan en una estructura cuaternaria. En geometría euclidiana, cuatro puntos producen el primer cuerpo tridimensional. Von Franz señala que en matemáticas el número Cuatro tiene la función de límite numérico en muchos aspectos.

Del Tres al Cuatro hay un gran salto; no obstante, el mundo de la formación está encaminado a dar este paso hacia el mundo de la forma y la realidad con todas sus limitaciones. El Tres permanece en pocas ocasiones tal y como está; más bien parece destinado a convertirse en un Cuatro.

Es más, Jung llega a decir que el paso del Tres al Cuatro es doloroso, ya que en la psique va asociado a discernimientos dolorosos relacionados con nosotros mismos. Nos vemos en la realidad concreta, incluso en esas cosas que no podemos hacer y en las cosas que hacemos en exceso (piensa por un momento en el papel que desempeña nuestra cuarta función o función inferior), y así sucesivamente. El proceso necesario de convertirse en cuatro puede ir de la mano, por consiguiente, de la negación y el anquilosamiento, eludir las confrontaciones, etc., mientras que, por otro lado, el número Cuatro puede, mediante el mismo hecho de la confrontación, significar un paso importante hacia la totalidad. El Cuatro, por lo tanto, tiene una dualidad propia; ¡no por nada es 2 + 2 y 2 × 2!

Ahora, echemos un vistazo al Cuatro en las cartas de los Arcanos Menores.

Cuatro de Varas
(Yang)

Esta carta del Tarot siempre es muy apreciada. En ella sales bailando de la ciudad amurallada, y se impone una atmósfera abierta y libre. A primera vista, parece no haber nada del dualismo que se asocia al Cuatro. No obstante, por muy brillante y feliz que esta carta pueda ser, se esconde una serpiente entre la hierba. Todos los Cuatros nos advierten contra el peligro de quedarnos estancados en nuestros métodos. El peligro reside en este caso en el deseo de aferrarse a este estado de apertura y júbilo, que luego se vuelve superficial y falso. Puedes recrearte en la jovialidad y el acercamiento, y piensas que si continúas bailando toda irá bien. Pero, en la práctica, a pesar de este peligro que acecha en el fondo, vemos cómo se perfila el aspecto de totalidad del Cuatro: nos encontramos en el punto en que hay que recoger los beneficios de lo que hemos hecho en el pasado, y estos beneficios se mantendrán a partir de ahora, aunque esto no es inevitable. Las cosas han adoptado una forma fija, lo que nos complace (ha llegado el tiempo de la cosecha). Aun así, es perfectamente adecuado decir que la vida todavía tiene muchas oportunidades que ofrecer. Con frecuencia he visto esta carta asociada a un rápido desarrollo interior o crecimiento psicológico.

Cuatro de Espadas
(*Yang*)

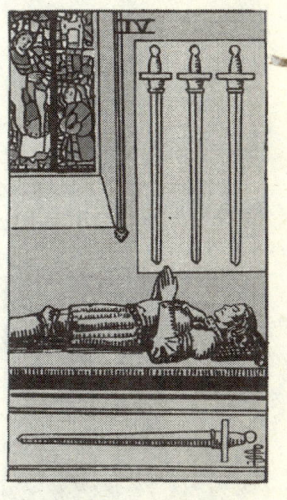

Lo que sin duda es un cadáver yace de cuerpo presente en una iglesia. ¿Existe algún estancamiento mayor? Estamos atrapados en nuestro pensamiento dualista y somos incapaces de escapar de él. La lógica rígida y las teorías intransigentes han dejado de servirnos. Tenemos que apartarnos de ellas, pero, de hecho, han acabado ya con nosotros. Da la impresión de que cualquier cosa dotada de vida y rebosante de actividad haya desaparecido. La forma se ha quedado inmóvil y apenas hay indicios de actividad. Es la carta que aparece con cierta frecuencia cuando tenemos que tomarnos un descanso obligado (debido a una enfermedad, por ejemplo) para poder recuperar nuestro tono mental y vitalidad física. Y es precisamente este retiro en nosotros mismos el que puede traernos la totalidad del Cuatro y sacarnos del anquilosamiento. No obstante, debemos dejar nuestras ideas conservadoras y aprender que la vida puede producir nuevas estructuras en momentos inesperados.

Cuatro de Pentáculos
(Yin)

Un hombre sentado sostiene su dinero, y además tiene otras monedas (Pentáculos) bajo sus pies y sobre su corona. Está hundido en asuntos materiales que se han vuelto rígidos e inamovibles en exceso. En este caso el peligro es que, por muy agradable que pueda ser disfrutar de posesiones, el deseo de seguridad material puede sofocar el crecimiento. Para salvaguardar nuestros bienes actuales evitamos tomar nuevas iniciativas o nos confinamos a hacer justo lo que pensamos que es necesario, sin considerar si esto es lo que precisa la psique. El Cuatro de Pentáculos desprende un aire de «quedarse en su sitio», que aunque sugiera integridad, honradez y estabilidad, no representa nada vital o estimulante.

Cuatro de Copas
(Yin)

El hombre de debajo del árbol se niega a coger la copa que le ofrecen (que recuerda a la del As). Esto representa el peligro de instalarse en un marco emocional o, aún peor, de desvincularse emocionalmente de quienes nos rodean. El hombre está cruzado de brazos. Su negativa a beber no es sensata, más bien es la conducta de un niño pequeño a quien dan de comer algo que no conoce y dice: «¡No quiero!». En esta situación es difícil reconocer el valor de ciertas sensaciones que nos ofrecen las circunstancias de la vida, o el mérito del papel de ciertas personas en la vida de uno, o de las cualidades de uno. Estás despreciando las delicias selectas que te ofrecen. Debido a este ánimo de rechazo, no estás preparado para fundirte con el mundo o con quienes te rodean. No es de sorprender, por lo tanto, que esta carta sea en muchos casos una advertencia de un estado de aburrimiento o de preocupaciones imaginarias. Mientras exista la oportunidad de dar un gran salto hacia delante en lo relativo a crecimiento emocional, también existe el riesgo de refugiarse en el mundo irreal de uno mismo, y tal vez de guardar cierto rencor injustificado.

Si comparamos los diferentes Cuatros de la baraja Rider-Waite, el diseño de las Varas parece desviarse en cierto modo del de los demás palos. Los Pentáculos, las Espadas y las Copas muestran anquilosamiento, pero en las Varas esto no es tan apreciable.

De cualquier modo, los Bastos siempre están implicados en gran medida en transacciones y actividades, de modo que estas cartas siempre describen cierto tipo de movimiento. Pero incluso el movimiento puede convertirse en un estereotipo si simplemente te mueves por el hecho de moverte.

Cinco

El Cinco tiene una relación sobresaliente con la humanidad y la vida, y una profunda asociación con Eros. Cuando soñamos, a menudo vemos el número Cinco en relación con la búsqueda de la verdadera implicación en la vida, tanto si se expresa de forma sexual como si no. En los dibujos (¡especialmente en los dibujos animados!) las chicas seductoras a menudo lucen cinco bucles (o exhiben el número Cinco de algún otro modo), mientras que los personajes sin un atractivo sexual especial tienen muchos más rizos.

De un modo u otro, sabemos que existe cierta dosis de atractivo sexual en el número 5. Cuenta con una vibración atractiva, pero para sacarle partido hay que sumarse a su espíritu. Ante todo, *eros* es unión y voluntad de formar una relación genuina. La sexualidad puede desempeñar un papel en ello, pero el *eros* es mucho más que eso.

El número Cinco es el número sagrado de la diosa Ishtar (Astarté). Esta diosa personifica la antítesis madre-concubina. Es la diosa del amor, la sexualidad y la fertilidad, pero además es la diosa de la guerra; una paradoja para nosotros los occidentales.

En el número 5 encontramos algo de esa paradoja. Es un número de enfrentamiento en este sentido; la serie aritmética 1-2-3 representa al padre-madre-hijo, y el Cuatro simboliza los confines de la materia: la tierra y el hogar. Por consiguiente el Tres representa la familia natural, y el Cuatro, la familia social.

Pero cuando llegamos al Cinco, una nueva dimensión se abre ante nosotros. Según algunas personas, el mundo de Eva está confinado por el número Cuatro, y el número Cinco introduce a Lilit —las facetas y energías femeninas más profundas, místicas y unificadoras—, que también son las más oscuras y, en lo que a nuestro inconsciente se refiere, más alarmantes. La Lilit en nosotros nos saca de la seguridad y nos pone en marcha. Como seres humanos, tenemos que crecer entre la confrontación; si permanecemos quietos, nos quedaremos agarrotados.

Resulta muy interesante que el número Cinco no esté presente en la clasificación del sistema cristalino natural: por lo tanto, no existe un endurecimiento de la forma en la base del Cinco. El Cinco se suelta, y en este sentido cuenta además con algo revolucionario en él. Es más, el Cinco es característico de los humanos: tenemos cinco sentidos, cinco dedos en cada mano y cinco en cada pie, y si estiramos la cabeza y extendemos brazos y piernas, encontramos que estas cinco extremidades forman los puntos de un pentáculo.

Al estudiar los Cincos de los Arcanos Menores, comprobamos la gran dificultad que tenemos a la hora de permitir que esta influencia revolucionaria entre en nuestra vida, la dificultad que nuestra sociedad encuentra con el papel de la unión y Lilit. Los Cincos de los Arcanos Menores representan cada uno de ellos problemas que tienen que ver con la falta de *eros* y con el problema de entrar a formar parte de la vida. En las Varas y las Espadas —las cartas yang—, esto se expresa como un conflicto y una contienda (con más fuerza en las Espadas que en las Varas), mientras que en las cartas yin —los Pentáculos y las Copas— se expresa en forma de privación.

Cinco de Varas
(Yang)

No existe un patrón estable de actividad aquí sino una gran agitación. Es fácil que esto conduzca a cosas nuevas, pero con igual facilidad puede provocar altercados. El deseo imperioso de revolución se expresa poniéndose en guardia ante los demás. La belicosidad a menudo es juguetona, pero hay peligro de que lleve a un altercado serio. La carta te alerta del potencial de peligro. Si haces caso a esta advertencia, puedes hacer frente a los conflictos de un modo controlado y vigilante, que tal vez te lleve a una renovación y un progreso gratificante en tus actividades.

Cinco de Espadas
(Yang)

Esta carta se considera de una negatividad total, y, de hecho, refleja lo contrario de lo que debería ser el Cinco. No hay indicios de contacto con los demás o con la vida. Los oponentes han sido derrotados por medio de estratagemas mentales. Los vencidos se sienten devaluados e inservibles, e incluso menos capaces de enfrentarse a la vida. A menudo ves cómo degenera esto en una actitud intimidada que puede llevar a más rechazo y más destrucción. En pocas palabras, no hay *eros*, ni renovación ni revolución positiva. Y, no obstante, estas fuerzas operan en el fondo de esta carta. Naturalmente, este desasosiego interior y tal falta de satisfacción somete a una fuerte presión a la mente consciente. Si no se consigue entender esto bien, la ansiedad aparece con facilidad y, como resultado, el individuo re-

gresa de pleno a la condición de Cuatro —estabilidad y statu quo— aunque ya no sea lo más conveniente. Y la inseguridad puede incrementar la necesidad de demostrar quién es uno. Al adoptar una actitud sarcástica y descomprometida, uno casi se cava su propia tumba, de tal manera que al final, cuando uno se ha aislado por completo, se ve obligado a comprender que hay algo más en la vida: otras personas, amor, compromiso, etc. En el Cinco de Espadas vemos a Ishtar como la diosa de la guerra. Es importante comprender que querer sacar lo mejor de los demás, por negativo que pueda ser, representa una conexión con otras personas: evoca emociones en nosotros que tienen un significado interior. Necesitamos profundizar en ello.

Cinco de Pentáculos
(Yin)

Como consecuencia de no haber prestado atención en el pasado a las señales indicadoras que mostraban la necesidad de cambio, ahora nos encontramos por completo en el mal camino, y esto puede expresarse concretamente en la forma de reveses financieros o enfermedad, por ejemplo. El Cinco de Pentáculos va unido a la sensación de quedarte en la estacada, de que abusen de ti, y cosas por el estilo. En este caso hay poca evidencia del aspecto de unión y renovación del Cinco; de hecho, se cumple precisamente lo contrario. Al igual que con el Cinco de Espadas, parecemos tener marcado el camino. No obstante, la ventana de la iglesia forma un marco para la esperanza: encontraremos una nueva forma de seguridad si hay un intento de unión con nuestra espiritualidad interior y si aprendemos a experimentar una nueva dimensión en el mundo material concreto, como, por ejemplo, la conexión entre nosotros y el mundo, entre lo interior y lo exterior. El peligro del Cinco de Pentáculos es el de continuar corriendo en la misma dirección por miedo a perder la poca seguridad que nos queda. También existe el peligro de contentarse con poco o con nada, y acostumbrarse a perder terreno. El problema continuará si no logramos tomar el control de nosotros mismos, hasta que toquemos fondo y simplemente no tengamos otro remedio que hacer algo. Pero con esta carta podemos pasar a la acción antes de que la situación llegue a tanto: ¡podemos levantarnos nosotros solos!

Cinco de Copas
(Yin)

¡Qué pena!: las jarras volcadas y vacías simbolizan problemas de una naturaleza emocional surgidos como causa de las propias intromisiones y negligencias. El resultado es el aislamiento y la soledad. En esta carta también vemos la contrariedad del Cinco: mientras nos aferrábamos a ciertos valores emocionales y egocéntricos, aunque hayan servido a su propósito, hemos demolido muchos muros que habrían sido beneficiosos para nosotros y ahora nos hemos quedado con los restos. Esto no suele ser algo que se haga deliberadamente, sino que responde a un miedo a lo nuevo. No obstante, aún queda esperanza: ¡dos de las jarras se han quedado en pie! Debemos empezar a buscar una nueva orientación emocional (las Copas representan las emociones): la persona de negro debe volverse para poder ver las copas que aún quedan en pie. Entonces el Cinco, como nuevo movimiento, puede propiciar nuestra unión *(eros)* con valores emocionales vitales latentes, y podemos establecer una nueva dirección. Si experimentamos una negación del tipo que sea con esta carta, deberíamos considerar la conveniencia de adoptar una nueva postura, cambiar nuestra actitud y nuestro modo de relacionarnos con la gente. Las experiencias emocionales dolorosas pueden llevarnos a un cambio en el curso de los acontecimientos.

En todos los Cincos de la baraja Rider-Waite, la carta de la acción (Varas) parece la menos abrumada por los problemas, mientras que las demás pueden exhibir el verdadero significado del Cinco tras una crisis. Este juicio posiblemente se basa en el hecho de que el Cinco, en sí mismo, está lleno de actividad. Pero al igual que con el Cuatro de Varas, existe el peligro de la actividad por la actividad, que puede provocar tensiones y ciertamente no el tipo de unión que el Cinco intenta expresar.

Las otras tres cartas ilustran cómo pueden estancarse los procesos elementales si nos aferramos a lo antiguo. En estos días, el pensamiento (Espadas) se concentra mucho en el problema de «o nadas o te ahogas». El miedo a perder un trabajo o a situaciones financieramente comprometidas de un modo u otro hace que mucha gente escoja carreras que de otro modo habrían descartado (Pentáculos), puesto que no eran las adecuadas para ellos. O ceden a la tentación de la codicia (provocada por la publicidad) y acaban con problemas financieros graves.

La implicación en el plano emocional tampoco es algo estimulado por el mundo insensible (Copas). Por lo tanto, como advertencia, la carta de la baraja Rider-Waite se nos presenta con una imagen simbólica de regresión emocional.

No debemos olvidar que el Cinco puede transmutarse en un dinamismo muy alegre. ¿Tal vez en siglos futuros estas cartas sean capaces de llevar una nueva imagen pictórica? *Eros*, o la verdadera unión, y Lilit, los atributos de la noche y de lo irracional, aún son problemas importantes en nuestro siglo. Pero ya hay energías en movimiento dentro de nosotros que pueden cambiar gradualmente la manera en que los Cincos se expresan ahora en nosotros.

Seis

El Seis se trata a menudo como 2 × 3, pero tiene varias características propias destacables. Si sumas los divisores del Seis (1, 2 y 3) vuelves a obtener un Seis. Esto apenas sucede; en casi todos los casos, la suma de los divisores de un número es menor que el mismo número.

Por consiguiente, el Seis es un número destacado, y es considerado el más importante de los pocos números con los que comparte este rasgo.

No sólo la adición de los divisores de seis da seis, su multiplicación da el mismo resultado: 1 × 2 × 3 = 6. Por consiguiente, hagamos la operación que hagamos, ¡los divisores de seis producen seis! Seis es el pivote de sus divisores (1 + 2 + 3 = 6 = 1 × 2 × 3), y también es el pivote o centro de los cinco primeros números pares: 2, 4, 6, 8, 10. Si vinculamos esto al hecho de que encontramos el 3 dos veces en el seis, y que el 3 va conectado al ingreso de la energía psíquica en el reino del tiempo y del espacio, parece que el seis con su acción de pivote tiene una función cíclica.

Los ciclos nos devuelven a puntos donde hemos estado antes, pero donde podemos disfrutar de otro comienzo con nuevas tendencias y nuevos ciclos. Entretanto, algo antiguo, la ronda previa, se completa. Históricamente, los antiguos griegos llamaban al 6 un *arithmos teleios,* o número perfecto. Otro término perteneciente a la misma familia que *teleios* es el verbo griego *tetelestai,* que en las antiguas representaciones arcanas significaba «se ha acabado».

Por consiguiente, en el seis se completa algo (6), pero al mismo tiempo hay movimiento a causa de una dualidad o campo de tensión (2 × 3). Aquí encontramos una asociación destacable entre reposo y tensión, en la que prevalece la conclusión, pero el impulso de entrar en una nueva fase también está presente. Mientras que en el número Tres vemos que aún hay un proceso en marcha, en el Seis vemos un final y el deseo imperioso de empezar un nuevo proceso.

Los Seises de los Arcanos Menores funcionan de la siguiente manera.

Seis de Varas
(Yang)

El caballero a caballo ha obtenido una victoria por la que ha sido condecorado (la corona de laurel). No se ha dormido en los laureles, sino que se encamina a enfrentarse a un nuevo reto o a iniciar otra campaña. Entre otras cosas, las Varas representan el poder ejecutivo y el amor por la acción, y es obvio que se ha concluido un ciclo. Esta carta a menudo aparece cuando ya has logrado resultados (de un modo u otro), pero aún hay algo que te consume, que no es un problema sino simplemente la incapacidad de quedarte sentado sin hacer nada. Por consiguiente, con mucha frecuencia, en esta carta cobran importancia los cambios positivos.

Seis de Espadas
(Yang)

Cruzar las aguas alude a que se está dejando atrás lo antiguo. Lo nuevo aún es desconocido. La actitud un poco desdichada de la gente que viaja en la embarcación revela que la travesía no es fácil para ellos. Llevan consigo sus espadas: aún se desplegarán esquemas antiguos de pensamiento en esta nueva situación. Aunque podamos imaginar que hemos eludido el pasado o cierto asunto, no significa que nos hayamos librado de él; debemos llevarlo con nosotros hasta que le plantemos cara. Por lo tanto, aunque se trata de un nuevo ciclo, todavía estamos abrumados por pensamientos inquietos del ciclo previo, sumados quizás a cierta angustia sobre el futuro desconocido. Esta carta nos previene contra el regreso. En la alejada orilla relumbra la esperanza y las oportunidades. Nuestro mayor impedimento es nuestro propio lastre: las espadas en el barco.

Seis de Pentáculos
(Yin)

El mercader ha dejado de hacer fortuna y puede permitiese que otros compartan sus riquezas con él. La vida le ha recompensado con esta posición y comprende que debe hacer algo nuevo con todo ello. Ha concluido el antiguo ciclo en el que se perseguía el triunfo; el nuevo ciclo requiere aprender a usar la riqueza de modo ético y espiritual, lo que queda reflejado mediante la acción de ofrecer limosna y en la balanza en la que pesa el dinero. La carta normalmente se considera afortunada: las cosas nos están saliendo bien.

Seis de Copas
(Yin)

Las dos personas que aparecen en esta carta son niños; este naipe hace referencia a nuestra juventud. Se trata de algo perteneciente al pasado, un ciclo de nuestra vida que ha concluido. Los problemas de la infancia pueden persistir en situaciones actuales, pero, mientras intentamos aplicarles la pureza del niño interior, podemos iniciar un nuevo ciclo. Las Copas se refieren principalmente a todas esas circunstancias de la vida en las que los sentimientos y las emociones desempeñan un papel, algo que normalmente sucede en los contactos y relaciones humanas. Emocionalmente, estamos iniciando un nuevo ciclo, aunque podrías verte acosado por varios recuerdos del pasado, en la medida en que encuentras a gente que en otro momento significó mucho para ti; también podrías experimentar un nuevo despertar de deseos juveniles.

La carta transmite una advertencia sutil para que no concedas un carácter romántico al pasado a expensas del futuro. Ahora nos encontramos en otro ciclo y hemos dejado de ser niños.

Siete

Tanto si examinas la manera en que el número Siete se presenta en el contexto de los sueños como si estudias el papel que desempeña en religiones y culturas, encontrarás algo paradójico en ello. Por consiguiente, su interpretación resulta difícil. Tal vez, de hecho, el Siete simbolice la paradoja. Con frecuencia, en los sueños, el número Siete va asociado a un estado de desasosiego porque obviamente es algo que no puede resolverse de la manera usual.

Aquí existe cierto campo de tensión o punto de partida que parece permanecer siempre así. Naturalmente, con los años, nada sigue igual, pero en el contexto de los sueños, las fantasías o los dibujos espontáneos parece no existir movimiento en ninguna cosa que vaya asociada al número Siete; no obstante, suscita movimiento o tiene movimiento a su alrededor.

En este sentido, el número Siete podría tener que ver con un rasgo del carácter o con alguna forma de conducta que produce la reacción requerida en el mundo exterior, aunque el individuo tal vez no haya absorbido (todavía) las consecuencias de lo que está haciendo.

El número Siete se compone del número 3, que está en movimiento, que aún forma parte de un proceso, y el número 4, que expresa la forma externa y más bien corre el riesgo de quedarse anquilosado.

La extraña ambigüedad del Siete se puede comprobar en la antigüedad. En la antigua Babilonia, este número era un número absolutamente desafortunado, no había que emprender nada en los días 7, 14, 21 y 28 del mes o el 19 del mes siguiente: ¡19 + 30 = 49, y eso es 7 × 7, o mala suerte al cuadrado!

Teniendo en cuenta que, tiempo atrás, el pueblo judío había mantenido una estrecha relación con Babilonia, y que a su vez ha ejercido una gran influencia sobre la cristiandad, algunas personas piensan que este significado del número enlaza con lo que nos cuentan sobre Yahvé, quien descansó el séptimo día. Sumado a la imagen paradójica de este número, encontramos que el Siete pasó lentamente de ser un número de mala suerte a un número sagrado.

Por consiguiente, en la antigua Babilonia, vemos que el número Siete ya está envuelto en paradojas: el número Siete representaba no sólo el pecado, sino la preparación para la expiación y la redención. También encontramos este tema en el Antiguo Testamento en referencia al número Siete: Dios maldijo a Caín después de que éste hubiera asesinado a su propio hermano, pero al mismo tiempo protegió a Caín decretando que «quienquiera que asesinase a Caín verá cómo recae sobre él la venganza siete veces».

San Agustín, también, hace referencia a la relación entre el bien y el mal en el número Siete: llamó al Siete el número del Sabbath (descanso) y la redención, pero al mismo tiempo lo denominó el número del pecado. Y Alberto Magno menciona las siete palabras de Cristo en la cruz, los siete pecados capitales y las siete peticiones en el padrenuestro. El número, además, desempeña un gran papel en el Libro de la Revelación (Apocalipsis), y no siempre un papel alegre. El pecado y el perdón, el drama y la redención, número adverso y número sagrado, todo ello configura la paradoja del Siete.

Ahora es el momento de estudiar el Siete en las cartas de los Arcanos Menores.

Siete de Varas
(Yang)

La naturaleza paradójica del Siete se hace obvia de forma inmediata en la ilustración de esta carta. La interpretación a menudo tiene dos lados: se puede decir que la carta te estimula a luchar por aquello en lo que crees, pero igualmente sugiere que te encuentras en una especie de guerra de desgaste que está perturbando todas tus iniciativas. Por una parte está la emoción del desafío, y, por otra parte, no controlas la dirección que siguen tus asuntos. La paradoja del Siete, el bien y el mal, va unida aquí a tus propias acciones (Varas): has tomado algunas decisiones y sigues un rumbo. Pero mira hacia delante y manténte en guardia. Aunque pienses que todo va como una seda y la gente aún está de buen humor, con esta carta surgen cambios con facilidad, que traen con ellos algún enfrentamiento bastante encarnizado.

Siete de Espadas
(Yang)

Un hombre se larga con las espadas robadas de un campo de batalla. Una imagen bastante dudosa: robar es un delito, pero cuando lo que se roban son las espadas del enemigo, el robo se elogia. Llevarse tal cantidad de espadas y pasar inadvertido requiere un planteamiento mañoso o sigiloso, posiblemente truculento, y por supuesto un grado de valor. Pero normalmente no hay heroísmo en el Siete de Espadas; lo que hay es mucha triquiñuela, demasiado disimulo, en esa carta. La astucia presupone una planificación futura, que pone en primer plano el lado mental de las Espadas. Al mismo tiempo, el Siete de Espadas te advierte de que no menosprecies el resultado de tus acciones y, aquí también, una vez más, existe una paradoja: un plan bien considerado, cabal, pero sin pensar en las consecuencias. El Siete de Espadas siempre nos recomienda permanecer alerta frente a las intrigas o maquinaciones de otras personas cuando podemos ser sus víctimas, pero igualmente nos advierte de que, si recurrimos a una conducta similar, casi con toda certeza saldremos perdiendo.

Siete de Pentáculos
(Yin)

Un hombre está apoyado en su bastón en un estado de vigilancia mientras contempla los Pentáculos que crecen como si fueran frutos. Las transacciones o ideas del pasado dan fruto; pero no puedes hacer nada más al respecto y tienes que limitarte a esperar y ver. El problema con esta carta Siete es que tienen lugar desarrollos de importancia para ti, pero sobre los que no puedes ejercer ninguna presión ni dirigir de modo alguno. Cualquier ayuda o interferencia por tu parte sólo pospondrá las cosas. Recompensa y frustración, crecimiento y espera, especialmente en el lado tangible de la vida y en la materialización de planes, todo ello se halla presente en el Siete de Pentáculos.

Siete de Copas
(Yin)

Nuestro mundo emocional está totalmente abierto a un montón de fantasías y sueños que pueden desarrollarse de modo

positivo, pero (como cabría esperarse del paradójico siete) puede apartarnos con la misma facilidad de la realidad. Aunque no nos percatamos del todo, estamos frente a dos filas de copas, todas las cuales tienen el aspecto de hermosos regalos del mundo imaginario. Pero la fila inferior puede inducirnos a demostraciones de poder, codicia, ambición o agresión antes de que podamos darnos cuenta, mientras que la fila superior puede llevarnos a un contacto mejorado con nuestro inconsciente, al libre fluir de la energía psíquica y, en última instancia, a la fusión con nuestro centro interior, nuestro ser verdadero, que ahora se encuentra oculto. Se trata de una carta con dos aspectos: advierte contra los deseos erróneos y contra el desarrollo de rasgos desagradables del carácter, de los que no somos conscientes, y por otro lado revela un potencial de crecimiento espiritual y psicológico tremendo y la posibilidad de convertirnos en nosotros mismos.

Si observamos las diferencias entre yin y yang, vemos que en las cartas yin desempeñamos un papel pasivo: en los Pentáculos nos vemos forzados a esperar, no debemos intervenir, y en las Copas tendemos a permitir la influencia de atmósferas altamente cargadas y de nuestros propios deseos, así como a dejarnos llevar por los sueños. A la inversa, en las cartas yang encontramos conflicto (Varas) o peligro de conflicto. No obstante, la paradoja del Siete está presente en los cuatro palos; los cuatro nos instan a mostrar una gran cautela.

Ocho

El Cuatro representa una pauta de orden, algo que además podemos comprobar en 2 × 4 = 8. Cuando el número Ocho aparece en sueños y dibujos, en fantasías y cuentos, existen dos posibilidades de interpretación. Una forma en la que el Ocho se manifiesta es como firme anclaje, una regulación y un control poderosos, pero al mismo tiempo el peligro de llegar a un punto muerto. Es como si el Ocho (4 + 4) reforzara el riesgo de estancamiento inherente al Cuatro. (En astrología, el número Ocho se atribuye a Saturno.)

Pero además existe cierto movimiento en este Ocho, que tiende a desarrollarse por debajo de la superficie. En sentido positivo (sin duda cuando aparece en forma de mandala en un sueño, por ejemplo), el Ocho tiene que ver con «volver a recuperar la forma de la psique». Tras superar algún periodo turbulento, de gran agitación interior, la aparición del número Ocho en sueños puede indicar que uno no tardará en disfrutar de una perspectiva y una comprensión de la vida más favorables, y no sentirá tal desasosiego. Por lo tanto, el Ocho puede convertirse en un punto de partida para dar una base más segura a nuestro futuro. En cuanto 2 × 4, el 8 exhibe además un esquema doble que crea un campo de tensión que puede conducir al movimiento. Por ello, en diversas culturas antiguas encontramos el Ocho como un modelo ordenado que se encuentra en la raíz de todos los fenómenos de la vida. Por ejemplo, los Ocho inmortales del simbolismo tradicional chino, o la antigua cosmología egipcia con su «Ciudad del Ocho» (Hermópolis) que acogía a ocho dioses agrupados como 2 × 4, que son los que en definitiva sostienen la existencia: Nun y Nunet como Aguas Primitivas en forma masculina y femenina, Hu y Huhet como el espacio infinito, Kuk y Kuket como la oscuridad, Amun y Amunet como el vacío.

Toma nota de la polarización masculino-femenino o yang-yin en este simbolismo. El Ocho como tercera potencia del Dos es un simbolismo particularmente apto de la polaridad primitiva. Por consiguiente, existe una tensión considerable en el Ocho que pide liberación, y, al mismo tiempo, algo creativo y renovador en ello. Bindel apunta que a lo largo de los siglos el Ocho ha ido asociado constantemente a la creación, la construcción y la curación.[5]

Por consiguiente, aquí existe un elemento que tiene que ver con acabar y empezar de nuevo, pero no de la misma manera que sucedía con el Seis. El Seis es cíclico, pero el Ocho, en cuanto tal, no lo es. Para comprender esto, uno sólo tiene que pensar en la octava musical, de la cual la octava y última nota es también la primera nota de la siguiente octava en la misma tonalidad.

Ahora estamos listos para estudiar cómo opera el Ocho en los naipes de los Arcanos Menores.

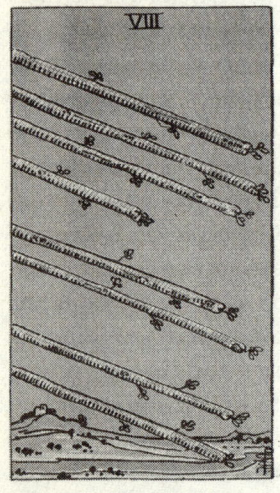

Ocho de Varas
(Yang)

Las varas (que aquí aparecen floreciendo) se precipitan por el aire como dardos, y rápidamente golpean su blanco. Una fase está a punto de terminar, pero la inquietud de las varas (que representan actividad y movimiento) ya se lanza hacia un nuevo comienzo. La imagen de esta carta nos muestra que podemos esperar una rápida compleción de lo que estamos haciendo, pero que pronto estaremos ocupados con otra cosa. La acción se desarrolla sobre todo fuera de nosotros (no hay personas en la carta), aunque podemos iniciarla. Lo único que debe preocuparnos es hacer lo correcto en el momento correcto. Amanece un nuevo día, pero antes ha de terminar el antiguo. En este contexto, el ocho significa cuidar de que las cosas acaben adecuadamente, así como la posibilidad de ulterior movimiento.

---

5. Ernst Bindel, *Die Geistigen Grundlagen der Zahlen,* Freies Geistesleben, Stuttgart, 1975, p. 254.

Ocho de Espadas
(Yin)

La rigidez del Ocho surge con fuerza en esta carta. En lo referente a construcciones mentales y teorías, estás absolutamente enclavado. Ha desaparecido toda flexibilidad. El Ocho de Espadas representa un impedimento y un bloqueo en todos los frentes, ya sea en el trabajo ya sea en las relaciones (según lo que se busque). Hemos perdido la perspectiva de nuestra propia situación, pero nuestras piernas (como en la imagen) siguen libres, de modo que podemos escapar y buscar ayuda. Es aquí donde interviene el poco movimiento del Ocho. La carta incluye la advertencia de que corremos peligro de quedarnos atascados en viejas convicciones e ideas, en la negación de uno mismo y en todo tipo de normas opresivas que gradualmente paralizarán nuestro desarrollo interior. Es inevitable una confrontación con estas cosas si lo que queremos es escapar de esta situación inhibidora. Pero, como ya he mencionado, depende de nosotros buscar ayuda en los demás.

Ocho de Pentáculos
(Yin)

Estás trabajando con empeño y lo que haces está casi acabado. Los Pentáculos siempre tienen que ver con el mundo de la materia y las formas concretas. No obstante, con el Ocho de Pentáculos, acabar una pieza en tu trabajo no significa llegar a un punto muerto. La implicación del hombre en su trabajo refleja otro lado de esta carta: el deseo de expresarse en la vida, de ser capaz de experimentar con la materia para adquirir nuevas ideas y habilidades, incluso aunque uno esté finalizando una actividad dada. Por consiguiente, esta carta indica tanto el trabajo motivado como la experimentación estimulante en las circunstancias en las que uno se encuentra. Indica tomar medidas concretas para trabajar en pos de un objetivo, y, en el proceso, adquirir un conocimiento de cosas nuevas.

Ocho de Copas
(Yin)

Un hombre se aleja, caminando, de ocho copas llenas. Estos recipientes simbolizan una situación existente en el campo emocional. Puede tratarse de una relación, pero igualmente pueden ser sentimientos relacionados con uno mismo o con el trabajo de uno. Aunque los recipientes se encuentren ahí para una situación concreta, el hombre les ha vuelto la espalda y se aleja andando. En este caso, el Ocho se exhibe como una forma fija y posiblemente fosilizada, que ya ha provocado una respuesta. Pero definitivamente no hay ninguna situación nueva. Eso no puede suceder en la esfera del Ocho; en la mayoría de casos, el Ocho lleva a la conclusión y presenta la opción de un punto de partida hacia algo nuevo. En el Ocho de Copas, una antigua situación emocional queda atrás. Por lo tanto, la carta a menudo tiene que ver con una despedida (por ejemplo, un retiro). Lo nuevo aún nos es desconocido. Por consiguiente, el Ocho de Copas nos habla en muchos casos de inseguridad emocional o de la sensación de no saber exactamente lo que queremos. Tendremos que prestar especial atención a nuestros sentimientos.

Nueve

Al igual que los antiguos egipcios tenían cuatro pares de dioses y diosas, un conjunto de ocho divinidades, el número Nueve figuraba también en su mundo divino. Por ejemplo, había un dios que se encontraba al frente de otros ocho dioses, de nuevo divididos en cuatro parejas, cada uno con su propio significado como una variación del tema del yin o el yang.

Ahora bien, en Oriente el Cinco se ve a menudo como el número que simboliza un elemento adicional a los cuatro elementos conocidos en Occidente, y el espacio se expresa también mediante el número 5, ya que los cuatro puntos cardinales rodean un centro. Del mismo modo, el Nueve se considera en Oriente como un Ocho más el centro (por ejemplo, las ocho carreteras de acceso a Pekín y su centro). Por consiguiente, el Nueve es un Ocho con un centro, pero al mismo tiempo tiene su propio significado como 3×3.

Mientras el Tres indica un proceso que pugna por realizarse en la materia, esta realización no es en el Nueve tan aparente. Parece que el proceso mismo tiene mayor énfasis en el Nueve; por este motivo Bindel lo describe como el número de los altibajos, de las profundidades y las alturas.[6] Lo vincula al concepto de que la expulsión del Paraíso es una caída a las profundidades, de las cuales tenemos que emerger por esfuerzo propio. El Nueve representa tanto la caída como la difícil escalada.

En la Edad Media, el Nueve solía conocerse como el número del Espíritu Santo. Al examinar las expresiones simbólicas que aparecen en los sueños individuales, dibujos espontáneos y fantasías, nuestra atención se ve atraída por varios rasgos. A veces, el número Nueve parece señalar una síntesis: nuestra situación se pone en su debida perspectiva, somos capaces de hacer un alto por un momento y luego empezar a hacer algo productivo. Por lo tanto, aquí hay cierta estabilidad y también movimiento (¿el Nueve como 4 + 5?). En gran medida parece que fuesen ocho direcciones más su centro.

---

6. Ernst Bindel, *Die Geistigen Grundlagen der Zahlen*, Freies Geistesleben, Stuttgart, 1975, p. 242.

En sueños, el Nueve da la impresión de estar conectado más bien con un movimiento que se persigue con gran fuerza en una dirección, aunque sin un objetivo: ¿es éste el Nueve como 3 × 3? Aquí el movimiento del Nueve hasta las profundidades o hasta las alturas parece ser el factor prominente, y también se diría que es el punto crítico desde lo inferior a lo superior, y viceversa. Por lo tanto, el Nueve se presenta abierto a varias interpretaciones.

Nueve de Varas
(*Yang*)

La carta muestra a un hombre receloso en actitud beligerante, lo cual ya le ha supuesto algún que otro quebradero de cabeza. El Nueve emerge aquí como un movimiento que transcurre demasiado en la misma dirección: la de lanzarse a la acción e iniciar una pelea sin considerar que hay otras reacciones posibles. La carta puede referirse a reveses pasados que han incrementado nuestra desconfianza. Este naipe nos alerta del peligro de continuar reaccionando de un modo demasiado parcial y, por lo tanto, de facilitar los problemas. El punto crítico llega con el cultivo de una mente abierta y una voluntad de dejar reposar el pasado.

Nueve de Espadas
(*Yang*)

Una vez más el Nueve parece llevarnos de forma excesiva en una misma dirección. Ahora el pensamiento y el intelecto están implicados, lo cual tiene como resultado un estado de depresión. Los temores y los pensamientos negativos acechan constantemente en el fondo, y simbolizan una profundidad que parece insondable. El temor puede provocar que te agarres al menor pedazo de seguridad, aunque sea negativo. Lo peor habrá pasado una vez que estés preparado para abrirte a la vida una vez más y permitir que los pensamientos obsesivos se dispersen, en lugar de dejarte dominar por ellos. Es esencial volver a configurar tus pensamientos para ser capaz de ascender el camino de vuelta, que es otra de las cosas que representa el Nueve.

Nueve de Pentáculos
(Yin)

Aquí el disfrute es abundante. El Nueve se encuentra sin duda en un punto álgido; la persona representada está en armonía con la naturaleza, se siente satisfecha de sí misma y tiene éxito en los asuntos de los Pentáculos, a pesar de tener ambos pies sobre la tierra. Un significado del Nueve cuya función predominante proviene del centro. La imagen nos muestra los Pentáculos formando un grupo de seis (un ciclo se ha completado) y otro de tres (movimiento).

Existe reposo y movimiento; hay totalidad sin estancamiento. No es de extrañar que esta carta sea siempre muy apreciada.

Nueve de Copas
(Yin)

En este Nueve también es prominente el disfrute. Pero la situación es menos serena y mesurada que en los Pentáculos. En el Nueve de Pentáculos existe una conexión natural con la Tierra y con todo lo vivo, en cuanto el personaje del Nueve de Copas está sentado y suntuosamente vestido con pieles de animales. También es un Nueve en su punto álgido, pero con el peligro de volverse fácilmente superficial, interesado sólo por la búsqueda de placer. La realización emocional también es muy compatible con el Nueve de Copas: ¡no por nada se la ha llamado «la carta de los nueve meses»!

Es muy notable que las cartas yang muestren el Nueve primordialmente en su punto más bajo —las Espadas de forma más marcada que las Varas—, y que las cartas yin lo muestren principalmente en su punto más elevado —los Pentáculos más que las Copas—. Por lo tanto, las dos polaridades van asociadas al número de modos muy diferentes.

Diez

Desde el punto de vista numerológico, el Diez es 1 y 0; además, el 1 a menudo se trata como masculino y el 0 como femenino. Por lo tanto, no es de sorprender que el Diez, incluso en sueños, esté expuesto a aparecer en relación con el matrimonio y/o la cohabitación. Paneth se refiere al Diez como 2 × 5, y a su significado como una relación erótica (Cinco) que ha tenido como resultado una unión fija. Esto crea un nuevo campo de tensión, ya que el Dos es un número que indica polaridad, lo cual es el motivo de que algunos escritores atribuyan al Diez no sólo el matrimonio sino también cierta forma de desilusión en lo referente a la relación sentimental.

El Diez también se considera un Uno elevado o acentuado. He observado en más de una ocasión que, en sueños, cuando un número lleva uno o más ceros detrás parece llevar una gran carga. Por lo tanto, el número 1.000 podría muy bien decir que en este caso tenemos una situación tipo número Uno que es muy, muy importante.

El Uno es un número sin el cual ningún otro número puede existir. El Diez, en cambio, no presenta esta característica. Representa el «diez en el uno» o la integración de cualidades.

Pero el Diez transmite algo adicional. El Uno es en potencia una gran fuerza única, pero esta fuerza puede desenvolverse sólo mediante el desarrollo a través de otros números. Por consiguiente, el Diez consiste en un Uno que ha sido capaz de contactar con su poder. Por este motivo, en los Arcanos Menores el Diez tiene libertad para exhibir el significado completo de los palos dados.

La idea del Diez formando un todo único se ve, por ejemplo, en los diez Sefirot de la Cábala, los Diez Mandamientos de la Biblia y nuestros diez dedos de las manos y de los pies. Si ahora consideramos el Diez en las cartas de los Arcanos Mayores vemos lo siguiente.

Diez de Varas
(Yang)

La carta describe a un hombre que transporta diez pesados palos (de una forma que sin duda le provocará problemas de espalda). En esta carta del Diez, las Varas, que representan acciones y transacciones, nos recuerdan que si intentamos hacer todo precipitadamente tendremos que sufrir las consecuencias. Actuar de forma impulsiva es el lado divertido de las Varas; pero, al final, la cuestión de la perseverancia siempre exige atención. El Diez de Varas nos pide que nos detengamos a examinar nuestras actividades y transacciones y que volvamos a organizarlas en beneficio de una mayor eficacia. Es preciso descubrir cuánto podemos abarcar. Nos encontramos en la fase en la que todo empieza a írsenos de las manos; es el momento de la revisión. Vemos en este naipe cómo el poder de actuación de las Varas, en la medida en que está potencialmente presente, se ha incorporado completamente al Diez: nos confronta con todas nuestras acciones. El propósito de este naipe de la baraja Rider-Waite parece ser representar la secuela del efecto positivo: no obtendremos resultados ni provecho hasta que se dé cierta reorganización. El «aspecto matrimonial» del Diez puede sugerirse en relación a nosotros mismos y nuestras actividades: nuestra implicación en ellas está presente igual también que cierto desencanto a causa de la confrontación con las responsabilidades conexas.

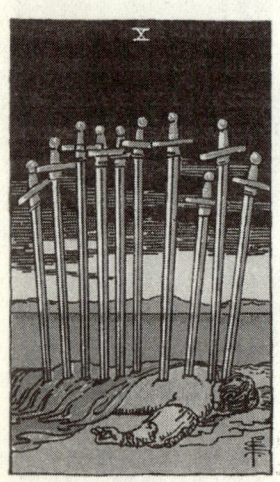

Diez de Espadas
(Yang)

El Diez de Espadas muestra el final irrevocable de algo. Es firme e inexorable. Por este motivo, esta carta se asocia a experiencias muy duras. En este caso, las Espadas, tan intelectuales y mentales, pueden conllevar el riesgo de perder toda emoción y toda humanidad al canalizar la vida en lógica, estadísticas, racionalidad y cosas por el estilo. Las diez espadas que sobresalen de un cadáver ilustran esta forma de conducta llevada al exceso. Por lo tanto, en el Diez de Espadas encontramos la culminación de nuestros poderes racionales, pero, al mismo tiempo, una aplicación tan rigurosa de ellos que ha llegado el momento de cambiar. En la carta vemos cómo despunta el día. No obstante, el Diez de Espadas nos advierte de que no cortemos todas las situaciones con demasiada brusquedad, con exceso de intransigencia o con demasiada violencia, ya que la carta nos comunica que estamos pasando por alto cosas prometedoras, o que estamos siendo tan fríos y recelosos que ya hemos despreciado algo que podría habernos beneficiado. El Diez como forma de unión se encuentra aquí de forma indirecta en la necesidad de estirarnos para alcanzar otra vez la vida fuera de nosotros. En las Espadas, la culminación del Diez es muy negativa.

Diez de Pentáculos
(Yin)

Por la manera en que ha sido diseñado este naipe para la baraja Rider-Waite, el Diez de Pentáculos destaca como una carta importante en muchos aspectos. Vemos aquí el Diez como la culminación total de todo lo bueno de los Pentáculos, pero igualmente existe una dimensión espiritual en él: los Pentáculos están agrupados de acuerdo con el Árbol Cabalístico de la Vida. Puedes ser tú mismo, sin complicaciones, y puedes disfrutar de la vida tal como es, genuina y sin adornos. Los placeres terrenales se pueden degustar y disfrutar, y la unión con el Todo es parte de este deleite. La materia (Pentáculos) y la espiritualidad van de la mano. El Diez como matrimonio se expresa aquí en forma de una asociación entre naturaleza humana y materia, no como servilismo hedonista o como algo codicioso, sino con libertad. El Diez de Pentáculos nos permite disfrutar por completo de la vida.

Diez de Copas
(Yin)

Esta carta representa una gran paz y seguridad emocional, la realización, por lo visto, de nuestra unión con la vida. Las diez copas en el arco iris imparten una dimensión espiritual a esta carta: reflejan la realización personal, pero sin grandes deseos o impulsos ególatras. Te aceptas a ti mismo y a los demás por lo que eres. Por complicadas que sean tus circunstancias, la carta indica que todo va a ir bien emocionalmente (¡Copas!) y que tu experiencia en la vida se está desarrollando de manera muy positiva en todos los frentes.

Existe una gran diferencia en la interpretación del Diez en los naipes yang y en los yin. Es obvio que la baraja Rider-Waite trata el palo yang como un área problemática, mientras que el palo yin casi llega a lo eufórico. En los dieces yin, la posibilidad de desilusión inherente al Diez está del todo ausente, mientras que en los dieces yang, literalmente nos doblegamos bajo su peso.

Aunque esta baraja apareció en 1910, en un momento en que la sociedad empezaba a opinar que el trabajo duro combinado con los avances del momento en el campo de las ciencias (denominadas racionales) resolverían al final todos los problemas del mundo, la baraja Rider-Waite ya estaba demostrando la falsedad de esta creencia.

Tal vez por el fuerte énfasis otorgado a los naipes yin, las cartas que nos invitan a dedicarnos seriamente a la vida, a divertirnos, a expresar nuestros sentimientos y a hacer sitio a lo irracional eran una reacción —consciente o no— de la baraja

Rider-Waite a la tendencia del momento. Porque si revisamos la serie completa, vemos que cuanto más ascendemos en los naipes yang, mayor es la dosis de aspectos problemáticos que nos presentan, algo que no se puede decir en el mismo grado de las cartas yin.

Ahora bien, durante siglos se ha ido olvidando lo intuitivo, la idea de «dejarse llevar por la corriente», de «simplemente ser», o bien se ha postergado a un segundo plano. En esta baraja, Waite mostraba lo importante que son estas cualidades para nosotros si queremos recuperar nuestro equilibrio.

A este respecto, la baraja Rider-Waite es el Tarot de hoy en día. Tal vez, en siglos venideros, el número de cartas de los Arcanos Menores tenga que recibir algunas pequeñas adiciones simbólicas. No obstante, son muy aplicables en nuestros días y época actual. Hacer, disponer, intervenir y razonar son actividades en las que a menudo nuestra sociedad se excede, un hecho que parecemos ignorar de un modo penoso.

Con frecuencia somos incapaces de ver que un problema puede resolverse enfocándolo con un ánimo diferente, o simplemente sin hacer nada: lo que los chinos llaman *wu wei* (hacer sin hacer). Ahí reside el valor del yin, y Waite era muy consciente de ello.

Por consiguiente, las cartas yang más altas pueden implicar desarrollos positivos siempre que seamos conscientes del hecho de que la sociedad que nos ha tocado en suerte puede estimularnos e incitarnos de tal modo que acabemos mostrando una tendencia a exagerar el aspecto yang de las cosas.

6
Las cartas cortesanas de los Arcanos Menores

La baraja común de juego cuenta con tres cartas cortesanas: el Rey, la Reina y la Sota. Los Arcanos Menores tienen cuatro: el Paje, el Caballero, la Reina y el Rey. Cada una de estas cartas ilustradas tiene su propio significado, que se suma al significado de los palos de los Arcanos Menores. Primero consideraremos las cartas cortesanas en sí mismas, y luego su significado en las Varas, Espadas, Pentáculos y Copas.

Las cuatro cartas cortesanas pueden considerarse una serie que aumenta de importancia. El Paje, o escudero, es el miembro más joven y menos significativo de la corte; el Caballero es un guerrero, con sentido del honor y necesidad de demostrar quién es; la Reina es la esposa del hombre más poderoso de la corte y crea una atmósfera acogedora y social; y el Rey constituye el poder y autoridad definitivos.

Considerados desde este punto de vista, del Paje cabría esperarse que impartiera un tono más animado y juguetón a cada uno de los cuatro palos, y del Rey que fuera el más responsable y severo. Y, de hecho, en la práctica esto se confirma en cierta medida. Pero existe otra perspectiva desde la cual considerar los naipes cortesanos. Por lo tanto, en las siguientes páginas haremos una división de las cartas de un modo equivalente a la polaridad del yin y el yang.

En el caso de las cartas cortesanas, el yin indica vitalidad y aceptación. No tienes que demostrar quién eres ni luchar —compulsivamente o no—, sino asimilar, aprobar, acoplarte, acoger lo nuevo e integrarlo. El yin se mueve y se adapta a lo que surge en el camino, pero sin perderse. En un sentido positivo, el yin muestra franqueza e implicación. Persevera en su relación con otras personas o con una pareja. En sentido negativo, la superficialidad y la total ausencia de implicación entran en juego y no hay un objetivo fijo.

El yang pone sus miras en las cosas, está dispuesto a luchar y pasar a la acción. No permite que las cosas reposen, más bien las organizará y, preferiblemente, las dirigirá. El yang no se dejará arrastrar por otros, sino que intentará ser el principal impulsor o hacer que los demás se sometan. En un sentido positivo, el yang puede lograr muchos éxitos y conseguir que las cosas tomen forma. En sentido negativo, provoca una agitación innecesaria y deteriora el ambiente por su falta de sensibilidad.

Las dos cartas cortesanas que se hallan receptivas al mundo son el Paje y la Reina. No nos equivocaremos al llamar a estos naipes cartas yin. Las cartas cortesanas que tienden a ser dominantes y activas, que podemos llamar yang, son el Caballero y el Rey.

Paje y Reina como yin

El Paje es aún demasiado joven y poco experimentado para poder gobernar, incluso para desear hacerlo. A menudo se le trata como a un niño, con los aspectos positivos y negativos de la infancia. Un niño puede involucrarse en lo que surge en su camino sin ponerse restricciones; por ello, las cartas del Paje tienen que ver tradicionalmente con nuevas oportunidades y, lógicamente, están relacionados sobre todo con la disposición o necesidad de abrirse a los demás. Igual que un niño, absorto en el juego, que no se percata de las tensiones y problemas que lo rodean, el Paje, a causa de su implicación inconsciente en cosas agradables, resultado de su amor por la diversión y a su desbordante curiosidad infantil, es aún capaz de un disfrute desinhibido; a veces ni siquiera es consciente de que tenga alguna obligación.

De estas dos cartas yin, la Reina muestra el lado adulto y más experimentado. Es ella quien expresa con desvelo y afecto el simbolismo de cada palo de los Arcanos Menores; la Reina transmite amor por el tema del palo en su entorno. Asume la responsabilidad de una manera yin: crea una buena atmósfera y condiciones positivas, anima a la participación y da incentivos, pero, aun así, sigue siendo ella misma en todas estas circunstancias. Y también puede ser juguetona cuando quiere, pues se trata de una faceta que atañe al yin.

Caballero y Rey como yang

Igual que el Paje es el representante más joven de las cartas cortesanas, el Caballero lo es de las cartas yang. En comparación con el Rey aún es inexperto e inseguro, y por lo tanto inestable. Esto le confiere una combinación destacable de amor por la acción, competitividad y cierto coraje, y al mismo tiempo una dosis de duda personal que le hace ocultarse tras una máscara de aparente confianza. Por consiguiente, los Caballeros en ocasiones son más duros de lo necesario, para poder parecer valientes y mantener el control de sí mismos y de las cosas que los rodean. Pueden aportar mucho gracias a su temperamento vigoroso, su energía y dedicación, pero es fácil que sus actividades se les vayan de las manos. Por lo tanto, las cartas nos advierten de que tengamos cautela.

El Rey, por el contrario, cuenta con una madurez que le hace calmado y controlado. Defiende los valores sociales y es capaz de mantener el orden con su sensatez y juicio, con su gobierno y legislación. Asume una responsabilidad muy considerable y está capacitado para mantener sus compromisos. Su autoridad y capacidad le hacen respetable, de modo que no tiene que luchar tanto para conseguir atención o estima. No obstante, corre el riesgo de acostumbrarse a su puesto elevado. De las cuatro cartas, el Rey es quien mantiene la compostura, y por lo tanto es el menos espontáneo.

Por consiguiente, tanto en el yin como en el yang, detectamos una división de los naipes en inmaduros y adultos, en impetuosidad juvenil y madurez. La inmadurez de los Pajes se refleja en su falta de preocupación (yin), la de los Caballeros, en su mal genio y acción precipitada (yang). La madurez de las Reinas reside en saber que debe dejar que las cosas sigan su camino y dejarse enamorar, la de los Reyes reside en saber que las cosas deben dirigirse, organizarse y regularse con armonía.

A la hora de interpretarlas, las cartas cortesanas pueden representar a personas concretas, en cuyo caso describen los carácteres de estos individuos así como la atmósfera o circunstancias de las que son responsables en el contexto de la consulta. Aparte de esto, las cartas a menudo representan cierta faceta o aspecto llamativo de nuestro comportamiento, o una conducta necesaria en un contexto determinado. Cómo lo interprete cada uno depende en gran medida de la posición de la carta en la tirada.

Los Pajes

Paje de Varas
(Yang)

El Paje de Varas es la inocencia infantil que aprovecha las oportunidades al máximo. Como cartas de acción, las Varas producen abundante movimiento, pero el Paje de Varas tiene tendencia a intentarlo todo de cualquier manera. Esta carta tiene que ver en muchos casos con nuevas iniciativas que pueden surgir tanto del interior como del exterior. Se detecta también un tono agradable y sin complicaciones a su alrededor. Disfrutar sintiéndonos ocupados y tener la impresión de que disponemos de un amplio campo de acción es una sensación típica del Paje de Varas. Las iniciativas se toman con una alegría infantil, con sencillez y sin motivos ocultos. La carta representa también a las personas jóvenes o mayores cuya conducta responde a esta descripción. Debido a la actividad natural de las

Varas, es frecuente constatar muchos cambios de orientación y alteraciones en las personas representadas por esta carta.

Paje de Espadas
(Yang)

El Paje de Espadas esgrime una espada que aún no ha aprendido a manejar como es debido. Esta carta nos advierte de los errores propiciados por la impetuosidad y las conclusiones precipitadas, cuando el pensamiento impulsivo nos lleva a actuar con brusquedad y escaso acierto. Aunque este Paje tiene ante sí nuevas opciones y oportunidades, las limita por el hecho de blandir despreocupadamente su espada (en otras palabras, por su impetuosidad y torpeza). Por consiguiente, no tardará en quedarse solo, lo que le devolverá una vez más a sus propios recursos mentales y le ocasionará problemas a la hora de establecer y mantener contactos y asociaciones genuinas. Procura que tu inquietud mental no te lleve a la desconfianza y los recelos. El Paje de Espadas es el único que no tiene la mirada puesta en el símbolo de su palo. Su mirada se aparta de la espada, y eso quiere prevenirnos contra las actitudes remotas y defensivas.

Paje de Pentáculos
(Yin)

La carta del Paje de Pentáculos presenta cierta dualidad. La alegría e ingenuidad impresionable del Paje no se manifiestan tanto en el caso de los Pentáculos, más materialistas. El Paje de Pentáculos simboliza renovadas oportunidades en el plano material, normalmente en forma de una tarea, actividad o trabajo que implique cierta responsabilidad. La recomendación es que te lances a ella, aunque sólo sea por la emoción de tener algo que hacer, sin preocuparte por los resultados finales. Descubrirás que todo funciona con precisión. Compórtate como un niño al jugar: ansioso y absorto. Acoge lo que se presente en tu camino y relaciónate con ello: ¡la actitud yin!

Paje de Copas
(Yin)

El Paje de Copas aún vive, en cierta medida, en el mundo de las imágenes internas, los sueños y la fantasía. De aquí pueden surgir muchas ideas creativas, pero, a causa de su juventud, el Paje de Copas no siempre es consciente de lo que puede o incluso debe hacer al respecto. El problema del Paje de Copas reside en el ámbito de la realización personal; pero, al mismo tiempo, tiene posibilidades insospechadas en este terreno. Gracias a su sensibilidad hacia el mundo del inconsciente, podrían aparecer dones paranormales de algún tipo. El Paje de Copas aún está abierto al mundo de lo intuitivo. Las nuevas oportunidades en el terreno de los sentimientos y de la manifestación inconsciente forman parte de esta carta.

Los Caballeros

Caballero de Varas
(Yang)

El Caballero de Varas quiere soltar abruptamente todo lo que le pasa por la cabeza. Se caracteriza por la impaciencia y el amor por la acción, lo que acarrea el peligro de «actuar primero y pensar después». Su impaciencia le lleva a una insistencia agresiva ante cualquier protesta o crítica, o a una intensificación obstinada de los esfuerzos para salirse con la suya. El Caballero de Varas puede lograr mucho y puede superar muchas situaciones bloqueadas, pero corre el riesgo de desperdiciar innecesariamente grandes cantidades de energía por su empeño en apresurar las cosas, por no saber escuchar o no pensarse bien las cosas. Es una carta de movimiento enérgico y que puede conllevar entusiasmo, aunque con ella es muy fácil pasarse de la raya.

Caballero de Espadas
(Yang)

De los cuatro Caballeros, el de Espadas es el más fiero, el más agresivo y más vehemente. Por la asociación de las Espadas al mundo mental, esta carta sugiere palabras duras, discusiones, escarnio, comentarios menospreciativos y todas las demás expresiones que provocan resentimientos entre la gente y revelan

distanciamiento, incompatibilidad, desconfianza, etc. Esta carta, además, alerta contra la impetuosidad, los accesos de cólera repentinos y la propensión a ofenderse sin considerar si existe alguna justificación. De forma tradicional, el Caballero de Espadas significa conflicto. Si aparecen cartas favorables a su alrededor, puede representar una lucha que reporta desahogo, pero hay que tener cuidado. En la vida comercial, representa un planteamiento inflexible que arrasa a todo posible competidor. Las estadísticas y los cómputos son el único criterio; las cualidades humanas de cualquier tipo o forma no tienen sitio en esta imagen. Con el Caballero de Espadas corremos el riesgo de aplicar con parcialidad e inflexibilidad la idea de «hacer bien las cosas».

Caballero de Pentáculos
(Yin)

De todos los Caballeros, el Caballero de Pentáculos es el único que está sentado sobre su caballo inmóvil. En muchos casos, los Pentáculos no tienen prisa; pero las cartas de los Caballeros presentan de forma característica agitación y turbulencia, de modo que hay cierta dosis de tensión en este naipe. En cualquier caso, no es fácil cabalgar con esta gran moneda o pentáculo en la mano, motivo por el cual el Caballero de Pentáculos ha adquirido el simbolismo de la cautela. Aún más, el tema del yin no cuadra demasiado bien con el concepto de la caballería, de modo que la beligerancia y la violencia no son sobresalientes en el Caballero de Pentáculos. No presenta el exceso de energía de los demás Caballeros, por lo tanto puede desplegarla y traducirla en trabajo duro en cuestión de instantes. También es capaz de ser perseverante. Pero el caballo detenido y la naturaleza reservada de los Pentáculos lo convierten en un Caballero conservador, con escasa visión de futuro. Por consiguiente, el tema yin se convierte en cierta pasividad.

Caballero de Copas
(Yin)

El Caballero de Copas cabalga sobre un caballo menos brioso que el de los naipes yang (el Caballero de Varas y el Caballero de Espadas), pero su montura es más garbosa que la perteneciente al Caballero de Pentáculos. Con el cáliz en la mano, defiende un ideal o sentimiento, o lo proclama. No obstante muestra incertidumbre o es poco realista, ya que los Caballeros carecen a menudo de serenidad, lo que les dificulta crearse una visión global de las cosas. Tal vez, con cierta torpeza, este Caballero consiga transmitir sentimiento, ayudar a crear una atmósfera agradable, y posiblemente lanzarse a alguna campaña. Aparte de su conexión con las emociones, las Copas tienen que ver frecuentemente con el mundo de lo irracional. Pero la armadura y el vínculo con lo irracional están aparentemente enfrentados. De modo que existe tensión en esta carta. No obstante, cada vez que las condiciones sean propicias, este Caballero podrá contribuir de forma activa a una mayor profundización en la psique.

Las Reinas

Reina de Varas
(Yang)

La Reina de Varas combina la receptividad (yin) con la independencia y la actividad (Varas), de modo que no es un naipe muy fácil de interpretar. En un sentido positivo, sabe lo que quiere, y lo traduce en actos en los que la sinceridad y la implicación son sus grandes cualidades. Los Bastos representan también la necesidad de ser alguien, y la Reina de Varas no es ajena a este deseo de atención. Su propensión a implicarse y su actividad natural se traducen a menudo en un encendido entusiasmo que, no obstante, gracias a su madurez, ella puede mantener a raya. Por consiguiente, la Reina de Varas ofrece un poderoso estímulo para pasar a la acción.

Reina de Espadas
(Yang)

La Reina de Espadas es una carta que combina receptividad (yin) y decisión, como consecuencia de la comprensión y del discernimiento (Espadas). Gracias a su capacidad de clarividencia, la Reina de Espadas tiene una facultad sobresaliente para emitir juicios, y aunque puede parecer algo distante, está estrechamente involucrada en las cosas que ocupan su mente. Su capacidad analítica no la aplica a estadísticas inútiles, sino que la dedica a la vida y la humanidad. La madurez de la Reina de Espadas se alcanza tras reconocer la necesidad de aprender a través de deslices y recuperaciones; en esta carta ya se han superado dificultades ineludibles y la independencia se ha convertido en un aliado de la sabiduría.

Reina de Pentáculos
(Yin)

La Reina de Pentáculos representa la abstracción completa por todo lo bueno que ofrece la Tierra y la capacidad de disfrutarlo con moderación. En este caso no existe una complacencia hedonista sino un corazón honrado en sintonía con la naturaleza y la vida, que se aprovecha de aquello de lo que se puede disfrutar sin perjudicar a los demás. La Reina de Pentáculos se encuentra ciertamente en una posición muy buena para compartir su riqueza con otras personas. Es un estímulo afable y considerado para con todo el mundo, que nos ayuda a sacar nuestra creatividad y emplearla de un modo positivo. El aspecto material de los Pentáculos, sumado a la implicación madura de la Reina, crea automáticamente una imagen que incita a atreverse a ser uno mismo sin perjudicar a los demás, a disfrutar de la vida en todas sus facetas, y al respeto a la naturaleza. Los Pentáculos, como tema yin, tienen una faceta modesta, que es el motivo de que la Reina de Pentáculos demuestre una gran alegría, en absoluto desmedida. También muestra un lado serio e introvertido.

Reina de Copas
(Yin)

La Reina de Copas disfruta de una relación madura con las profundidades de su alma, con sus sentimientos, su intuición y su lado más irracional, aunque no lo manifiesta en un carácter voluble y extravagante. Su punto más fuerte consiste en estar inmersa en la vida (como Reina) mientras sigue abierta a las fuerzas del inconsciente (la Copa). Sabe lo que quiere, ya que entiende estas fuerzas inconscientes, y por consiguiente reacciona con una gran sensibilidad emocional y armonía con el mundo exterior y con ella misma. La faceta emocional le proporciona la facultad de preocuparse para los demás o de velar para que les vaya bien. El lado tranquilo de las Copas, y el hecho de que las Reinas pertenezcan al palo yin, confiere a la Reina de Copas una calma bastante introvertida, un cariz abstraído, que a veces parece bastante pasivo pero que pretende dejarle espacio sin perderse a sí misma. Puesto que está en contacto con sus sentimientos, puede, como Reina, percibir lo que necesitan sus súbditos, y, por consiguiente, puede ser un elemento unificador, estimulante e incluso espiritual.

Los Reyes

Rey de Varas
(Yang)

El Rey de Varas es una carta que expresa la acción deliberada. Las turbulentas Varas, que quieren hacer de todo, se contienen aquí sin perder su pujanza. Por consiguiente, el Rey de Varas puede transmitir un entusiasmo calmado pero profundo, que resulta muy estimulante. El Rey tiene que dominar el proceso ya que las Varas muestran tendencia a retroceder ante la presión o el control: necesitan espacio para desplegarse. El Rey proporciona esto de sobras, pero comprende que tiene que haber cierta estructura, orden y responsabilidad. El estado de tensión entre ambas cosas no es ningún problema, mientras haya entusiasmo. No obstante, la organización y el entusiasmo tienen el inconveniente de que uno se lance a fulminar censuras contra los demás sin percatarse de lo que está haciendo. Por consiguiente, el Rey de Varas, que tiene el poder en sus manos, puede interferir demasiado, aunque no lo haga intencionadamente, y puede volverse obstinado. El lado yang tiende a volverse molesto en combinación con los Bastos.

Rey de Espadas
(Yang)

El Rey de Espadas combina una capacidad mental e intelectual madura con el deseo imperioso (yang) de hacer algo con ello en el mundo exterior. A causa de su autoridad y su elevado puesto, puede desencadenarse con facilidad una lucha por el poder mental, o guerra de palabras. Lúcido pero también frío (a menudo por temor al sentimentalismo), puede recrearse en las ideas y discernimientos, trazar planes y propuestas elaboradas, algunos de los cuales están teñidos de cierto interés personal; pero, debido a su regia madurez,

sus ideas suelen estar bien fundadas y ciertamente merecen la pena. Es un investigador sobresaliente, con facilidad para identificar los errores y corregirlos, pero corre el riesgo de menospreciar en exceso algunos hechos psíquicos en el terreno de los sentimientos y la intuición, y por consiguiente su planteamiento intelectual da la impresión de ser estéril o insensible.

Rey de Pentáculos
(Yin)

El Rey de Pentáculos demuestra una capacidad sobresaliente para perpetuar o mejorar una situación existente. Dispone de gran agudeza para identificar lo necesario y esencial (los Pentáculos son realistas), y puede constituir un líder sabio y experimentado. Se encuentra en posición favorable para poner en práctica con eficacia su política (yang), aunque de manera conservadora y prudente (Pentáculos), y deleitarse en ello. Los Pentáculos están muy relacionados con la facultad de disfrutar de lo que la tierra y la vida pueden ofrecer, y el Rey de Pentáculos se asegura de sus oportunidades en este plano. Al mismo tiempo, es lo suficientemente inteligente para no hacerlo a expensas de otros: los Pentáculos con más orientación yin se sienten responsables de los demás. Por consiguiente, el Rey de Pentáculos es una carta que se valora por el uso positivo y apropiado de las habilidades sin perder la faceta humana, y por su función de guía sin que el poder se le suba a la cabeza.

Rey de Copas
(Yin)

El Rey de Copas nos presenta una paradoja. Un rey maduro y sabio está sentado en su trono, mientras los demás buscan en él un liderazgo enérgico. No obstante, este mismo Rey está mucho más implicado de lo que parece en el mundo de los sentimientos y se muestra receptivo a lo inexpresable e inexplicable. A los ojos de los «activos», es un Rey bastante impotente: el Rey de Copas de hecho es el menos organizado y menos estructurado de todos los Reyes. Pero también es el más intuitivo y está preparado para actuar según las normas internas y los sentimientos de más profundo arraigo, lo cual significa que de tanto en tanto deja de comportarse de forma tan ordenada y sistemática. Se implica en la

vida, cuenta con una dimensión espiritual, pero no está muy seguro de qué hacer con su autoridad. Su capacidad intuitiva puede resultar útil a sus súbditos, ya que es consciente de la dirección que sigue el desarrollo de la sociedad, la nación y la vida. Percibe tendencias ocultas y es capaz de aceptarlas.

• • •

Hemos visto en las páginas anteriores cómo opera en las cartas la tensión yang-yin. Si una carta tiene una coloración yin por naturaleza, como en el caso de los Pentáculos y las Copas, esto implica que los caracteres yang encontrarán cierta dificultad. Los Caballeros y las Reinas no funcionan tan bien con las cartas yang —las Varas y las Espadas— como sus compañeros de baraja. A la inversa, se produce cierta paradoja cuando los caracteres yin (Pajes y Reinas) tienen que expresarse en un fondo yang. En la práctica, a la hora de hacer interpretaciones, uno debería ser consciente de este campo de tensión implícito, ya que puede explicar mucho en relación con tus circunstancias y tu personalidad en ese momento concreto.

7
Interpretación de los Arcanos Mayores

Como ya hemos visto en el capítulo 4, los Arcanos Mayores simbolizan el Camino del Héroe en cada uno de nosotros. Cada carta representa un impulso psicológico específico, con las correspondientes posibilidades y circunstancias externas. Por sí solos, estos impulsos son neutros. Desempeñan una función importante en nuestro desarrollo personal, pero es nuestro ego o «Yo» quien tiene que admitir cada impulso, entenderlo y configurarlo dentro de los límites de las circunstancias y exigencias dadas del momento en que se encuentra el ego. Estos factores no siempre son tan evidentes.

Cuando, por ejemplo, existe una fuerza interior para concluir cierta fase de la vida porque la psique de uno toma una nueva dirección, esto puede expresarse en una aversión cada vez mayor hacia el trabajo, o hacia otras cosas que hasta entonces se habían considerado importantes. Algo así constituye un problema cuando tal impulso surge en el momento en que hay un ascenso en perspectiva, un ascenso que supondría una mayor responsabilidad y un mayor compromiso con la rutina laboral cotidiana de lo que considera conveniente lo más profundo de la psique de uno. Por lo tanto, hay que escoger cosas, y a veces parece como si las necesidades e impulsos internos estén reñidos con el papel de uno en la sociedad y en el mundo exterior.

Cuando un impulso se hace notar de esta manera, ha llegado el momento de marcarse nuevos objetivos que estén a nuestro alcance. Aunque no les prestemos atención, los impulsos no se pueden reprimir o suprimir por entero. Se ocultan en el inconsciente hasta que el Loco los asume y los vuelve a sacar a la superficie. Un impulso es una especie de camarada, un asistente enviado por el inconsciente para alinear la mente consciente (o mantenerla alineada) con el total de la psique. Es razonable caminar junto a este compañero para aprender qué puede enseñarnos y ver qué dirección nos indica.

No obstante, las cartas en sí mismas no encierran el secreto sobre cómo reaccionar ante estos impulsos. Las cartas no hacen más que transmitir un amplio potencial.

Cada carta de los Arcanos Mayores incluye aspectos creativos y aspectos destructivos. Nos quedamos bloqueados en una fase, por así decir, y lo que inicialmente era creativo se estanca y se convierte en una fuerza que se opone al objetivo original.

Tomemos por ejemplo la Templanza: cuando recuperas la compostura interior tras una crisis que te ha cambiado profundamente, vivirás esta experiencia como algo decididamente agradable. El problema pertenece al pasado, y sientes que has recuperado el control. Te sientes menos tenso que antes y te parece más fácil adoptar una actitud relajada contigo mismo y con los demás. Se trata de una situación maravillosa en la que haces acopio de las fuerzas necesarias para avanzar. No dispersas tus energías en grandes frustraciones ni en demasiadas actividades. Pero esta fase es breve. Es una fase intermedia antes de la siguiente evolución.

La siguiente evolución podría interrumpirse si permites que tu estado de sosiego y tranquilidad te convenza de que ya has llegado a algún sitio. Puedes adoptar una actitud complaciente y omnisciente, que en realidad supone una huida de la implicación emocional con la vida. La Templanza debería servir de ayuda a la hora de reorganizar la vida de uno, pero en su aspecto destructivo nos estimula a tomarnos las cosas con calma. Si el estancamiento se profundiza, las consecuencias para ti mismo y para otros pueden ser muy desagradables.

Consideradas en conjunto, las cartas de los Arcanos Mayores constituyen un gran ciclo. Recorremos este ciclo varias veces en nuestra vida. Aunque la secuencia de los Arcanos Mayores presenta un modelo claro de desarrollo interior, vemos que en el transcurso de nuestro desarrollo continuado las cartas o estados psíquicos pueden «perder el paso», y también pueden retroceder o adelantarse en la baraja. Esto no tiene nada que ver con avanzar o retroceder; no es algo positivo o negativo, sino neutral. Debemos comprender que aunque el orden de las cartas en los Arcanos Mayores sea arquetípico, los desarrollos y sucesos se desenvuelven de manera única y en su propio orden en cada individuo. El orden habitual continúa siendo el esquema fundamental y sigue estando activo en el fondo.

Por consiguiente, no puedes decir que estás «preparado» ni siquiera con la última carta, el Mundo. Nuevas dinámicas se activan con tu nueva actitud hacia la vida, e impulsos diversos (descritos por las cartas) volverán a entrar a formar parte de tu propia actitud, de modo que el tema de la carta sigue desarrollándose aún más.

En la siguiente descripción de las cartas de los Arcanos Mayores se recalca sobre todo la dinámica psicológica. Deberíamos preguntar: ¿qué impulso representa tal carta? ¿Qué actitud sería mejor adoptar? ¿Cómo deberíamos enfocar esta dinámica y qué peligros representa cuando pasa a ser una rutina?

El Loco – Carta 0

El Loco representa nuestra necesidad arraigada de convertirnos en individuos hechos y derechos y cultivar nuestros dones y talentos, una necesidad que nos lleva a tomar decisiones radicales y nos hace evolucionar. Es mejor considerar al Loco como una especie de fuerza vital, enterrada en lo más profundo de nosotros, que nos estimula continuamente a emprender la evolución personal. Al Loco no le preocupa si esta evolución se ajusta a nuestra cultura o sociedad: él es la fuerza vital que intenta que las cosas funcionen de tal manera que beneficien a nuestro desarrollo psíquico y produzcan una sensación de plenitud.

En terminología junguiana, podemos decir que el Loco queda limitado al papel de motor detrás del proceso de individuación. El Loco es el principio absoluto de todo, incluso antes de que haya algo palpable. El Loco parece estar adormecido dentro de nosotros, pero desde luego no está dormido. Cada vez que estamos en peligro de limitar demasiado nuestras miras o cuando aceptamos interiormente nuevos retos (no «por la emoción en sí», sino al servicio de nuestro crecimiento psíquico), el Loco hace acto de aparición. Ha preparado nuestro desasosiego y lentamente nos ha dispuesto para el cambio; sin que le observen, ha estado trabajando duro. Si tienes costumbre de prestar atención a las señales del inconsciente, como sueños, fantasías, dibujos espontáneos, emociones, etc., tal vez te hayas percatado de que algo pasaba. Has encontrado nuevos intereses, estás intranquilo y buscas alguna cosa, posiblemente sin saber identificar con claridad qué es lo que encuentras insatisfactorio en tu vida cotidiana. Experimentas frecuentes momentos de vaga inquietud, incertidumbre o desasosiego.

El Loco es quien propicia este estímulo, pero luego desaparece; te deja solo para que aproveches otros instrumentos a tu disposición. Una de las exigencias más importantes del Loco es que vivas tu vida. Esto quiere decir que tu conocimiento no procede de los libros, sino que lo adquieres a través de experiencias de todo tipo, tanto gratas como desagradables. Por consiguiente, el Loco es puramente impulsivo y no dictamina. Esto puede significar que el Loco en ti te incite a situaciones sumamente complicadas, o a circunstancias emocionales difíciles de evaluar.

Nuestra mente consciente puede emitir una valoración y decir: «Eso no está bien». El Loco dice simplemente: «¡Conténtate con experimentarlo y sácale provecho! Vívelo y siéntelo. Nada está mal y todo lo que traigo es aprovechable». El Loco es un factor que no emite veredictos y, sobre todo, no tiene sentimientos de culpabilidad. Este viajero nos lleva a un terreno desconocido y nos pide de forma directa que empleemos nuestra creatividad, sin recurrir a sutilezas.

Cuando el Loco aparece en una tirada, nos invita a echar una mirada diferente y abierta a la vida: sin pararnos a calcular el beneficio, sin preguntar si se trata de una buena ocasión de éxito, sin miedo a salir perdiendo. Y a menudo es más difícil de lo que pensamos. De hecho, el Loco es el caos, en el que el germen de la forma está presente pero no se ve. Es como una pastilla de jabón aún húmeda que se escurre con gran facilidad de las manos. No puedes aferrarte al Loco; es completamente dinámico.

Pero cuando descubres el naipe del Loco en la práctica, es mejor alterar o ajustar tu actitud y conducta de tal manera que acojas con beneplácito y confianza toda nueva evolución, que des margen a tus ideas originales sin reprimir tu espontaneidad. Estar abierto a la vida es muy importante para el Loco. Con la actitud del Loco, no hay que esperar que todo vaya como un reloj. Naturalmente, lo que suceda estará bien, pero lo que el poco crítico Loco considera como «bueno» no es necesariamente nuestra idea de «bueno». Al Loco le puede parecer recomendable enviarte a alguna aventura que desemboque en peligro; pero, a través de esta experiencia, llegas al punto de partida de nuevos progresos.

El Loco significa a menudo una opción dura, con riesgos y situaciones paradójicas. No permitas que esto te preocupe; todo forma parte de tu dinámica interior, que sólo persigue el desarrollo de tus posibilidades. No obstante, si permaneces en esta fase demasiado tiempo, corres el riesgo de reaccionar como un excéntrico inadaptado, o como un niño que no quiere (o no puede) asumir responsabilidad alguna. Luego buscarás polemizar por polemizar, te apuntarás impulsivamente a iniciativas ridículas bajo la falsa impresión de que todo lo que descubres tiene algún «sentido», y serás absolutamente precipitado e irreflexivo. Dejarás de tener presente el hecho de que es el «Yo» quien debe tomar las decisiones, y que es libre de decir sí o no a cualquier cosa que se le ofrezca.

Al actuar precipitadamente se puede perjudicar a otros, y a menudo la puerilidad, sin darte cuenta, puede volverte muy exigente o muy decidido a salirte con la tuya. Todo el mundo tiene que danzar al ritmo de tu caprichosa melodía, mantenerse bien alerta y siempre vigilante a tus reacciones desconsideradas y caprichosas, que ya no son una expresión de creatividad sino de impostura y una falta de disposición a experimentar vivencias genuinas.

Aunque el Loco creativo quiere probar y sentir la vida para poder avanzar, el Loco tonto hace el payaso por doquier, dando saltos de aquí para allá para evitar implicarse. Más tarde o más temprano el Loco «real» comerá el terreno a todas estas evasivas, pero a menudo eso le hace sentir a uno que está cayendo en el abismo.

Cuando el Loco aparece en una tirada, su posición muestra dónde puede producirse una evolución de gran alcance; a veces significa el inicio inminente de una vida completamente nueva.

El Mago – Carta I

Cuando el impulso del Loco se hace sentir, existe un deseo de hacer algo y encauzarlo de alguna manera. Sientes que tienes que pasar a la acción; a menudo anhelas emprender todo tipo de cosas. Te marcas objetivos de acuerdo con todo lo que brota de ti; tal vez hayas encontrado nuevos intereses. Te pones a trabajar.

Por consiguiente, el Mago indica un inicio de actividades, ponerse a hacer algo. De cualquier modo, este inicio sigue siendo tan embrionario que puede incluir todas las actividades posibles. No tiene por qué ser necesariamente visible al mundo exterior. Por lo tanto, el Mago puede estar descubriendo cosas en silencio y haciendo planes. Su cerebro está operando a velocidad máxima, pero los demás aún no detectan nada que lo demuestre. En general, el Mago también puede embarcarse en trabajos de investigación por el solo placer de investigar. Es inquisitivo y quiere comprender el mundo y la vida; si alguien necesita evidencias que sustenten esta afirmación, sólo hay que observar su mesa.

Pero el Mago además puede presentarse visiblemente en el mundo para mostrar sus planes a otros, ante autoridades civiles e instancias por el estilo, y dar los primeros pasos en pos de su consecución. Aparte de eso, el Mago no está verdaderamente interesado en el mundo exterior, que ocupa un segundo lugar tras el afán de trabajar en lo que considera que es importante.

Por su propia naturaleza, el Mago representa un inicio tangible, y aunque aún quedan muchos aspectos caóticos del Loco, el Mago en nosotros ya no experimenta las cosas de un modo tan desorganizado. Por el contrario, él decide la dirección en la que tendrán lugar nuevas evoluciones. El principio activo puro posee sin duda resolución, pero esto no es necesariamente perseverancia. No es más que una expresión de implicación, entusiasmo y amor por la actividad. El Mago tiene un objetivo, aunque no una meta definida que alcanzar mediante una planificación meticulosa. Tiene una visión o ideal al cual se entrega con devoción y en el que invierte sus energías.

Por consiguiente, el Mago posee flexibilidad y a la vez valor, y su vitalidad le hace desear hacer algo que merezca la pena. No le incomodan los reveses: le motivan para intentar otro planteamiento. Su ánimo no tiene que ver con estar preparado para correr grandes riesgos sino con atreverse a dar la cara por lo que siente que es importante. Esta combinación de implicación, aplicación, actividad y necesidad de mantenerse ocupado augura a menudo un buen éxito. Por lo tanto, la carta se considera generalmente una victoria prometedora.

Si te prolongas demasiado tiempo en la fase del Mago, el peligro es volverse demasiado activo, acabar iniciando actividades por el mero hecho de estar activo. Tus objetivos y motivaciones interiores desaparecen de forma gradual, y lo que queda es un individuo que se encuentra en un ajetreamiento alocado y constante y que se comporta con los demás como un déspota. Su capacidad de motivación degenera en hostigamiento e intranquilidad, su entusiasmo se convierte en una conducta coactiva. La frescura habitual y la jovialidad de esta carta han desaparecido, y lo que queda es una persona incordiante. Mientras dure esta situación, se producirán contratiempos, culparás a los demás y malgastarás energía en despreciarles, trabajando contra ellos y tratándolos inmerecidamente. Mientras el Mago verdadero tiene un objetivo o ideal con el que puede identificarse al ciento por ciento, el falso Mago se marca el objetivo en sí mismo y manipula a los demás o les fuerza a identificarse con él. La consecuencia es una actitud egocéntrica negativa, que a los demás les puede parecer intimidadora. Lo que queda es la fuerte función yang: ¡acción! A veces el Mago negativo se dedica en exceso a sus cosas porque duda de su propia declaración de intenciones. En otras palabras, sobrecompensa para ocultarse a sí mismo sus bloqueos y falta de objetivos. Da la impresión de estar muy atareado, mientras el Mago verdadero parece desbordante y flexible. El segundo vive con la creencia optimista de que todo sucede de acuerdo con el plan y de que es capaz de tomar una parte activa en ello. Al mismo tiempo, el Mago pertenece al mundo de los actos puros y la acción pura: el principio yang sin adulteraciones.

La Suma Sacerdotisa – Carta II

La enorme vitalidad, amor por la acción y animación del Mago encuentran la reciprocidad necesaria en la Suma Sacerdotisa. Así como nuestros latidos cambian con el movimiento o el reposo, de igual modo el amor por la actividad que siente el Mago puede sacrificar el derecho a existir o a discrepar si no se deja sitio a esta fase de la Suma Sacerdotisa. Representa nuestra necesidad de abstracción completa: una mirada introspectiva que no se basa en la lógica.

La Suma Sacerdotisa se retira del mundo exterior, es dócil y pasiva, receptiva y meditativa. No desarrolla ninguna actividad ni muestra animación. Pero sí ejerce un misterioso poder de atracción. Percibimos en ella las profundidades insondables de nuestra alma, pero sin que seamos capaces de expresar con palabras lo que sentimos. También apreciamos en ella una combinación destacable de ser uno mismo y de total quietud, sin querer implicarse. Parece no tener voluntad, y sin embargo posee una voluntad; parece sin vida, y no obstante está plenamente dedicada a la vida.

Pero la vida de la Suma Sacerdotisa existe en las profundidades, en nuestro inconsciente. Esta energía es la que nos pone en contacto con un conocimiento más profundo, intuitivo y a veces paranormal. Para la propia Suma Sacerdotisa, todo esto generalmente es un componente natural de su existencia: desde su punto de vista, lo paranormal no es nada especial. Representa un reposo profundo, una gran calma, como la que se puede experimentar en la oración sincera o en la meditación. Gracias a esta serenidad mental, podemos obtener una nueva perspectiva de nosotros mismos, de nuestra vida y de los problemas a los que nos enfrentamos, y podemos encontrar soluciones, no en forma de respuestas rutinarias y seguras (no es así como trabaja la Suma Sacerdotisa), sino en forma de una visión renovada, más intuitiva, de las cosas.

También nos rendimos a lo que se presenta en nuestro camino. En cuestiones sociales, no parecemos ser tan útiles en la fase de la Suma Sacerdotisa. Parecemos estar quietos, da la impresión de que carecemos de deseos impulsivos, que dudamos de algo o no estamos dispuesto a hacerlo. No obstante, debajo de todo esto reside la gran fuerza de la Suma Sacerdotisa: diversos dones y talentos maduran en su quietud, y saldrán a la superficie en otro estadio (con otra carta de los Arcanos Mayores).

Se está produciendo un gran crecimiento y desarrollo, la mayor parte del cual pasa inadvertido. A menudo, nosotros mismos no somos conscientes de él. He observado que mucha gente que ha sacado esta carta se quejaba de fatiga y decía que sólo le apetecía dormir. Es una forma de expresarse, pero su cansancio surge no tanto de problemas físicos o de alguna enfermedad sino de una «reorganización» de la energía psíquica del inconsciente, que le permitirá enfrentar mejor el futuro. Si no permitimos esta fase interior, en un momento posterior descubriremos la falta de poderío y motivación justo cuando más los necesitemos.

Por consiguiente, la Suma Sacerdotisa es una carta yin muy importante, lo cual, aunque resulte triste decirlo, indica un proceso que se deja de lado con demasiada frecuencia en una cultura o sociedad orientada hacia el apresuramiento y los logros. Cuando los niños sacan esta carta, compruebas en muchos casos que atraviesan por un periodo en el que tienen gran necesidad de estar solos (dentro del marco de su personalidad como un todo, por supuesto). Tienen muchas fantasías y sueñan despiertos, y el trabajo escolar pasa a ocupar un segundo lugar en su mundo interior. Los adultos que sacan este naipe casi siempre necesitan aminorar el ritmo, o disfrutar de más tiempo libre fuera del trabajo.

Cuando entres claramente en tu mundo interior y te retires un poco de los quehaceres cotidianos (que te parecerán menos importantes en la fase de la Suma Sacerdotisa), serás capaz de experimentar la sensación de felicidad que pertenece a este cultivo de la calma. Te «embriagas» de ella.

Pero si el efecto es negativo, puedes acabar retirándote completamente de la vida cotidiana, suspender tus actividades, recluirte en una torre de marfil, o aislarte de alguna manera. Quienes te rodean dejan de entenderte, y tú cada vez te entiendes menos a ti mismo. Las sensaciones e imágenes que te llegan ya no son resultado de una unión profunda con el pulso de la vida, sino que emergen de una experiencia extremadamente subjetiva que poco tiene que ver con la realidad.

En tanto que la Suma Sacerdotisa en su sentido positivo, con su proximidad al flujo de vida, puede aprovechar lo irracional y lo emocional como instrumentos para sintonizar con personas y situaciones, en su fase negativa emplea su energía para controlar a otros a través de las emociones. Ella misma deja de hacer cualquier trabajo, pero obliga a los demás a hacerlo para ella, y se aprovecha de su energía.

En el peor de los casos, es un parásito emocional que manipula a la gente mientras ella misma permanece impasible, o bien es un individuo casi histérico y emocionalmente desequilibrado quien, a la primera de cambio, crea discordia en su entorno. Las profundidades misteriosas e insondables de la Suma Sacerdotisa exhiben en este caso una maligna fascinación mágica producida por su talante caprichoso y búsqueda de simpatía. Lo anterior es aplicable tanto a hombres como a mujeres.

En sí misma, de todos modos, la Suma Sacerdotisa tiende a liberar nuestra rica vida interior, nuestros dones y talentos ocultos, y el conocimiento que fluye de nuestra fuente divina. Mediante la interiorización nos enseña a aprovechar su rica fuente sin ahogarnos en ella. Cuando te salga esta carta, intenta relajarte en este campo por una vez; procura despreocuparte y dedicarte a cosas que pertenezcan a la riqueza del inconsciente.

No obstante, no hay necesidad de permanecer pasivo, ya que cada impulso puede propiciar que algo pase, incluso en un refrigerador. Interésate por las expresiones del inconsciente, da un paseo por la naturaleza, dibuja o trabaja con símbolos. No importa lo que hagas con tal de que te mantengas sereno interiormente y no tengas conexión con el mundo de las prisas, las carreras y los logros.

La Emperatriz – Carta III

Cuando la actividad y el amor por la acción que siente el Mago van conjuntamente con la abstracción de la Suma Sacerdotisa, y ambos tienen libertad para ser ellos mismos, vemos que nace la capacidad creativa en forma de dones y talentos. Éstos no pasan inadvertidos a nuestra atención y piden su desarrollo, por su propio bien y por la totalidad de la psique, no por reconocimiento o dinero. Este repentino aumento de la creatividad queda descrito por la Emperatriz. Su carta indica que puedes rendirte completamente a la vida que brota a través de ti, y que es importante dar salida a tu creatividad.

La Emperatriz es una carta muy creativa, que a menudo se

tira cuando la cuestión no tiene que ver con la fama o la riqueza sino con la aplicación práctica de las capacidades de uno. Desarróllalas, ejercítalas, sumérgete en ellas, estúdialas y, sobre todo, disfruta usándolas, disfruta de la vida y no te sometas a presiones. Aún más, la Emperatriz es receptiva, igual que la Suma Sacerdotisa. La Emperatriz presta atención a su intuición, a sus emociones y al mundo de lo irracional. Pero no es pasiva, ni mucho menos.

A la Emperatriz le encanta la vida y puede sentirse muy absorta en cualquier cosa que esté haciendo; pero igualmente puede tomarse tiempo libre para reclinarse y echar una mirada relajada a su alrededor, para poder extraer nueva inspiración durante lo que podría parecer un momento de ocio. La Emperatriz constituye la fase en la que nuestra creatividad se hace sentir verdaderamente, a veces de tal manera que gobierna nuestra vida y absorbe nuestro tiempo, de forma que todas las demás actividades quedan en segundo plano, o sólo las más esenciales se llevan a cabo. Sin embargo, esta creatividad está todavía bastante desestructurada, aunque esto no represente ningún problema. La felicidad que se siente cuando estás ocupado en las cosas que realmente te atraen proporciona motivación suficiente para estructurar más en una fase posterior. Ahora es el momento de relacionarse con las ideas que bullen, con las inspiraciones que salen a la superficie. La Emperatriz entra en ellas con el corazón y el alma, sin preguntarse a sí misma a dónde la llevan o, por decirlo con más franqueza, si realmente la llevan a algún lado.

La Emperatriz, como la Suma Sacerdotisa, es una carta yin, y por consiguiente expresa la energía femenina del cosmos. No obstante, es un gran error ver el yin sólo como pasividad; este no es más que un aspecto del yin. El yin y el yang se hallan en asociación relativa el uno con el otro. En contraste con la resolución y franqueza de la actividad del yang, el yin es más pasivo y receptivo. Pero el yin es activo a su propia manera. No está dirigido sino inspirado; no busca la perfección sino la plenitud. No le interesan los logros sino el disfrute y la sensación de sentirse capaz de ser. Todas esas facetas yin quedan reflejadas en la Emperatriz.

Cuando sacamos la Emperatriz, ha llegado el momento de cambiar y renovar, en el sentido de que es hora de atreverse a presentar nuestras ideas, planes y discernimientos. Desde luego, nuestra implicación con ellos y nuestro entusiasmo por ellos será bastante contagioso. La Emperatriz indica a menudo un periodo de realización emocional, un momento en el que podemos disfrutar de la vida. Las obligaciones y cargas de la vida cotidiana se marchitan ante el placer que nos aporta nuestra creatividad.

Si no cambias en esta fase y la energía se vuelve contra sí misma, surge el peligro de que sólo quieras disfrutar, sin apreciar esa sensación de plenitud que acompaña a trabajar en lo que mejor te va. Perderás de vista esas cosas que vienen de dentro. La búsqueda de placer y diversión en una búsqueda incesante de satisfacción puede llevarle a uno a perderse en la codicia, los excesos sexuales y cosas por el estilo. De este modo, el verdadero gozo disminuirá y la vida será cada vez más dura.

En otros casos, he visto que sucedía lo opuesto cuando la Emperatriz se quedaba estancada, a saber, una actitud en la que se rechaza todo placer y disfrute, y el gozo por la vida se considera algo pecaminoso o, a causa de falsos sentimientos de culpa, no se permite. Si esta actitud se vuelve más extrema, la creatividad interior deja de fluir libremente y la energía crece en el inconsciente. Como cualquier otro impulso, no puede reprimirse de forma indefinida, aunque puede contenerse durante un breve periodo. Ahora bien, factores tan reprimidos pueden llegar a ser destructivos. De este modo, la Emperatriz negativa puede dificultar que otras personas den rienda suelta a su creatividad. Todo júbilo vital queda extinguido y, en vez de una aceptación alegre de la vida, nos quedamos sólo con mal humor y quejas.

En los casos menos serios, he visto que algunas personas que sacaban la Emperatriz perdían el rumbo durante un tiempo. Era tanto lo que salía a la superficie que surgían intereses conflictivos. No era posible identificarse con todos ellos, pues en la Emperatriz la necesidad de implicación emocional está bastante desestructurada. Esto lleva rápidamente a una sobredosis de impulsos, que no se satisfacen porque, a cada paso, esta persona se identifica con algo sólo durante un breve espacio de tiempo. En cualquier caso, el objetivo de la Emperatriz no es la realización; vive de sus propios impulsos interiores y se esfuerza por alcanzar la plenitud desarrollando sus talentos de un modo juguetón. Para ella, lanzarse al uso de estos talentos es un objetivo involuntario y a menudo inconsciente.

El Emperador – Carta IV

La labor del Emperador consiste en el gobierno activo y la intervención para sojuzgar el caos al orden y meter en vereda todo tipo de impulsos indisciplinados. El método y la coordinación, la lucidez y el uso eficiente del poder y la energía son sus objetivos. ¡Qué diferente de la Emperatriz! El Emperador es quien comunica estabilidad a aquello que tiene atareada a la Emperatriz, y al mismo tiempo constituye su opuesto directo. El Emperador no tiene nada del mundo de lo irracional, que imposibilita la organización o el control. Por encima de todo, busca la claridad, que se obtiene mejor a partir de cosas que podrían clasificarse de una manera comprensible. Definir y delimitar con la mayor precisión posible, establecer normas y reglamentos para uno mismo y los demás, aportar estructura a las cosas, trazar planes y, en pocas palabras, cualquier esfuerzo para crear orden y precisión y ejercer la autoridad, pertenece al ámbito del Emperador. El Emperador es el yang que introduce una actividad de control en el mundo y que no está interesado en ninguna forma de juego.

Cada vez que tiras el Emperador, te encuentra a menudo en una fase en la que tienes que dedicarte de lleno al trabajo, en la que tienes que sacar adelante propuestas concretas y evitar el lado más frívolo de la vida. Por lo tanto, el Emperador no siempre es una carta fácil: nada se regala gratuitamente. Tienes que trabajar para lograr algo. El juego no vale la pena cuando el Emperador está cerca; escapa al control ordinario y parece que esta energía no puede sacarle provecho. Las cosas efectivas son los instrumentos aceptados para organizar el orden: investigación, análisis y estadísticas.

En un sentido positivo, el Emperador es la energía interior que nos ayuda a encontrar un objetivo y función para los impulsos incontrolados de la Emperatriz. Gracias al Emperador, nosotros, junto con los demás, podemos aprovechar la creatividad de ella de forma beneficiosa. De hecho, el Emperador también resuelve otras cosas que aparecen representadas en las demás cartas. Tiene los pies sobre la tierra y ciertamente no es espontáneo, de modo que no puedes abordarle con frivolidad, algo que no tolerará.

Si sacas esta carta en referencia a cierto proyecto, tendrás que trabajar duro y asegurarte de que tu plan está bien formulado; no deberías tomar decisiones hasta que hayas sopesado cuidadosamente los pros y los contras. De este modo, el Emperador puede conseguir que situaciones que se han ido de las manos puedan volver a manejarse, pero sigue habiendo riesgos. El mayor peligro es la tendencia a actuar de un modo que extinga o destruya toda creatividad, toda espontaneidad y regocijo.

Cuando este Emperador, socialmente muy útil, se vuelve contra sí mismo, se convierte en una energía árida, casi cínica, que no hace otra cosa que obstruir y criticar, con una falta asombrosa de alegría y humor. En su forma negativa, el Emperador te atosiga para que logres una perfección agobiante que a nadie hace feliz. Su comportamiento en la vida es estricto y duro, consigo mismo y con los demás; es muy exigente, sin exuberancia vital ni vínculos fuertes, y juzga a cada persona y situación desde una perspectiva rígida y limitada. Muy pocas cosas le contentan y nada es lo bastante bueno: lo cual quiere decir que, en su forma negativa, el Emperador crea una atmósfera de amargura a su alrededor.

Otra expresión negativa del Emperador es el constante análisis. En el camino surgen nuevos eventos a cada momento y tienen que adaptarse a nuestro modelo conceptual, que por lo tanto nunca está claro. Por este motivo, el Emperador corre el riesgo de limitarse a sopesar las cosas sin llegar nunca a una conclusión definitiva. Debido a su necesidad de desempeñar un papel activo en el control y organización de los asuntos, la necesidad de reevaluación continua puede frustrarle tanto que de pronto tome una decisión precipitada y provoque un desastre.

Aunque en un principio el Emperador es un recurso eficaz para que podamos abordar el caos, en su papel inverso puede fortalecer este mismo caos sin ni siquiera ser consciente de lo que está haciendo. El Emperador no encaja bien que le den lecciones, de modo que hacerle saber dónde se equivoca es una tarea bastante ingrata.

El Hierofante – Carta V

En la vida cotidiana observamos una alternación continua entre necesidades e impulsos, energías y situaciones en conflicto, lo que crea un tumulto interno. Escoger no es siempre fácil, pero existe una fuerza interior que puede venir en nuestro auxilio. Jung lo llamaba nuestra función religiosa. En las culturas antiguas encontramos esta función en sistemas generalizados de tabúes y costumbres religiosas que tenían que observarse de modo estricto. Cualquier ruptura de estas costumbres y tabúes se castigaba con gran severidad. En tales casos, se convencía a la comunidad de que los dioses o espíritus se vengarían de todo el mundo si ellos no se ocupaban de los pecadores. Pero, en esencia, estas costumbres y tabúes desempeñan una función muy importante, ya que canalizan las fuerzas contrarias dentro de un grupo o nación e impiden cualquier choque directo y nocivo entre éstas. Aunque los tabúes resultan en ocasiones bastante curiosos para un occidental, si se analizan más atentamente se puede ver que no sólo desempeñan un importante papel en el grupo que los tiene en cuenta, sino que además dan significado a la existencia del grupo.

En cierto sentido, la Iglesia, e instituciones similares en otras religiones, cumple el mismo papel: una serie de leyes con una base religiosa para gobernar nuestras acciones; acciones que en otro caso vendrían decididas por varios impulsos opuestos y desbaratarían el funcionamiento de la sociedad. Respetar tales normas es el lado externo del Hierofante, pero, en términos estrictos, esta carta se refiere a nuestro deseo interior de dar significado a las cosas y elevar nuestras necesidades contradictorias a un plano más elevado.

Mientras en nuestra propia psique no haya suficiente apreciación o sensibilidad hacia la creación, ni un sentido de unidad con ella, esta necesidad fácilmente caerá bajo los preceptos de alguna organización religiosa. Pero lo ideal es que, como resultado de nuestra unión interior, de nuestro sentimiento religioso interior, adoptemos una forma de vida que no perjudique a nadie y que muestre respeto por la vida en todo lo que hacemos.

Por lo tanto, el Hierofante es nuestro deseo de experimentar una dimensión adicional de la vida, la sensación de que hay algo más que sólo lo mundano. Esta sensación puede expresarse tanto dentro de alguna comunidad religiosa existente como de una manera individual. El Hierofante, además, potencia nuestra moral y nuestra confianza en la vida.

Cuando sacas esta carta, estás listo para contemplar la vida de un modo diferente. Necesitas iniciar actuaciones que te parezcan significativas o que te aporten una satisfacción moral. A menudo esto se debe a que estás más abierto a tus facetas menos atractivas. El Hierofante no dice que estés aceptando de hecho tus facetas menos atractivas sino que con esta carta puedes hacer penitencia de la manera que prescribe tu religión para poder pedir perdón por tus pecados, y así sucesivamente. Existen otras cartas que indican una pugna con tu Sombra. Con el Hierofante sin duda puedes tomar conciencia de estos aspectos y puedes sentir la necesidad de hacer algo al respecto. Si tomas esa iniciativa cuando aparece esta carta, normalmente traerá consigo una bendición.

Acogerte en el refugio de un Todo mayor y espiritual, como la religión, puede aportarte paz mental que te permita avanzar un poco más. La seguridad y protección que se ofrece de inmediato puede ayudarte a tener fe en la vida, de modo que puedes seguir adelante y aceptar la responsabilidad de tus acciones y transacciones.

Sin embargo, también te puedes atascar en esta seguridad, en cuyo caso tu religión, o convicciones religiosas, se convierte en una especie de sustituto del padre o la madre, vale decir un sustituto de la estructura de las normas que cumples (la imagen del padre) o del regazo compasivo al que puedes continuar regresando (la imagen de la madre). Pero no asumes la responsabilidad de tus propias actividades; todo viene decidido por lo que te han enseñado. La energía del Hierofante puede convertirse entonces en una falta de unidad con la vida, lo que por su parte carece de significado. Se expresa en una actitud moralista que normalmente va de la mano de la hipocresía. En el peor de los casos, detectamos una forma de orgullo que se basa en la convicción de que uno es el poseedor de la verdad cósmica, moral o ética, y «por consiguiente» los otros deben estar equivocados. De esta forma se engendran todo tipo de «ismos», que se propagan con fanatismo, cada vez más cerrados en sí mismos y cada vez menos cósmicos, hasta que finalmente desaparecen.

Cada vez que el Hierofante entra en acción, ha llegado el momento de decidirte sobre los valores que has adoptado por la educación recibida y la sociedad en que vives, el momento de desarrollar una perspectiva basada en un sentido de la unidad con la Tierra y sus habitantes: los otros organismos vivos y la humanidad. Tal vez sea por esto que cierto número de barajas del Tarot, incluidas algunas de las más antiguas, retratan al Hierofante (que parece un sustantivo epiceno, pero puede pasar fácilmente por un hombre) como una mujer Papa o «Papisa», una religiosa femenina.

La manera yin de la experiencia espiritual consiste en sentir que formas una unidad con el Todo. También simboliza el conocimiento de que si dañas otra parte del Todo, invariablemente, te dañas a ti mismo.

Nos es posible reconstruir las cosmologías a partir de los restos del Paleolítico, y también a partir de las ideas originales de los maoríes y los nativos americanos, por mencionar sólo algunos ejemplos, ya que representan el carácter yin de la religión.

En una época como la nuestra, en que la Tierra se ha utilizado tan equivocadamente, tiene una importancia extrema volver a este enfoque. Lo que vemos principalmente en el Hierofante es la necesidad de dar sentido a las cosas dentro de una estructura religiosa, sea cual sea el esquema implicado. Y, como ya hemos mencionado, a menudo esto nos viene en un primer momento en forma de tradiciones establecidas por nuestra propia comunidad religiosa. No obstante, lo que importa es comprender las tradiciones a través del desarrollo personal, sopesarlas e incorporarlas. Esto sucede con otras cartas del Tarot, como el Juicio y el Mundo. Ya no es cuestión de escoger entre la manera yang y la manera yin; se crea un equilibrio entre las dos, y ambas tienen su lugar. El Hierofante es el deseo innato de alcanzar este equilibrio y el incentivo de lograr la unión definitiva.

Los Amantes – Carta VI

La confrontación inevitable con todo lo que es diferente a nosotros nos obliga a hacer elecciones en la vida cotidiana. La necesidad imperiosa de hacer elecciones que unan antagonismos y liberen tensiones se expresa en los Amantes. Lo que no comprendemos en un principio es que todas esas cosas que tienen que ver con nuestras emociones en el mundo exterior están involucradas con factores de nuestro inconsciente, tanto si éstos tienen que ver con represiones como con dones y talentos ocultos. A las personas que exhiben cualidades latentes en cierta forma en nosotros las ponemos en un pedestal, pero, por otro lado, quienes muestran rasgos que hemos reprimido en nosotros mismos, que no hemos estimulado o de los que no queremos saber nada, nos provocan un gran fastidio. Un hecho reconocido en la psicología junguiana es que cuanto más emocional es tu reacción a las cosas que ves o experimentas, mayor es el complejo en ti que se está proyectando en esas circunstancias externas. Por lo tanto, si alguien te desagrada especialmente, este individuo es, para entendernos, un símbolo de una parte inconsciente de ti mismo que se pone de manifiesto al proyectarla en él.

Este mecanismo hace aparición en la carta de los Amantes. Damos el primer paso al exterior y establecemos relaciones con la gente y las cosas del mundo. La carta de los Amantes representa el deseo genuino de iniciar esta relación, algo que normalmente no tiene nada que ver con una relación sentimental. Lo significativo aquí es la implicación con el «otro», con lo que nos encontramos fuera de nosotros mismos. En nuestro encuentro con «el otro» vivimos confrontaciones que nos fuerzan a elegir. Pero lo que tenemos que aprender es que, en un sentido más profundo, estas opciones y confrontaciones tienen que ver con nosotros mismos y con lo que hay en nuestro inconsciente. Si percibimos y comprendemos esto con claridad, podremos descubrir nuestra otra mitad interior. El consciente y el inconsciente encontrarán un entendimiento y cooperación mutuos, un proceso que puede contribuir al desarrollo de la personalidad.

No obstante, en la fase de los Amantes aún no somos del todo conscientes de esto. Esta fase simboliza el principio del proceso de conocimiento de nosotros mismos a través del «reflejo» en el mundo exterior y a través de la unión interior con ese otro lado desconocido que tenemos. Es algo que aprendemos entablando relaciones con el mundo exterior. Normalmente la carta de los Amantes nos permitirá dejar de depender de otras personas en el futuro, descubrir la confianza en nosotros mismos, hacer elecciones independientes y aceptar la responsabilidad de estas decisiones.

Por este motivo la carta desempeña un papel cuando la

gente joven deja el hogar familiar y se independiza. Abandonan su entorno seguro para adquirir plena responsabilidad de las decisiones que toman.

El tema de escoger entre cierta forma de seguridad, por un lado, y la independencia personal y necesidad de asumir la responsabilidad que haga falta para nuestro crecimiento, por el otro lado, constituye una parte prominente en los Amantes. Es un mecanismo importante para llegar a conocernos mejor y desarrollar nuestro yo.

Si nos estancamos en la fase de los Amantes, la imagen que presentamos es la de alguien que considera cuidadosamente los pros y los contras, pero no adopta ninguna medida importante o, en cualquier caso, no adopta medidas que exijan una gran dedicación o participación. En vez de dar un paso significativo para adentrarse en el mundo exterior, con la carga correspondiente de responsabilidades personales, se produce una huida de una situación existente relativamente segura a otra situación segura, evitando de este modo una elección real.

Entonces corremos el riesgo de meternos de lleno en la situación que intentábamos evitar y caer en brazos de alguien que, antes de que podamos darnos cuenta, nos dirigirá y manipulará en función de sus propios intereses. El resultado es todo tipo de problemas y enredos. El miedo a involucrarse con el mundo exterior también puede representar una mayor dificultad a la hora de tomar decisiones. No sientes nada por la otra persona, ni eres capaz de tomar en cuenta toda la situación, que incluye a los demás. Lo único que queda es el objetivo de establecerse uno mismo.

Como trasfondo se encuentra el miedo a abandonar la seguridad personal, y especialmente a abandonar la comodidad y bienestar a la hora de lanzarse a la vida. Cuando la carta de los Amantes funciona de modo negativo, vacilas en el umbral de la puerta, sacas con suma cautela un pie afuera y vuelves a retirarlo lo antes posible; o bien primero construyes un refugio seguro al que trasladarte de inmediato, donde una vez más encontrarás únicamente los mismos problemas de siempre.

El principal problema es la falta de equilibrio en las relaciones, pero esto no es lo mismo que adoptar el papel de víctima.

Por ejemplo, considera el caso de alguien que, dentro del matrimonio, desempeña el papel del gran protector o protectora y que comunica a su pareja, de forma sutil pero clara, que debe ser sumisa y dependiente. Esta persona se siente segura al desempeñar este papel, y cuando no puede ejercer de protector o protectora, pierde esa seguridad.

Por consiguiente, no importa en qué lado te encuentres, más bien importa tener el coraje para cambiar la seguridad por experiencias y confrontaciones que permitan ampliar tu conciencia.

El Carro – Carta VII

A través de las opciones que nos vemos obligados a escoger y los peligros que tenemos que desafiar, somos capaces de desarrollar nuestro yo. El Carro describe la necesidad y el deseo de funcionar con más poderío y autoafirmación, de hacer gala de una mayor fuerza de voluntad y confirmar nuestra identidad. Todo esto tiene como resultado la consolidación y el fortalecimiento de nuestro ego o «yo» con el que nos identificamos.

Exteriormente, queremos mostrarnos y funcionar como individuos claramente reconocibles. Queremos ser todo lo independientes que sea posible, y a la vez que los demás nos tengan en consideración. La consecución de un funcionamiento adecuado y un yo poderoso no es un proceso automático. En sentido junguiano, el yo es el centro de nuestra mente consciente; es una función interna que empleamos para comprender y supervisar la vida, tanto interna como externamente. A través del yo optamos por cosas y encontramos la ayuda para controlar todo tipo de impulsos y deseos que crecen en nosotros.

En cierta medida podemos comparar el ego o el «yo» con

una sala central de controles; si deja de existir o no funciona, todo se desbarata. Desde una perspectiva junguiana, esto es importante para desarrollar un yo lo más sólido posible, de manera que podamos funcionar con eficacia y equilibrio. Decididamente, esto no es lo mismo que ser egocéntrico ni que pensar de forma exclusiva en nosotros mismos.

Por lo tanto, sin duda no nos interesa dejar de hacer caso al yo, lo que supondría consecuencias especialmente dañinas para nuestra posterior evolución. Un yo que funciona de modo satisfactorio seguirá con atención tanto a la persona misma como a los que la rodean y su entorno. Según las valoraciones que haga en ambos mundos —el mundo de la psique y el mundo exterior—, el yo puede elegir y tomar decisiones que beneficien a cuantos estén involucrados. Cuanto menos desarrollado esté el yo, más desequilibradas serán las opciones que tome.

El Carro representa los problemas que encontramos a la hora de fortalecer el yo. Del Carro tiran dos esfinges de diferente color (negro y blanco) que miran en direcciones diferentes: una representación obvia de los contenidos casi siempre contradictorios de nuestro inconsciente que tiende a sacudir el carro de la conciencia.

Es el auriga, o nuestro yo, quien tiene que atreverse o aprender a tomar las riendas en sus manos, quien debe comprender que está tirando de él desde su interior y las consecuencias que de ello se derivan para él y el mundo exterior. Al conducir su carro en actitud alerta es capaz de detectar a tiempo impulsos destructivos y tratarlos de manera que no alteren su funcionamiento en el mundo exterior. Aún más importante, no los reprime sino que les permite tener vida propia.

La paradoja del Carro consiste en que debemos estar atentos al desarrollo de un fuerte yo mientras batallamos con los impulsos del inconsciente que puedan alterar o deformar el desarrollo del yo. En el plano interior, el objetivo final del Carro es dominar firmemente el yo con las riendas, de manera que la personalidad sea capaz de ocupar un lugar fuera del mundo en virtud de sus buenas cualidades, su percepción y voluntad.

No obstante, si nos demoramos en la fase del Carro, la tentación de desarrollar un yo fuerte puede ir demasiado lejos y llevar al egoísmo y el endurecimiento. La vanagloria y autoexpresión exageradas, pensar demasiado en uno mismo y los malentendidos frecuentes pasan a ocupar un lugar primordial; vemos un yo que (por usar una imagen sugerida por la carta) quiere tener el control y piensa que domina sus caballos cuando de hecho están desbocados. Los intentos para remediar esta situación pueden convertir el viaje del Carro en un trayecto plagado de sacudidas que acabe por volcarlo o destrozarlo. En este caso, el desarrollo del yo sufre ataques en vez de recibir apoyo.

La fase del Carro revela, en el proceso de desarrollo del yo, cuán poderosos son nuestros impulsos del inconsciente. El siguiente paso es aprender a hacerles frente.

La Fuerza – Carta VIII

Este naipe refleja el afán de hacer efectivo el contacto con las fuerzas contradictorias de nuestro inconsciente experimentadas en la fase del Carro. Deseamos llegar a conocer estas fuerzas e impulsos, y aprender a manejarlos. En términos generales, no tuvieron oportunidad de expresarse cuando crecíamos, ya que no eran socialmente aceptables o porque los reprimimos. Pero también pueden ser talentos ocultos que se agitan en nuestro inconsciente mientras intentan entrar en contacto con el yo.

En la fase de la Fuerza estamos abiertos a mensajes del inconsciente; aprendemos a prestar atención a nuestros instintos y tomamos nota de las imágenes que nos llegan de nuestro inconsciente. La mujer de la carta, que representa la receptividad, sujeta con fuerza la boca del león (nuestro mundo instintivo). Puede abrirla y escuchar cuando así lo desee, y cerrarla cuando prefiera no hacerlo.

Se trata de un mecanismo bien equilibrado. Aunque normalmente está bien escuchar lo que tiene que decir el inconsciente, existen ciertas situaciones en las que es mejor que permanezca en silencio. Por ejemplo, si acabas de pasar por una mala época, el inconsciente querrá que lo asimiles y llores cuanto haga falta. Pero si tienes que cuidar de tus hijos, que necesitan constante atención, o si tienes otras responsabilidades, no siempre tendrás la oportunidad de encontrar el momento para asimilarlo. Sin duda es necesario ser consciente de que tendrás que hacerlo en un momento u otro, pero, por exigencias de tu vida diaria, en ocasiones es necesario cerrar la boca del león. Podrá volver a abrirse más tarde.

La Fuerza es una carta poderosa, pero no en sentido abusivo. La Fuerza es más sutil y reposada que eso. La voluntad está presente, cierto, pero existe receptividad al mismo tiempo y una combinación de coraje para mirarse a uno mismo, y determinación serena de aprender a entenderse a uno mismo. La Fuerza, por consiguiente, es un proceso de descubrimiento de uno mismo y una consecuencia del mecanismo de proyección. Aprendemos a reconocer el papel del inconsciente en nuestra psique y empezamos a descubrir que nuestras acciones vienen más o menos determinadas por impulsos inconscientes, no por convicciones conscientes, pese a que hayamos pensado que nuestras decisiones eran totalmente racionales. En la fase de la Fuerza, uno aprende a entrar en contacto con los rasgos menos aceptados de uno mismo, como la ansiedad, el pesar y la inseguridad, o incluso la pasión, la malicia, las críticas importunas o la pereza.

Entrar en contacto con estas cosas y aceptar que incluso ellas, por mucho que se hayan reprimido, pertenecen a nuestra psique, aporta cierta estabilidad interna y, con ella... ¡fuerza!

En la vida cotidiana, la Fuerza con frecuencia va de la mano de tareas que requieren una acción positiva pero no indebida. Se requiere tanto disciplina como aplicación, y si pones todo tu corazón en hacer algo que te atrae, puedes obtener gran placer de ello, especialmente cuando entiendes en profundidad todos los elementos que intervienen en ese tema o cuestión. A menudo La Fuerza ocasiona también confrontaciones psicológicas. Si se tiene en cuenta la totalidad del conjunto, puede quedar claro que ha llegado la hora de sacar partido de ti mismo, sobre todo si empleas símbolos en vez de palabras.

Si nos demoramos en la fase de la Fuerza, la situación puede llevar a extremos. Por ejemplo, tal vez resulte difícil mantener cerrada la boca del león, y nos invaden impulsos contradictorios y sus emociones correspondientes (a menudo violentas). Los instintos que entonces nos asaltan lo hacen de forma incontrolada, ética y moralmente. La consecuencia puede ser una conducta reprobable que nos va a deparar muchos problemas. Por otro lado, el inconsciente también nos puede importunar con miedos que, por ejemplo, pueden llevarnos a conductas muy regresivas, o producir todo tipo de mecanismos de huida y defensa que, más que facilitar, obstaculizan el contacto con el inconsciente.

En tal caso, la aceptación de uno mismo se hace del todo imposible. La Fuerza degenera en un proteccionismo excesivo, y el inconsciente se nos muestra hostil en vez de ofrecernos su ayuda.

Cuando la Fuerza actúa de modo positivo, nos encontramos en el umbral de nuevos desarrollos; en primer lugar, experimentamos humildad a la hora de percatarnos de que existen poderes más importantes que los de la voluntad o la mente inconsciente. Y eso puede incitarnos a partir a la búsqueda de algo: el Ermitaño. También podemos llegar a entender que, a través de estos mecanismos inconscientes, tendemos con regularidad a operar con esquemas fijos: la Rueda de la Fortuna.

No menos importante, podemos hacer también una valoración sincera de nuestro papel en el mundo exterior: la Justicia. Por lo tanto, la Fuerza prepara el terreno para las siguientes cartas de los Arcanos Mayores.

El Ermitaño – Carta IX

Durante el proceso anterior de construcción del yo y confrontación de los instintos de nuestro inconsciente, nuestras funciones religiosas innatas, representadas por el Hierofante, han estado funcionando en segundo plano. En la Fuerza, por ejemplo, nos hemos llenado de admiración tras el descubrimiento de la existencia de poderes en nuestra psique superiores a los del yo: los poderes que no necesitan considerarse en función del bien y del mal.

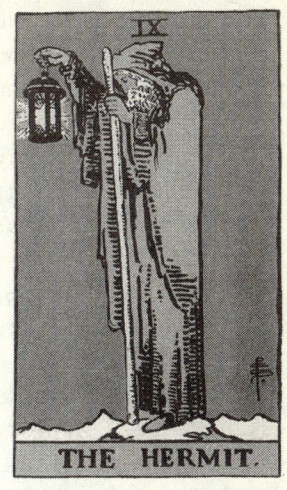

Este sentido de un respeto reverencial y la sensación de que hay algo *más* nos induce, en la fase del Ermitaño, a proseguir con la búsqueda personal de valores y leyes universales, despojados de rituales externos o de cualquier planteamiento dogmático. En cierto modo puedes decir que el Hierofante busca una satisfacción personal en la fase del Ermitaño. Por consiguiente, el Ermitaño representa primordialmente nuestra necesidad de experimentar lo espiritual y lo religioso de forma individual, enteramente personal, y por lo tanto dar sentido a la vida en general y a nuestra propia vida en particular.

En cierta medida, el Ermitaño es una carta poco expresiva. Exteriormente parece que no pasa gran cosa, pero interiormente existe cierta inquietud y el deseo imperioso de iniciar una búsqueda. Pueden descubrirse nuevos intereses, especialmente los que tienen que ver con algo profundo. Como resultado de estos intereses se desarrolla un punto de vista diferente en las cuestiones cotidianas, que generalmente pasan a tener menos importancia. Una vez que experimentas la sensación de formar parte de un todo de mayores dimensiones y que la vida se manifiesta a través de ti, importa menos si estás bien considerado o no: tu ventana interior se despeja.

Además, según lo que sientas, leas, escuches y experimentes, te aproximarás a otros objetivos, objetivos en los que el éxito social se traduce en dar significado a la vida y hacer algo que tenga sentido. La actividad interna es tan importante en el periodo del Ermitaño que uno corre el riesgo de prestar poca atención al entorno inmediato de uno, lo cual puede propiciar conflictos con las personas con quien vives o trabajas.

Como progreso psíquico, el Ermitaño puede aportar un periodo estimulante, un periodo en el que, cada vez más, miramos las cosas desde otra dimensión. Esta dimensión podría llamarse cósmica, pero hay que tener cuidado en esta fase. Por encima de todo, el Ermitaño representa nuestro viaje de descubrimiento que en el Mundo (la carta final) puede concluir en la integración de lo religioso y lo mundano. El Ermitaño explora, pregunta, busca e investiga, se permite a sí mismo dejarse llevar en alas de filosofías y cosmologías, y de este modo se forma una imagen de su lugar en la vida, tras lo cual tal vez consiga concretar su lugar en la sociedad. Por consiguiente, el Ermitaño puede indicar sin duda visiones sociales muy prácticas, pero tras ellas siempre encontraremos un proceso de sondeo y búsqueda.

El peligro inherente cuando nos detenemos en la fase del Ermitaño es que perdemos gradualmente contacto con la realidad. En términos metafóricos, caminamos por el aire. Puesto que el Ermitaño por naturaleza está poco implicado en el mundo exterior, en su expresión negativa da la impresión de haber cortado el cordón umbilical que le une con la vida ordinaria y parece vivir como un excéntrico inadaptado cuya visión está totalmente inconexa con la realidad.

En tal estado, uno corre el riesgo de convertirse en un falso gurú con ilusiones de ser el portavoz especial del cosmos, o bien sufre un decaimiento del yo, que se pierde en un mar de sueños embelesadores.

Aunque el verdadero Ermitaño tiene una mente abierta y está preparado para aceptar críticas positivas y tomar nota de las mismas, el Ermitaño negativo simplemente se niega a seguir escuchando, aunque obliga a los demás a escuchar sus ideas sin permitir contradicciones. No da opción a que otras personas participen, y si alguien plantea una pregunta crítica amistosa con intención de ser constructivo, le tacha de «ignorante» u «hostil». No hay posibilidades de discutir. Hay que admitir que el verdadero Ermitaño es introspectivo, pero el Ermitaño negativo se afianza en este proceso y cada vez siente más desesperación por convertir el mundo a su propio punto de vista. Lo que no consigue ver es que su incertidumbre interior ha adquirido tal forma que necesita convencer al mundo para convencerse a sí mismo y preservar un falso sentido de la seguridad. No queda nada de una cristalización de sentimientos religiosos; y la vida parece cada vez más enredada en las cosas que él intentaba excluir desesperadamente.

No obstante, el Ermitaño positivo consigue vislumbrar su sitio en un todo más amplio, y está preparado para llevar a la práctica esta noción en la actividad cotidiana.

La Rueda de la Fortuna – Carta X

¡Con cierta frecuencia entramos en una situación de la vida real que nos parece muy similar a otra que hemos vivido con anterioridad! Las personas implicadas tal vez sean otras, pero la estructura es la misma. Es como la historia de una mujer dominante que se cansa de la timidez de su marido y se divorcia, para acabar con otro hombre que tiene las mismas características. La escena continúa siendo la misma.

La repetición de ciertos esquemas, con variaciones menores, es resultado de ciertas proyecciones que aún no hemos identificado como lo que son. Es resultado de la influencia de nuestros complejos, a través de los cuales nuestra conducta y nuestras experiencias no son las mismas que percibimos conscientemente. Parece que la vida esté jugando con nosotros, y constantemente somos víctimas de los trucos que saca de su chistera.

La Rueda de la Fortuna nos obliga a encarar el siguiente mecanismo: vemos cómo funciona el «destino» y nos damos cuenta de que existe una conexión entre lo que parece caído del cielo en el mundo exterior y nuestra propia dinámica psíquica. Si logramos entender nuestra implicación en los procesos y situaciones en que nos encontremos, seremos capaces de cambiarlos: podemos salir de la Rueda.

Pero llegar a conclusiones erróneas o refugiarse en inoportunos sentimientos de culpabilidad simplemente incrementa el efecto de la Rueda, y acabamos agravando la constante repetición de esquemas. En muchos casos, mientras gira la Rueda de la Fortuna, encontramos resistencia y nos enfrentamos a contratiempos. Las cosas que nos gustaría hacer no fructifican o están completamente bloqueadas, tanto si se trata de trabajo como de aficiones. Las cosas pueden incluso llegar a una situación tan crítica que empezamos a creer que el destino lo ha determinado así. Preguntas como: «¿Qué he hecho yo para merecer esto?», son bastante comunes en esta fase y tenemos que estar preparados para abordarlas. Una buena reacción es observarnos a nosotros mismos, nuestra situación y el problema con la mayor objetividad posible y, sobre todo, estudiar nuestras reacciones, emociones, esperanzas y temores. Ahí reside la clave para encontrar una respuesta. Una vez que detectemos, por ejemplo, las ansiedades específicas que nos han llevado a una actitud defensiva, por sutil que sea, y nos percatemos de que esta actitud provoca las mismas reacciones que estamos intentando evitar, habremos encontrado una manera de hacer frente a la Rueda.

Volviendo otra vez al ejemplo de la mujer a la que «le gusta llevar los pantalones», cuando ella descubra que se comporta así porque tiene un miedo mortal a que obrando de otro modo no tendrá el control de la situación, y puesto que posiblemente no sabe cómo relajarse, será capaz de explorar alguna otra manera de ver la vida. Por ejemplo, puede someterse a terapias de relajación o algo de ese tipo. Luego cambiará interiormente y empezará a proyectarse de un modo diferente en el mundo exterior. El hombre tímido no se interpondrá en su camino con tanta frecuencia, ya que ella ya no es la misma. ¡Sin duda, la Rueda de la Fortuna puede reproducir también situaciones positivas!

Si continuamos demasiado tiempo en este proceso, pasamos a convertirnos en víctimas de sentimientos de culpabilidad erróneos. Entonces tal vez nos escondamos, o, por expresarlo más abiertamente, aceptemos con pasividad lo que suceda en la vida como «el castigo merecido por nuestros crímenes».

De hecho, si estudiamos ciertas maneras de ver el concepto del karma, podemos encontrar en su origen un estancamiento en la Rueda de la Fortuna. El fatalismo y una actitud negativa hacia uno mismo son las consecuencias.

Otra forma de aferrarse a la Rueda de la Fortuna es sentirse cada vez más furioso con el mundo. Con la actitud de: «Me merezco algo mejor que esto», o: «Soy demasiado bueno para este mundo» o: «Me deben algo», intentamos crear, por decirlo así, una justificación a las espirales negativas en las que nos encontramos continuamente. Cada vez estamos más malhumorados y resentidos, y cada vez nos sumimos más profundamente en sentimientos de rencor contra el mundo y contra quienes nos rodean.

Y esto es una lástima, ya que el objetivo verdadero de la Rueda de la Fortuna como impulso es confrontarnos a nosotros mismos, de tal manera que podamos dar un gran paso hacia la madurez y poder así asumir con plena responsabilidad nuestra vida.

La Justicia – Carta XI

De nuevo nos encontramos ante opciones, pero de forma muy diferente a como se nos presentaban en los Amantes. Como ya hemos visto, la Rueda de la Fortuna nos pide que nos miremos a nosotros mismos de la forma más objetiva posible, y lo mismo sucede con la Justicia, pero al mismo tiempo esta nos pide que analicemos con imparcialidad y franqueza quiénes somos y dónde nos encontramos.

La Justicia nos obliga a ver que la vida incluye una sucesión de placeres, obligaciones y problemas. Es preciso que aceptemos que nos impone restricciones a las que hay que dar cabida. Cuanto menos lo hayamos aceptado en el pasado, más traumática será la confrontación con la Justicia.

De hecho, como continuación a la Rueda de la Fortuna, la Justicia nos enseña que nuestra vida en este momento es el resultado de todos los procesos psíquicos del pasado, las opciones que hemos hecho y las que hemos aplazado indefinidamente (según nuestra disposición).

En cierta medida, la Justicia continúa el proceso de la Rueda de la Fortuna, pero mientras en la Rueda los esquemas de la sociedad y del mundo exterior siguen siendo importantes, la Justicia es una carta más introspectiva, que incita a librarse de las fuerzas internas que se oponen mutuamente.

La espada de la discriminación aparece en la carta y nos permite —a través del análisis crítico de nosotros mismos— obtener una imagen más equilibrada de cómo hemos funcionado en el pasado y cómo y en qué coyunturas nos hemos puesto obstáculos a nosotros mismos con actitudes erróneas y falsas expectativas.

La Justicia intenta establecer un equilibrio entre las fuerzas del inconsciente y las posturas del consciente. Una vez más, la cuestión de la ética no se tiene en cuenta en este caso. Asume la responsabilidad de tus actos y observa la conexión entre tus conflictos interiores y los que mantienes con el mundo exterior. Y prescinde de lastres superfluos.

La Justicia no puede tolerar la falta de rectitud. Las evasivas y excusas salen a la luz de modo automático porque destruyen el equilibrio interno y desatan reacciones desequilibradas en el mundo exterior. El proceso de la Justicia nos lleva a adoptar una actitud más humilde, pues sabemos que, incluso aunque hayamos «llegado» en cierto sentido, aún nos queda mucho por aprender. Esta humildad no tiene nada que ver con el masoquismo o con un complejo de inferioridad.

La gente que se apoltrona en la fase de la Justicia desarrolla con frecuencia una opinión muy sesgada de quiénes son y qué les está sucediendo. La culpa es siempre de quienes los rodean; ellos están libres de responsabilidad y llenos de buenas intenciones. A sus ojos, los demás no sirven para nada y, aún peor, son transgresores intencionados. Por consiguiente, a menudo vemos que las personas a quienes les sale esta carta amenazan con emprender acciones legales, o incluso las inician.

A la inversa, la otra cara de este conjunto es ser víctima de las acciones legales de otras personas y de forma repetida: entonces, una vez más, se considera al mundo culpable, con el agravante de que los demás intentan demostrar que eres tú, desde un punto de vista legal, quien está equivocado. Como se puede comprobar, con este tipo de demandas se generan tremendas cantidades de emoción, normalmente por ambas partes.

Mientras la Justicia como proceso tiene cierto efecto depurador en el sentido de que las propias reacciones y expectativas llevan a una mejor comprensión de uno mismo y a una mayor claridad y sensatez, la Justicia negativa ampara la creación de zonas oscuras, incriminaciones, emociones y dificultades que pueden provocar una sensación de alienación, como si nadie quisiera tener que ver contigo nunca más.

El hecho es que esta sensación es consecuencia del espacio cada vez más distante entre la mente consciente y la mente inconsciente. La mente inconsciente pierde la facultad de acudir en tu ayuda, y la consciente se siente aislada, dando tumbos; sensaciones que luego se proyectan en el «mundo de la maldad».

Uno se siente repudiado, y esto puede provocar que la siguiente fase, o fase del Colgado, sea muy difícil, aunque lo que precisamente se necesita para añadir una nueva dimensión a esta fase es simplificación y humildad positiva y constructiva.

El Colgado – Carta XII

En todos los aspectos de tu vida diaria y social, te sientes como si estuvieras sentado en una sala de espera. Ni siquiera sabes qué sala de espera es o a dónde se supone que vas. Las cosas que se forman bajo la superficie de pronto irrumpen al exterior: un cambio de orientación tiene lugar en ti mismo y en tu vida.

Las cosas agradables de la vida parecen haber perdido su lustre; han perdido su atractivo. Existe una tendencia a estan-

carse en lo que no va bien. Las cosas no prosperan en el mundo exterior: tus asuntos no van tan bien, te sientes menos animado para trabajar y, en casa, sin motivo aparente, te sientes en cierta forma como una persona desplazada. En pocas palabras, estás en un callejón sin salida y no sabes qué hacer al respecto.

No obstante, no se trata de un periodo negativo, ni mucho menos. Se ha reactivado parte de la función religiosa y estamos en una fase en la que simplemente no podemos seguir tirando sin más. El Colgado constituye el deseo de retirarse a nuestro propio interior y experimentar, comprender y, sobre todo, integrar la humildad adquirida en la fase previa. También existe la voluntad de aceptar los altibajos de la vida como ritmo natural.

En la Justicia se inicia un proceso mental de reconocimiento de los derechos y obligaciones que nos corresponden en la vida; en el Colgado vemos la aceptación de la faceta sol-y-sombra de la vida.

Como resultado, ahora hay que ser justo con las derrotas y pesares: pertenecen al ritmo de la vida, no es posible escapar de ellas. Su aceptación nos permite abrir otra fuente de energía en nosotros mismos: una voz muy profunda que nos susurra que, de un modo u otro, siempre sobreviviremos.

No es que oigamos la llamada de una gran trompeta, se trata más bien de un sutil conocimiento que puede ayudarnos a adquirir una seguridad nueva, más profunda y más sentida, en la vida y en nosotros mismos, al tiempo que aceptamos el hecho de que las cosas salen mal, que a veces damos tumbos y que simplemente no podemos hacer todo lo que nos gustaría.

Esta actitud de aceptación puede crear un estado de paz y calma en el que te percatas de que te has vuelto más tolerante contigo mismo y con los demás. Tus sentimientos religiosos pueden ampliarse gracias a esta experiencia. Al retirarte un poco del bullicio y precipitación del mundo, te encuentras en una posición más favorable para percibir sensaciones más sutiles que de otro modo nunca habrían atraído tu atención: sentimientos que potencian tu sentido de unión con el mundo de la humanidad, con la naturaleza y con el universo. Ya no te hace falta luchar, competir y esforzarte: es más fácil que las cosas sigan su curso.

Con mucha frecuencia, esta carta hace su aparición en un momento de tu vida en el que todo va en contra tuya. Te encuentras en una situación en la que no sabes hacia qué lado tirar; tal vez hayas perdido tu trabajo y todos tus planes se han desbaratado. Las experiencias destructivas de este tipo pertenecen al Colgado. El arte del Colgado consiste en enseñar a aceptar que la vida es así, y en cobrar fuerzas retirándose tranquilamente para poder ser capaz de avanzar de nuevo más adelante.

Si (en términos figurativos) te quedas suspendido en la fase del Colgado, los sentimientos de autocompasión pueden predominar de tal modo que te vuelvas cada vez más refunfuñón. O (normalmente, de modo inconsciente) socavas tu propia posición de todas las formas posibles mediante una conducta inconveniente. El Colgado ciertamente no es provocador por naturaleza; en sentido negativo, es bastante negligente, descuidado, poco entusiasta y dependiente del asesoramiento de otras personas (lo cual puede significar una confianza necia en los denominados horóscopos de los periódicos y revistas).

En este estado inestable, nuestros efluvios personales tienen un efecto desmotivador sobre quienes nos rodean, que reaccionan hacia nosotros de forma negativa. Como resultado, nos vemos aún más lejos del reposo interior que pertenece a la acción positiva de la carta. Interiormente estamos cada vez más inquietos y confundidos, y, por lo tanto, más inclinados a eludir el mundo de las responsabilidades y refugiarnos en un mundo de sueños utópicos. Estar sentados cada día delante del televisor a todas horas y renunciar a hacer lo que en realidad nos interesa es un perfecto ejemplo de este aspecto del Colgado.

Si prestamos atención al verdadero mensaje del Colgado, mejoraremos de forma imperceptible, y en una medida más completa de lo que podamos imaginar. Empezaremos a sentirnos diferentes a medida que nos observemos con mirada renovada a nosotros mismos y a la vida, no en el sentido de ser más maduros, sino en el sentido de experimentar un crecimiento hacia la totalidad. Nuestras imperfecciones pueden empezar a mostrarse y tal vez empiece a preocuparnos perder prestigio. Nos estamos preparando para dejar a un lado las máscaras y los mecanismos de defensa en la siguiente fase.

La Muerte – Carta XIII

Despídete de esas cosas que ya han cumplido su cometido, renuncia a actitudes que han dejado de ser útiles y descarta todo lo superfluo. Este es el mensaje de la Muerte, el impulso interior para acabar con ciertas actitudes, conductas, cosas y situaciones que nos estorbarán si siguen formando parte de nuestra vida.

En un sentido positivo, esto también significa quitarnos las máscaras tras las cuales nos gusta escondernos. Si ahora hacemos frente a la inseguridad que estas máscaras permiten crear, observaremos que necesitamos adoptar una actitud más sobria, menos afectada y nada ceremoniosa, sin aires ni refinamientos. Aunque, en un principio, esto parece ser un gran paso en la oscuridad, aportará mayor confianza en una fase posterior. Pero el principio del proceso es lento.

Tanto si queremos como si no, tenemos que abandonar conductas ensayadas y fiables y salir de situaciones con las que estamos familiarizados, sin saber qué es lo que ocupará su lugar. ¿Cómo va a reaccionar la gente ante nosotros a partir de ahora? ¿Qué respuesta obtendremos? ¿Pasará algo realmente nuevo? Preguntas de este tipo reflejan la ansiedad y la inseguridad que activan una tendencia a refugiarse en antiguas conductas, o que mantienen cierta situación segura pero que ha dejado de ser útil. «Más vale pájaro en mano que ciento volando» podría ser aplicable aquí, pero no es válido para la carta de la Muerte. La Muerte indica el final de una situación y el advenimiento de otra situación que se mantiene en secreto; aún no la vemos con claridad, sólo vislumbramos su débil perfil.

Aferrarse al pasado saca al exterior todo lo negativo que la Muerte puede producir, con lo cual me refiero a un punto muerto interno que aumenta el anquilosamiento en (por ejemplo) el dogmatismo frenético, mientras nos abandona toda movilidad y vitalidad. El trabajo que debes hacer requiere más y más esfuerzo, ya que se necesita más energía para superar la inercia. Pierdes tu sentido de la proporción, y aunque intentas mantenerte alegre pase lo que pase y comportarte como si no ocurriera nada, la vida se queda hueca y vacía.

Con esta carta, el mensaje es que ha llegado el momento de un final o una conclusión; y cuanta más sensatez y calma tengas a tu disposición para aceptar este hecho, mejor será. La carta no dice si el cierre de un capítulo en tu vida va a ser doloroso y triste, o si más bien va a ser un momento de alivio y liberación. Permite que suceda y, luego, en una fase posterior, cuando contemples las consecuencias, con toda seguridad experimentarás una sensación de satisfacción, de emancipación o de alegría.

En la práctica, esta carta a menudo va asociada a circunstancias tensas o dificultades sustanciales. Parece como si nada de lo hecho pueda mejorar las cosas. Cuando es una cuestión de trabajo, el impulso en tu propia psique representado por la Muerte te pregunta: «¿De verdad estás haciendo el trabajo para el que estás capacitado?». O afirma: «Un cambio de ocupación u otro lugar de trabajo es necesario para el desarrollo de tu psique».

Esto es algo significativo, ya que no siempre implica un final absoluto. Si te sale la carta en una consulta sobre trabajo, hay algo en este ámbito que tiene que cambiar; pero no tiene por qué significar la pérdida del trabajo. Una alteración radical en tu conducta, la terminación de ciertas actividades, la evaluación de tu funcionamiento y el esbozo de conclusiones de amplio alcance, todo ello pertenece a la Muerte, igual que abordar ideas y opiniones excesivamente fijas que puedas tener. La forma en que ahora trabajas, vives o funcionas debe cambiar. Todo puede parecer oscuro y sombrío durante una época, dependiendo sobre todo del grado de egoísmo en tu vida o de si siempre has jugado sobre seguro.

En un sentido más profundo, la Muerte está diciendo: «Venga, arroja tu lastre por la borda, ya que navegas hacia un mayor desarrollo personal y es hora de avanzar».

A pesar del miedo al futuro y a una oscuridad amenazadora que acecha más adelante, puedes volver la espalda fácilmente y aferrarte aún más a lo que deberías dejar atrás. Y además de la alegría y el magnetismo que se desvanece en tu vida, notarás una tendencia inconsciente a caminar por callejones sin salida. No obstante, con esta carta podrás sacar provecho siempre que trabajes y no tengas expectativas demasiado altas. Si te retiras o renuncias, perderás aún más energía. Entonces, el peligro de esta carta es que trae consigo depresión, bloqueo mental y, con bastante probabilidad, síntomas físicos que a menudo comienzan por un cansancio cada vez mayor y apatía pero pueden degenerar en alguna enfermedad (que no tiene por qué ser grave) que te obligue a descansar durante una temporada. Más de una vez he visto huesos rotos en quienes sacaron esta carta y se quedaron en esta fase sin dar un paso adelante, prefiriendo seguir jugando al escondite con sus verdaderos sentimientos. Optaron por la seguridad de lo que les era familiar, pese a que sus vidas estaban repletas de conflicto, y terminaron rompiéndose una pierna.

Aun así, si dejas al lado todas las máscaras y formas de artificio, si adoptas una actitud más abierta y receptiva y das un paso en la oscuridad por el camino hacia la nueva y mejor vida que ciertamente llegará, serás recompensado, incluso durante el proceso, con una mayor sensación de bienestar, «te sentirás bien», aunque no haya pasado nada definitivo todavía.

La Templanza – Carta XIV

Cuando inviertes menos energía en mascaradas y no te empeñas en parecer audaz y dar la impresión de que eres diferente a quien eres de verdad, y si en la fase previa de la Muerte has echado todo tu lastre o la mayoría de él, te encontrarás en una posición mucho más favorable para mejorar el equilibrio. Después de todos los problemas e incertidumbres de la fase de la Muerte, la Templanza nos aporta sobre todo un sentido de alivio y satisfacción. Es la calma después de la guerra. Pero la calma no dura demasiado tiempo, y la Templanza normalmente es una fase intermediaria que pasa con rapidez.

Aunque nos hemos quitado las máscaras en la fase previa y ahora estamos buscando una situación renovada, las confrontaciones que experimentamos y los problemas que encontramos son suficientes para continuar con nuestra pugna. Aún estamos experimentando un cambio interior mientras aprendemos a sobrellevar todo esto, y eso es lo que vemos en la Templanza: un plácido marco mental en el que revisamos conflictos vigentes y problemas de gran variedad para poder resolverlos. De modo que aún hay cierta tensión en la Templanza, pero prevalece una sensación de paz imperturbable y somos capaces de relajarnos.

Como impulso psíquico, la Templanza se revela como el deseo de reconciliar los opuestos y encontrar una forma nueva y dinámica de armonía. No una armonía que suponga un compromiso vinculante, sino una concordia en la que se alcancen soluciones viables (que no lleven a una rigidez) mediante la contemplación y el discernimiento. Por consiguiente, esta carta tiende a aparecer cuando se disfruta de un enfoque completamente nuevo y abierto que lleva a un repentino desbloqueo en las negociaciones que se encontraban en punto muerto. Este avance no se ve como un objetivo primordial por parte de la

Templanza sino como parte de un proceso (aunque el resultado sea gratificante). Y es así como la Templanza opera siempre.

A menudo todo parece ir como una seda aunque requiera un esfuerzo considerable, ya que la Templanza, como necesidad interna, precisa de pocas distracciones o aventuras. Este modo nuevo y pacífico de funcionamiento puede crear un espacio para sensaciones más profundas, como un amor por la vida y por los demás. Y a veces vemos cierto movimiento hacia lo que se ha denominado conciencia cósmica. En cada caso, el aspecto positivo de la Templanza nos da el bagaje necesario para afrontar, de un modo equilibrado, nuestros instintos más problemáticos. Y nos enseña lo bueno que en realidad es abordar todo tipo de situaciones de un modo sosegado en vez de actuar de forma emocional y agresiva.

No obstante, si continuamos demasiado tiempo en la fase de la Templanza, ésta produce imperceptiblemente el efecto inverso. Mientras continúas, con una calma casi «divina» y complaciente observación de las masas, identificándote con la idea de que (a diferencia de ellos) tú lo entiendes todo, no consigues ver que entretanto se han reactivado varios impulsos y móviles dentro de ti, que están teniendo un efecto cada vez mayor sobre lo que haces. Finalmente esto lleva a una situación en la que tus acciones no tienen ninguna relación con lo que ves o con lo que piensas.

En el caso extremo, caes en una conducta en absoluto ética mientras predicas a los demás con tono meloso, y esto inevitablemente lleva a complicaciones e intrigas de todo tipo, o a enredarse en las mismas cosas que querías evitar. La confrontación con el Diablo como impulso interior resulta entonces difícil y comprometida, mientras que la Templanza, cuando es positiva, permite ir a su encuentro con calma.

El Diablo – Carta XV

En principio, la energía del Diablo tiene que ver con el instinto de autoconservación. No obstante, es algo que fácilmente se nos va de las manos. Oculto en cada uno de nosotros se encuentra el impulso orientado hacia el yo que nos estimula a satisfacer nuestros deseos personales. El Diablo no tiene ningún interés en las consecuencias de sus actividades: le preocupan sus propios intereses, no los intereses de los demás. Existen valores culturales y morales que pueden mantener este impulso subyugado y pueden canalizarlo, pero siempre estará presente como un rasgo humano general.

En algunas situaciones, el Diablo puede salvarnos la vida: si te hallas en medio de una crisis grave en la que o nadas o te hundes, es la fuerza del Diablo la que, sin más dilación, puede salvarte. En tiempos de guerra o revolución, tal vez conserves la vida haciendo cosas que te avergonzarían en tiempo de paz. Aquí también interviene el mismo instinto.

Piensa otra vez en los adolescentes que quieren ser diferentes a sus padres y a su entorno de origen. Exhiben conductas egocéntricas que a menudo tienen un lado provocativo, pues saben que dolerá a sus mayores. Pero esto no parece importar, la conducta brota de forma instintiva como respuesta a la situación vital: sienten que ha llegado la hora de crear una ruptura y no harán caso a ningún consejo. Tiene lugar una entrega desenfrenada a una serie vertiginosa de placeres: bailar toda la noche, mantener relaciones sexuales sin precauciones o que te pillen en actividades tal vez poco maduras con tu grupo. Todo ello es una expresión del Diablo. Pero el Diablo también puede ser un «tipo de aspecto» que pone todo su empeño y sus motivos egoístas, y también muchas zancadillas, para sacar ventaja sobre los demás. Divertirse en detrimento de los demás, enriquecerse a expensas de otros y, de hecho, cualquier búsqueda irreflexiva del provecho y poder personal inmediatos es el peligro de esta carta, sea cual sea tu posición en la escala social. Los instintos de supervivencia también pueden desconcertarnos terriblemente.

Más tarde o más temprano tendremos que vernos cara a cara con las facetas menos éticas de nosotros mismos. Tal vez no seamos conscientes de ello, pero son numerosas las ocasiones en las que el Diablo levanta la cabeza. Por ejemplo, ¿por qué tienes tal necesidad de entrometerte en ciertos asuntos? ¿Es siempre por motivos inocentes? ¿O hay un poder al acecho en la trastienda, y la tentación de manipular a alguien? No es muy agradable plantearse estas preguntas, pero es absolutamente necesario hacerlo si quieres mantenerte al margen de complicaciones y problemas engorrosos.

Cuando el Diablo levanta la cabeza, lo hace en forma de interrogatorio interior o de «ocasiones» en el mundo exterior que son muy tentadoras, pero que recaen sobre las espaldas de otros. ¿Te encuentras en un estado capaz de resistir a la tentación? ¿O te las das de justo mientras funcionas de modo solapado? En pocas palabras, el Diablo nos obliga a enfrentarnos a nuestra Sombra, con todas esas cosas que preferiríamos no ver o saber sobre nosotros mismos (nunca más), pero a las que simplemente tenemos que pasar revista si lo que queremos es integrarlas. Sólo entonces dejarán de ser capaces de insinuarse en nuestra conducta con tal fuerza y, sobre todo, de modo tan clandestino que nos ocasionen problemas complicados, encontrándonos que nos culpan de algo sin que comprendamos demasiado bien de qué va el asunto.

La búsqueda de poder y placer no sólo es seductora sino que proporciona una falsa satisfacción durante mucho tiempo. Lo que no apreciamos de entrada es cierto vacío que introduce en nuestra existencia y que nos agita cada vez con más fuerza para mantener el mismo nivel de disfrute. Al mismo tiempo creamos una imagen completamente falsa de nosotros mismos y del mundo, y proyectamos todas las propiedades de nuestra Sombra sobre los demás. Desde nuestro punto de vista, ellos tienen la culpa de todo, y nos sentimos justificados al combatirlos verbalmente, e incluso físicamente.

Nos quedamos estancados en esta perspectiva, nos volvemos cada vez más emocionales, y cada vez nos cuesta menos involucrarnos en confrontaciones con el reflejo de nuestra Sombra en el mundo exterior. Nuestro crecimiento psíquico se detiene y nuestra verdadera identidad queda prisionera del mundo del deseo, hasta que estalle la tormenta con la Torre.

El Diablo siempre constituye una carta de riesgo y significa confrontación. Es posible hacerle frente con justicia e imparcialidad. Es bueno aceptar lo que descubres en ti mismo y también comprender que una vez más estás cambiando tu actitud y tu opinión de ti mismo: la Torre.

La Torre – Carta XVI

Cuando te debates en el mundo del deseo, en una conducta impetuosa o en una actitud acusatoria hacia el mundo exterior (bien hacia un solo individuo, bien hacia la sociedad como un todo), hay veces en que sólo un gran susto o una experiencia conmocionadora puede quebrantar esta actitud. Esa es la esencia de la Torre: el rayo repentino que alcanza el «piso superior» de tal modo que tu manera de pensar y tu punto de vista se alteran en un instante.

La Torre representa el incontenible deseo interior de liberarnos a nosotros mismos de los grilletes de nuestro desasosiego, lo cual, en este caso, tiene lugar a través de confrontaciones feroces, que no tienen por qué venir necesariamente del exterior. Las depresiones profundas también pertenecen al dominio de la Torre. El carácter repentino es primordial: la Torre no permite ningún retardo.

La Muerte, gradualmente, puede producir una personalidad madura; la Torre puede hacerlo de un modo más expresivo. Las peleas, sorpresas desagradables, el fracaso inesperado de un proyecto que uno ha estado incubando: esto es la Torre. Espanto, desasosiego y nerviosismo son sus características usuales. Es como un terremoto: el terreno sólido bajo los pies tiembla, y uno no sabe si se va a abrir la tierra ni, si así sucede, dónde.

Externamente, vemos con frecuencia que tienen lugar cambios de amplio alcance bajo la influencia de la Torre. Sólo hay una cosa cierta: todo está cambiando y nada volverá a ser como antes. No es fácil continuar con todo esto. No obstante, en un sentido posesivo, la Torre finalmente ofrece una oportunidad a esas rupturas que has tenido secretamente en mente durante mucho tiempo pero no has sido capaz de poner en práctica.

Y la Torre también ofrece oportunidades para colocarte de pronto tras tus proyecciones de ti mismo, ver a través de tu propia conducta y corregirla. Si te estudias a ti mismo con honestidad y no te espanta la confrontación con tu Sombra, la Torre garantizará un crecimiento psicológico muy rápido y un fortalecimiento de tu carácter, aunque a menudo vaya asociado a conflictos y tal vez a circunstancias dolorosas. La Torre puede hacer que la vida brille de nuevo en cuanto revientes la burbuja de las ilusiones y las falsas esperanzas.

No obstante, si en la fase del Diablo te estancas en el egocentrismo, entonces la fase de la Torre es dolorosa. Tu contacto con la realidad no es para nada plácido: es muy brusco, y en un sentido negativo podría incluso implicar algo como una detención policial. La vida te da tantos golpes que te ves cara a cara con las consecuencias de tu conducta pasada, y con el conocimiento de que sólo hay una manera de salir y no hay posibilidad de dar marcha atrás. Esto crea una situación explosiva, que también puede producir una gran tensión interior. (La Torre a menudo viene acompañada de insomnio.)

En la Torre, además, puedes atascarte de dos maneras. Puedes volverte cada vez más solitario y adoptar una postura negativa ante cualquier tipo de cambio, pese al hecho de que tienes que navegar a través de mares agitados y circunstancias cada vez más difíciles; o tal vez desempeñes el papel de la Torre en la vida de los demás: conducta chocante, inadaptación completa o rabietas histéricas en las que arremetes contra todo lo que está a tu alcance.

En ambos casos hay un estancamiento del crecimiento interior y una fuerte alienación respecto al mundo, lo que, en última instancia, te lleva a un estrés y tensión interior que hacen saltar los fusibles. Quienes ya se han desconectado de la sociedad tienden a ser incluso más fríos en su respuesta a los demás y ocultan todo sentimiento. No obstante, la Torre no sería la Torre si, incluso aquí, no concediera al individuo, con alguna conmoción o susto, una oportunidad de despertar a la realidad.

Una vez que hemos puesto en movimiento los cambios interiores propiciados por la invasión repentina de discernimientos en la fase de la Torre y, pese a tanta inquietud, hemos captado nuestro lado creativo, nos encontramos en una posición favorable para mantener un equilibrio interior mucho mejor del experimentado con la Templanza. Así como la Templanza era un primer punto de reposo tras la crisis, la siguiente carta, la Estrella, es un segundo punto también de reposo en un plano más profundo.

La estrella – Carta XVII

La Estrella denota un periodo en el que te repones de una época turbulenta. Renuevas tus esperanzas y recuperas la confianza en el futuro. Es el resultado de haber pasado por la fase de la Torre de una forma positiva. Interiormente sientes que todo lo que te estorba es producto del miedo: el miedo a la vida, el miedo a ser tú mismo, el miedo a lo que los demás pensarán de ti.

Al mismo tiempo, ves que estas trabas te exprimen la vida y te dejan inmóvil e inaccesible; lo cual provoca en sí mismo confrontaciones y conmociones. La Estrella se niega a soportar esto más tiempo. Ahora tienes la necesidad psíquica de ser tú mismo y obedecer tus propios dictados internos, sin importarte lo que piensen los demás. Ahora tienes el deseo incontenible de hacer las cosas que son esencialmente «tú».

La Estrella, como móvil interior, no necesita esforzarse o

luchar duro por algo. A lo que aspiras es a una renuncia pacífica. No es que te retires por completo, pero no quieres sentirte importunado por otros ahora que estás ocupado descubriendo qué es lo más importante en la vida para ti.

Ahora puedes calibrar mucho mejor y mantener en la debida perspectiva las influencias externas, sean tu jefe, la sociedad o tu familia. También te asustan menos las consecuencias de tus actitudes, opiniones y conductas, y te sientes calmado y relajado. Es algo que se transmite al exterior, y eres capaz de funcionar de forma más acorde y más adaptada a tu entorno, mientras que, por paradójico que parezca, «haces lo tuyo» con más libertad que antes.

No obstante, la Estrella sí que tiene en cuenta a los demás y sin duda no se involucra en las cosas por interés propio. En la fase de la Estrella es importante empezar a sentirse más fuerte en el terreno emocional. Podemos desarrollar una forma de seguridad en nosotros mismos calmada y sensata, lo cual nos permite aceptarnos con más rapidez. En sentido positivo, la Estrella va asociada al deseo de descubrir y distinguir entre lo que nos pertenece y lo que no, y también tiene que ver con el deseo de mantenernos ocupados en lo que nos interesa a la luz de una relación mejor con nuestro mundo interior, sin que nos desequilibre demasiado la intervención del mundo exterior.

Una vez que sabemos que la vida nos abre sus puertas sólo cuando nos esforzamos por desarrollar nuestro propio potencial de modo creativo, nos encontramos en la situación óptima para que las cosas que iniciamos bajo esta carta adopten una dirección positiva e incluso nos conduzcan al éxito. Esto puede estar relacionado con nuestro trabajo, pero también con la resolución de problemas, con el hecho de iniciar una relación o una nueva afición. El éxito tiene aquí un significado psicológico, y por lo tanto es bueno para el desarrollo de la personalidad.

No obstante, en muchos casos, el éxito social genuino sólo constituye una parte de todo su alcance. La Estrella no está involucrada intencionadamente en asuntos externos, más bien se dirige hacia dentro para poder sondear más a fondo las profundidades de la psique, para obtener una comprensión mejor de los móviles y paradigmas enterrados en el inconsciente.

Si nos demoramos en la fase de la Estrella, su energía se convierte lentamente en lo contrario. La calma es sólo aparente, y al esquivar cuestiones importantes fomentamos una retirada a un terreno seguro. Esto refuerza la necesidad de confirmación y aceptación por parte de quienes nos rodean, y nos fuerza a basarnos en ellos para lograr cierta paz mental. En la Estrella negativa a menudo he visto que, al no sentirnos cómodos con nosotros mismos, hacemos todo lo posible para gustar, estamos descontentos con nuestro cuerpo y somos incapaces de valorar nuestra salud, y tendemos a medirnos por patrones externos a costa de degradar nuestra propia personalidad.

Otra manifestación de la Estrella negativa es la inaccesibilidad. Tal vez parezcamos autosuficientes, pero, en realidad, sólo nos estamos revistiendo de una armadura para defendernos del mundo exterior. No es más que una falsa calma y un sustituto de la paz interior que la Estrella positiva podría traer. Esta paz es esencial para confrontar factores más profundos que pueden salir a la superficie si existe una apertura genuina al inconsciente.

La embestida del mundo inconsciente, sus imágenes y ansiedades, y también su ayuda definitiva, se ven en la siguiente carta: la Luna.

La Luna – Carta XVIII

Si damos ocasión al inconsciente, bien por una irrupción de complejos o por el hecho de abrirnos a ellos, hablará enérgicamente a nuestra mente consciente en lenguaje de imágenes y nos mostrará, a través de los símbolos, que está vivo y abriéndose camino en nuestro fuero interno. Este lenguaje se presenta en sueños y fantasías, ilusiones y visiones, dibujos espontáneos, danza libre, así como en todas las demás actividades en las que la expresión espontánea puede fluir con libertad.

En la fase de la Luna, deseamos contactar con el inconsciente de un modo positivo y comprometido con el fin de entendernos a nosotros mismos a un nivel más profundo y captar los impulsos y actividades de nuestros instintos. Como respuesta a este planteamiento, el inconsciente se revelará como un amigo y colaborador y nos encontraremos en una posición mucho más favorable para cambiar de orientación. El resultado será una confianza más profunda y abundante en la vida.

Pero el inconsciente es muy diferente del consciente. Sólo tenemos que prestar atención a los sueños para darnos cuenta. A menudo no podemos encontrarles ni pies ni cabeza, pese a que transmitan un mensaje. Intentamos con dificultad abordar y analizar el mundo interior de las imágenes y mensajes inconscientes con las normas de la mente consciente. Necesitamos aprender a hablar el lenguaje del inconsciente, aceptar su carácter caprichoso y obtener una nueva actitud hacia los símbolos, así como su comprensión.

En la fase de la Luna nos abrimos a estas imágenes internas, que se nos imponen con mucho más vigor que en la fase de la Fuerza. Mientras que en la Fuerza estábamos preparados para escuchar al inconsciente y aceptarlo, en la Luna es como si el inconsciente, por sí solo, tomara la iniciativa y nos inundara de imágenes, emociones y sensaciones. No podemos repelerlo y reaccionamos con más sensibilidad hacia la gente, objetos e ideales religiosos, y todo lo que despierte alguna sensación en nosotros. No podemos burlarlo, y se apodera de casi todos nuestros aspectos prácticos. Ahora es más fácil soñar y es más fácil caer presa de atmósferas nebulosas.

Al principio resulta duro ver dónde encajan las imágenes, fantasías, sensaciones y atmósferas. Parecen erráticas e insondables, pero al mismo tiempo revelan cualquier problema profundo que necesite ser resuelto, y nos muestran dones y talentos ocultos a los que habría que dar salida.

La mejor manera de restaurar nuestro sentido del equilibrio y totalidad es convertir el torrente de imágenes (a menudo, cuando sacamos esta carta, descubrimos que hemos entrado en un periodo de sueños vívidos) en algo creativo y artístico.

Aunque socialmente esto puede parecer una «pérdida de tiempo» o «no tener sentido», ahora es la lámpara del lado nocturno de la vida la que relumbra, y eso quiere decir que debemos entregarnos a cosas que la sociedad tal vez no considere muy productivas. No obstante, su importancia es vital para nuestro crecimiento y desarrollo internos. Algunas personas tocan instrumentos musicales y pasan el tiempo improvisando lánguidamente, otros salen a andar por el campo y dan rienda suelta a sus pensamientos, otros dibujan o pintan sin prestar mucha atención a la técnica o a la ejecución, y advierten algo liberador en los resultados de estas actividades. Lo que estamos haciendo es proporcionar un canal de comunicación para nuestro inconsciente. Si no entendemos sus mensajes no hay que apurarse: esta sensibilidad incrementada nos permitirá finalmente descifrarlos sin demasiado problema.

Cuando, en la Luna, el inconsciente ocupa un primer plano, a menudo supone una prueba muy rigurosa para la mente consciente. Los temores que ignorábamos estaban embotellados en nuestro interior, y de pronto pueden hacer notar su presencia. Complejos que pensábamos que se habían integrado hacía tiempo, pueden revelar un lado hasta ahora cerrado. Experiencias pasadas que habíamos aceptado y que ya no eran un problema, de pronto pueden presentarse claramente en una convulsión final de todos aquellos elementos que desestimamos cuando los asimilamos.

Todo esto puede evocar un alud de emociones, y de este modo la Luna podría inaugurar un periodo muy inestable. La mente consciente debe aceptar ahora que no puede gobernarlo todo y que nuestra psique esconde rincones oscuros de los que pueden surgir cosas extrañas y desagradables. La Luna significa una situación psíquica en la que, ante todo, nos percatamos de que somos humanos. Por muy calmados que podamos sentirnos tras una crisis, nuestro desarrollo siempre continúa; se trata de un desarrollo que, invariablemente, incluye un lado nocturno u oscuro.

En sentido positivo, en la fase de la Luna nos encontramos

sumamente receptivos a lo que el inconsciente quiera decirnos, y esto nos da acceso a una tremenda ayuda y poder. La Luna es el afán de aprender a cooperar con las profundidades que hay dentro de nosotros, que contienen tanto energías constructivas como destructivas.

En sentido negativo, en cambio, podemos permitir que nos inunden oleadas de emoción y proyecciones confusas, y tal vez no tengamos la astucia para reconocer que se trata de nuestros sentimientos o que la clave para manejarlos se encuentra en nosotros mismos.

Si nos demoramos en la fase de la Luna, el inconsciente nos forzará a alguna cuestión inevitable y, al intentar defendernos, activaremos emociones cada vez más fuertes, angustias y fobias, mientras vamos a parar a situaciones emocionales cada vez más enrevesadas.

Para poder escapar de nuestros propios sentimientos caóticos, tendemos a apoyarnos cada vez más en otros, hasta el punto de que puedan sentirse asfixiados. Esto produce un rechazo o desagrado por parte de los demás. En este caso, también, tenemos que habérnoslas con una mayor sensibilidad al inconsciente y una mayor accesibilidad al mismo. Nuestra actitud determinará si convertimos o no el inconsciente en un aliado o en un adversario.

El Sol – Carta XIX

El deseo de expandirse desde dentro para disfrutar de la vida a tope y regocijarse de ser uno mismo está representado por el Sol. La idea clave en esta fase del Sol es que te encuentras en condiciones de aceptarte plenamente. Has tomado conciencia de tus facetas sombrías y les has hecho un hueco. Aceptas las consecuencias de tus acciones y has forjado una identidad que no es ni rígida ni dogmática, pero eres capaz de adaptarte a las circunstancias cambiantes del mañana.

Una briosa flexibilidad se combina con la firmeza interior y se expresa en un enorme amor por la vida, ya que has aprendido a amarte a ti mismo. Esto no debe confundirse con el egoísmo. El Sol te enseña que, sólo con aceptarte y gustarte a ti mismo, eres capaz de valorar a los demás y apreciarles. Irradias felicidad y simpatía a causa del poder interior y la dicha que has acumulado. Hay algo juvenil en ti que desde luego no es inmadurez; por el contrario, en esta fase te das cuenta de tu responsabilidad como ser humano.

En sentido positivo, en la fase del Sol no te ofendes con tanta facilidad. Has acabado por conocer y aceptar tus puntos débiles, y reconoces que tienes rasgos difíciles que aún están por descubrir. Los comentarios despreciativos expresados por otras personas no te molestan indebidamente; ya no tienes esa tendencia a sentirte atacado, y puedes darte cuenta y aceptar con mayor facilidad cuando la gente proyecta sus propias deficiencias sobre ti. Y cuando las quejas o críticas tienen algo de cierto, eres capaz de reconocer el hecho y hacer algo al respecto. Es menos probable que te impliques en recriminaciones mutuas; tu conducta en los conflictos y peleas se equilibrará sin que te debilites.

Y por consiguiente el Sol es paradójico: tienes la fuerza interior para ser capaz de defender tus derechos y, en cierta medida, es natural que ocupes el centro del estrado, pero, al mismo tiempo, eres capaz de retirarte, dejar que los demás tomen protagonismo mientras tú te mantienes en el fondo, ya que no tienes la misma necesidad de demostrar algo. Tu actitud hacia cosas como la fama y el respeto es muy flexible: si se cruzan en tu camino, bien; si no, también está bien. Lo cierto es que te das demasiada cuenta de lo frágiles que son estas cosas y las obligaciones que acarrean. La fama y el respeto son huecos si no tienes oportunidad de expresarte a ti mismo, que es lo que quieres. Ahora te contentas con ser tú mismo.

El Sol representa calor y regocijo, y en cierto sentido también representa descanso. No del mismo modo que en la Estrella, donde la dirección general es más introvertida; aquí compartes de buena gana la vida con los demás. Debido al entusiasmo de esta energía, ves que todo lo que asumes ahora tiene una gran posibilidad de alcanzar el éxito siempre que seas fiel a la rectitud, la animación y la honestidad del Sol.

Si permaneces demasiado tiempo en la fase del Sol, la dicha interior se agotará gradualmente, para ser sustituida por la necesidad de demostrar quién eres y hacerse un hueco en el lugar predominante. Esto puede degenerar en una exhibición rimbombante de tu propia importancia, lo que resta oportunidades a los demás.

Mientras que el Sol positivo ocupa su lugar de forma casi automática y con carisma, el Sol negativo a menudo acaba enredándose en conflictos diversos relacionados con cuestiones como el poder y la autoridad. Y en vez de estimular a la gente, intenta volverlos dóciles y condescendientes. Sólo permites que brille tu luz; la de los demás tal vez se haya extinguido. En esta situación, el regocijo y la confianza en uno mismo se desvanecen y te conviertes en un «gritón» que no deja de expresar su inseguridad.

También hay otra faceta del Sol que puede hacer notar su presencia: la de la eterna juventud. Te conviertes en uno de los «estudiantes perpetuos» que elude aceptar responsabilidades, ya que insisten en que no se puede esperar nada de ellos en el momento actual, aunque siempre hablan de lo que lograrán algún día. Nunca te percatarás de tu potencial mientras te quedes en esta fase. Lo único que querrás hacer es disfrutar de la vida y que todo se haga según tus propios deseos. Esto produce una terquedad insufrible e inmadura, y una actitud muy exigente hacia los demás y la vida en general. Se echa de menos la verdadera vitalidad; nada parece divertido. Pero el Sol positivo imparte un enorme placer a todo lo que haces.

El Juicio – Carta XX

La alegría de vivir, como parte integrante del Sol, queda profundamente anclada en la psique con estímulos positivos y despierta nuevas sensaciones. Aunque podemos interpretar esto como una especie de sentimiento religioso, las palabras no sirven para expresar su ambiente y profundidad. Sean cuales fueren las circunstancias en las que te encuentras, sientes una gran gratitud por la vida y una profunda sensación de plenitud.

No sólo la mente nos hace saber que formamos parte de un todo superior: ahora experimentamos por dentro que la Madre Tierra y el cosmos se pertenecen el uno al otro, que todos somos uno. Esto nos libera de las cadenas de las trivialidades cotidianas, pero no impide nuestro funcionamiento. ¡Todo lo contrario! Puesto que hemos encontrado una manera de que nuestro inconsciente y nuestro cerebro consciente vivan en una interacción llena de vida, y hemos oído que entendemos el idioma del inconsciente, somos como el juguete para niños conocido como «muñeco bamboleante» o «el porfiado»: esto quiere decir que por mucho que nos empujen y perdamos el equilibrio, rápidamente recuperamos la serenidad.

El Juicio representa el deseo de preservar un vínculo flexible entre la mente consciente y el inconsciente, y automáticamente crea la necesidad de una perspectiva mucho más amplia. Además de la alegría de vivir y el agradecimiento por tu propia vida, también sientes un profundo respeto por todo lo que crece y medra, por la Tierra y por el Universo. Formas parte de ello y eres consciente de ese hecho. Una consecuencia obvia es que tomas conciencia del medio ambiente. Sabes sencillamente que lo que daña tu entorno y el mundo te daña a ti, aunque tu bolsillo no sufra directamente.

Esta sensación de totalidad libera una gran cantidad de energía: aunque sabes que aún eres humano y siempre debes seguir trabajando contigo mismo, intuyes la manera de abordar tus complejos y problemas con más eficacia. También da oportunidad a que talentos latentes salgan a la luz: cada vez están menos reprimidos por complejos del inconsciente.

En la vida cotidiana vemos la fase del Juicio emparejada con cambios positivos. Esto puede ocurrir en varios ámbitos diferentes, desde una promoción en el trabajo a nuevos puntos de vista sobre la vida. Pero hay más cosas aparte de las mejoras corrientes. Interiormente, has pasado por largos procesos, y lo que ahora está sucediendo lleva mucho tiempo latente bajo la superficie sin que tú seas consciente de ello. También pueden surgir nuevas aficiones y actividades muy significativas para ti, que te aportan un gran sentido de realización. Con frecuencia existen pequeños sucesos que desatan avances sumamente significativos. Ahora es posible que pequeñas cuestiones tengan grandes consecuencias cuando las cosas están a la espera de suceder y el tiempo es el propicio. Y este es el momento: el momento del Juicio.

Si te retrasas en la fase del Juicio, entonces el sentido de alivio que te reporta originalmente puede extinguirse; tenderás a desconfiar de los avances y oportunidades en vez de recibirlos con los brazos abiertos. El Juicio es una revisión de lo que has hecho hasta ahora en la vida, y tu recompensa consiste en llevarte tu merecido.

En un sentido negativo, tú, tú mismo, empiezas a emitir juicios como si dispusieras del monopolio de la sabiduría. Pontificas sobre principios morales, sobre el bien y el mal, y corres el riesgo de volverte cada vez más dogmático. Lo que era muy liberador y espiritual se transforma en presiones y ansiedad. Proyectas tu descontento sobre el mundo exterior y lo condenas como malo, pecaminoso o inmoral; y no ves que tus propios hechos por comisión u omisión tienen consecuencias muy perjudiciales para los demás.

Otra expresión negativa del Juicio es que te niegas a cambiar. Cuando el Juicio te coloca en el camino propicio para ti, pareces no sentirte inclinado a tomar ese camino, sino a hacer todo lo posible para salir de él. Estás decidido a no transformarte, y no quieres tener nada que ver con cualquier unión que suene a mística. O si no, sacas las cosas de quicio a causa de algún dogma, o las descartas con explicaciones «lógicas», y caes en una actitud de negación de la vida que te aparta de cualquier sentido de unión con el cielo, la tierra, o incluso con otros seres humanos. Resulta inevitable una visión limitada y una perspectiva del mundo estrecha de miras.

Mientras que la expresión negativa del Juicio nos produce la ilusión de que nosotros sabemos mejor que nadie lo que pasa y adoptamos nuestra postura como «gran padre» o «gran madre» fuera de toda crítica, en su expresión positiva sabemos que nos mueve la Madre Tierra o el Padre Cielo, de quienes somos una parte unificada. Dejamos de ser sentenciosos, ya que la relación se basa en el respeto y en la tolerancia interior y sentido moral, valores que sabemos que cada uno tiene que descubrir por sí mismo.

Cuando llegas a este punto, la cuestión importante es: «¿Te atreves a trasladar esta nueva dimensión a la vida cotidiana?». Si es así, observarás que tú y la vida estáis dando vueltas en una danza cósmica: la carta del Mundo.

El Mundo – Carta XXI

Esta carta describe a un individuo andrógino (masculino y femenino a la vez) bailando al ritmo de la vida. Un individuo completo que sabe qué quiere decir disponer de su propio lugar en el esquema de las cosas; un individuo, también, que no permite que el éxito se le suba a la cabeza sino que se mantiene en un puesto discreto, y no obstante se niega a que el dolor y los reveses le dejen fuera de juego. El Mundo toma la vida como viene y le parece bien. Hay un tiempo para cada cosa: veinticuatro horas abarcan tanto el día como la noche, y la vida tiene sus momentos sombríos y luminosos, hay tiempos duros y tiempos fáciles. Deben aceptarse todos; todos tienen su sitio.

En la fase del Mundo ya no damos por sentado que todo

tendría que salir bien. La vida fluye, sí, y formamos parte de ella, pero no todo lo que queremos es bueno para nosotros, y hemos experimentado que lograr cosas a cualquier precio no nos hace felices. Tal vez hayamos alcanzado algún objetivo externo, pero esto no garantiza que se hayan satisfecho las necesidades de nuestra personalidad interna, la verdadera, o de nuestro verdadero camino.

El Mundo es capaz de asimilar la vida sin esfuerzo y adaptarse al ritmo de la vida y seguirlo (pero, aun así, sin perderse en él). En la fase del Mundo sabemos, o simplemente intuimos, cuándo enredarnos en una planificación activa y cuándo esperar nuestra oportunidad; nos guiamos por lo que «nos parece bien». No se trata de fatalismo, sino de una implicación positiva y profunda en la vida. Hemos aprendido que hay fuerzas más poderosas que las del yo y su voluntad, y que en la vida a veces participan otros jugadores, por el momento desconocidos por nosotros, que esperan entre bastidores.

Puesto que estamos de acuerdo con la vida, esto no lo experimentamos como un ataque sorpresa o como una derrota cuando sucede algo inesperado; sentimos que somos arrastrados con la corriente de los acontecimientos por una Sabiduría superior. La vida fluye con plenitud, e incluso cuando nos lleva a circunstancias distorsionadas, somos capaces de sentir el dolor y gritar abiertamente sin perder el contacto con nuestra fuente profunda.

Ahora no importa tanto si eres un varón o una mujer. Dado que hay una cooperación positiva con el Mundo, un hombre puede entrar en un contacto útil con su lado femenino (su *anima*, en terminología junguiana), y puede dar al mundo de las emociones y de lo intuitivo un lugar natural y evidente por sí solo en la vida. Desaparece el comportamiento taciturno e irritable.

Una mujer en esta fase es capaz de dar forma a su propia identidad e independencia, y sentirse completa sin exagerar su papel y sin ser dura. Experimenta su poder creativo, pero sin sentir la necesidad de ponerse en guardia ante el mundo masculino con un espíritu de rivalidad. Su poder creativo e independencia son su herencia como ser único, y puede configurarlos a su propia manera. Ha desaparecido la inseguridad, ya no recurre a encontrarles defectos a los demás ni a emitir juicios severos. En un sentido junguiano, se ha producido una conjunción con el *animus*.

Con esta carta, a veces puedes tener una sensación intensa de unidad, que tal vez quede mejor descrita como conciencia cósmica. El sentimiento es tan poderoso que puede continuar inspirándote una vez que ha desaparecido.

Si insistimos en no movernos (lo cual sería como tomar un falso camino, ya que el Mundo no es una fase terminal), nuestra capacidad inicial de adaptación se transformará en una falta de iniciativa y la tendencia a dejar las cosas como están. Evitamos tomar medidas y asumir cualquier responsabilidad por ello, o lo achacamos a las circunstancias que se escapan a nuestro control. Afirmar que «así funciona el mundo» es una forma de rendición.

Otras manifestaciones son la pereza, la incapacidad de ver la salida donde iniciar una nueva aventura o hacer algo creativo. En varios momentos he visto esta carta tirada por niños adictos a los videojuegos: viven en un mundo de fantasía (en un mundo de realidad virtual, como tan bien se denomina), ya no hacen nada creativo y son incapaces de resistirse a la tentación de la pasividad. Su adicción les aparta cada vez más de un contacto satisfactorio con la vida cotidiana. Si te atascas en esta fase, las trivialidades se vuelven importantes y puedes involucrarte en chismorreos e intrigas. Otra expresión negativa del Mundo es una búsqueda egoísta del placer, en la que el aspecto de la unidad positiva se convierte en su opuesto. De pronto somos perfectamente capaces de dar sermones píos mientras malversamos los fondos de nuestra organización religiosa.

El Mundo completa un ciclo. Podemos danzar con regocijo por la vida. La carta del Mundo también es un indicativo del impulso que mueve nuestra necesidad de ser independientes de los estímulos externos y de encontrar la felicidad, la realización y la plenitud interior. Es la necesidad de encontrarnos a nosotros mismos y ser nosotros mismos.

8
El Tarot y la astrología

¿Podemos emplear las cartas del Tarot en un sentido astrológico? En muchos libros de Tarot, y en las propias cartas de algunas barajas, se asignan ciertos naipes a un planeta o signo, y a veces a un aspecto planetario o a un planeta en un signo. Sin embargo, no hay una opinión unánime sobre el sistema que haya que seguir, y se han planteado dudas sobre si es factible traducir el Tarot y la astrología el uno al idioma del otro.

Para poder compararlos, vamos a confeccionar una lista en la que podamos cotejar los elementos de ambos sistemas mánticos.

Astrología

La astrología nos presenta doce signos, que sirven como telón de fondo para los planetas. Muestran los ámbitos en los que operan los planetas. Los propios planetas son modelos de predisposiciones y reacciones psíquicas. En la carta astral aparecen conectados por aspectos (ángulos entre los planetas). El círculo del zodiaco se divide además en doce secciones llamadas «casas». Éstas denotan las zonas de la vida en las que se canalizan las energías de los planetas o, en otras palabras, los modelos de predisposición (planetas) que estamos utilizando para dar forma a ciertos campos específicos (casas).

Los doce signos del zodiaco representan doce fases sucesivas de desarrollo; su naturaleza es por completo diferente de la de los planetas, que expresan energías y deseos de gran intensidad. Los planetas inician la acción, algo que apenas es aplicable a los signos, y aún menos a las casas.

El horóscopo en conjunto refleja nuestro potencial y nuestra individualidad única. Los elementos del horóscopo no tienen el mismo significado ni la misma dinámica que las cartas de los Arcanos Mayores y Menores.

El Tarot

El Tarot se divide en los Arcanos Mayores y Menores. Los Arcanos Mayores representan nuestra dinámica y procesos internos que, como ya hemos visto, son comparables al mítico Camino del Héroe. Todas las cartas de los Arcanos Mayores son dinámicas y reflejan tanto los procesos vitales como las fases de la vida asociadas a ellos. Los Arcanos Menores revelan la manera en que operan estos procesos (o ya han operado) en el día a día. Sirven para precisar el significado de los Arcanos Mayores. Los Arcanos Menores se dividen en cuatro series, los cuatro palos, cada uno de los cuales refleja un aspecto específico de la vida humana. Cada palo se subdivide en diez cartas numeradas y cuatro cartas cortesanas, y éstas, a su vez, tienen su propio significado. Se trata de una división muy diferente y también de una imagen muy diferente de las ofrecidas por la astrología. Sólo tenemos que poner bajo el microscopio unos cuantos aspectos astrológicos atribuidos al Tarot para ver los problemas que se plantean cuando intentamos combinar los dos sistemas.

La siguiente lista muestra la manera en que diferentes autores han considerado las correlaciones astrológicas de los naipes de los Arcanos Mayores. Utilizaremos a Banzhaf (véase Hajo Banzhaf, *The Tarot Handbook*),* Crowley (véase Aleister Crowley, *The Book of Thoth: A Short Essay on the Tarot of the Egyptians*), Masino (véase Marcia Masino, *The Easy Tarot Guide*), Muchery *(Le Tarot divinatoire)*, Papus (véase Papus, *The Tarot of the Bohemians*), Thierens (véase A. E. Thierens, *The General Book of the Tarot*) y Wirth (véase Oswald Wirth, *The Tarot of The Magician*). Como veréis, no todo el mundo está de acuerdo.

* En castellano puede verse de este autor *Aprenda a consultar el tarot*, Edaf, Madrid, 1992, y *Guía de los tarots*, Edaf, Madrid, 1995. *(N. del E.)*

0 – EL LOCO
- Banzhaf: Urano/Mercurio
- Crowley: Aire
- Masino: Urano
- Muchery: Luna/Cáncer
- Papus: ninguna
- Thierens: Plutón
- Wirth: ninguna

I – EL MAGO
- Banzhaf: Sol y Mercurio
- Crowley: Mercurio
- Masino: Mercurio
- Muchery: Sol/Leo
- Papus: ninguna
- Thierens: Aries
- Wirth: Tauro

II – LA SUMA SACERDOTISA
- Banzhaf: Luna
- Crowley: Luna
- Masino: Luna
- Muchery: Luna/Cáncer
- Papus: Luna
- Thierens: Tauro
- Wirth: ninguna

III – LA EMPERATRIZ
- Banzhaf: Venus en Tauro
- Crowley: Venus
- Masino: Venus
- Muchery: Mercurio/Géminis
- Papus: Venus
- Thierens: Géminis
- Wirth: ninguna

IV – EL EMPERADOR

Banzhaf:	Sol en Capriconio
Crowley:	Aries
Masino:	Aries
Muchery:	Venus/Tauro
Papus:	Júpiter
Thierens:	Cáncer
Wirth:	Virgo

V – EL HIEROFANTE

Banzhaf:	Sol en Sagitario
Crowley:	Tauro
Masino:	Tauro
Muchery:	Júpiter/Sagitario
Papus:	Aries
Thierens:	Leo
Wirth:	Aries

VI – LOS AMANTES

Banzhaf:	Venus/Júpiter y Venus/Marte
Crowley:	Géminis
Masino:	Géminis
Muchery:	Mercurio/Virgo
Papus:	Tauro
Thierens:	Virgo
Wirth:	Sagitario

VII – EL CARRO

Banzhaf:	Aries
Crowley:	Cáncer
Masino:	Cáncer
Muchery:	Venus/Libra
Papus:	Géminis
Thierens:	Libra
Wirth:	ninguna

VIII – LA FUERZA
Banzhaf:	Leo
Crowley:	Libra
Masino:	Leo
Muchery:	Marte/Escorpión
Papus:	Marte
Thierens:	Escorpión
Wirth:	Libra

IX – EL ERMITAÑO
Banzhaf:	Saturno en Acuario
Crowley:	Virgo
Masino:	Virgo
Muchery:	Júpiter/Sagitario
Papus:	Leo
Thierens:	Sagitario
Wirth:	ninguna

X – LA RUEDA DE LA FORTUNA
Banzhaf:	Saturno
Crowley:	Júpiter
Masino:	Júpiter
Muchery:	Marte/Escorpión
Papus:	Virgo
Thierens:	Capricornio
Wirth:	Capricornio

XI – LA JUSTICIA
Banzhaf:	Júpiter/Marte y Venus en Libra
Crowley:	Leo
Masino:	Libra
Muchery:	Marte/Aries
Papus:	Cáncer
Thierens:	Acuario
Wirth:	Leo

XII – EL COLGADO
Banzhaf:	Piscis y Sol en la casa duodécima
Crowley:	Agua
Masino:	Neptuno
Muchery:	Júpiter/Piscis
Papus:	Libra
Thierens:	Piscis
Wirth:	ninguna

XIII – LA MUERTE
Banzhaf:	Saturno en la octava casa
Crowley:	Escorpión
Masino:	Escorpión
Muchery:	Saturno/Acuario
Papus:	ninguna
Thierens:	Saturno
Wirth:	ninguna

XIV – LA TEMPLANZA
Banzhaf:	Venus
Crowley:	Sagitario
Masino:	Sagitario
Muchery:	Saturno/Capricornio
Papus:	Escorpión
Thierens:	Mercurio
Wirth:	Acuario

XV – EL DIABLO
Banzhaf:	Plutón
Crowley:	Capricornio
Masino:	Capricornio
Muchery:	Venus/Libra
Papus:	Sagitario
Thierens:	Marte
Wirth:	ninguna

XVI – LA TORRE

Banzhaf:	Urano/Saturno
Crowley:	Marte
Masino:	Marte
Muchery:	Venus/Tauro
Papus:	Capricornio
Thierens:	Urano
Wirth:	Escorpión

XVII – LA ESTRELLA

Banzhaf:	Júpiter en la undécima casa
Crowley:	Acuario
Masino:	Acuario
Muchery:	Mercurio/Géminis
Papus:	Mercurio
Thierens:	Venus
Wirth:	Piscis

XVIII – LA LUNA

Banzhaf:	Luna en Escorpión y Sol en la octava casa
Crowley:	Piscis
Masino:	Piscis
Muchery:	Luna/Cáncer
Papus:	Acuario
Thierens:	Luna
Wirth:	Cáncer

XIX – EL SOL

Banzhaf:	Sol en la quinta casa
Crowley:	Sol
Masino:	Sol
Muchery:	Sol/Leo
Papus:	Géminis
Thierens:	Sol
Wirth:	Géminis

XX – EL JUICIO

Banzhaf:	Júpiter/Urano y Sol en Acuario
Crowley:	Fuego
Masino:	Plutón
Muchery:	Mercurio/Virgo
Papus:	Saturno
Thierens:	Júpiter
Wirth:	ninguna

XXI – EL MUNDO

Banzhaf:	Júpiter en Piscis en aspecto armonioso con Saturno
Crowley:	Saturno
Masino:	Saturno
Muchery:	Sol/Leo
Papus:	ninguna
Thierens:	Neptuno
Wirth:	ninguna

Lo anterior no es más que una muestra de las diversas atribuciones que podemos encontrar. Hay más autores y aún más diferencias. También hay puntos de conformidad: podemos ver que las atribuciones de Masino son casi siempre las mismas que las de Crowley. No obstante, aunque Crowley no estaba vinculado a un sistema, Masino sí que seguía uno. Él, como Thierens, empareja las veintidós cartas de los Arcanos Mayores con los doce signos y los diez planetas. Crowley asignó los significados de los elementos astrológicos a tres de las cartas.

En este sentido, Masino diverge de Crowley con objeto de preservar las correspondencias entre los signos y los planetas. Otros autores, como Papus, en algunos casos no asignan ninguna atribución. Tampoco ofrecen una explicación satisfactoria al respecto. O bien lo dejan en blanco o ponen «ninguna afinidad».

Como observará el lector, la cuestión de las atribuciones es obviamente complicada. Si estudiamos con más atención algunas de ellas, comprobaremos por qué no hay consenso de opinión.

- *Ejemplo 1: la Suma Sacerdotisa*

En nuestro repaso parece existir cierta dosis de conformidad acerca de la atribución de la Suma Sacerdotisa: un autor no mencionaba ninguna atribución, otro asignaba Tauro, y cinco autores designaban la Luna.

La Suma Sacerdotisa pasa por ser una carta yin perfectamente serena. Representa una profunda receptividad y pasividad total, y nos devuelve a nuestras emociones; no nuestras emociones pasadas, sino la profundidad, la infinitud en nosotros. En esta carta no existe ningún movimiento, a excepción del agua que fluye desde sus faldas. Esta agua está conectada con el mar que se esconde tras el velo de la Suma Sacerdotisa: este es su secreto. Es un principio yin infinito, que se sitúa en el principio de nuestro desarrollo emocional y promete que, si estamos preparados para hacer en nuestra vida un hueco a nuestro lado yin receptivo, finalmente encontraremos la armonía con el infinito y con el inconsciente: el mar.

Qué diferente es el signo de Tauro, atribuido a esta carta por Thierens (y también por otros autores no mencionados en nuestro repaso). Hay que admitir que una persona Tauro puede mostrar cierta dosis de pasividad; incluso algunos libros populares manifiestan que ha nacido cansado (aunque sea capaz de trabajar muy duro y durante mucho tiempo); pero el significado básico de la Suma Sacerdotisa no está representado en absoluto por Tauro.

Hajo Banzhaf ofrece como correspondencia astrológica de la Suma Sacerdotisa «la Luna, como la expresión de nuestra conciencia lunar, la intuición y el poder de nuestras fuerzas inconscientes». Dudo que esta descripción de la Luna se ajuste a la interpretación astrológica habitual. En la lectura de cartas astrales, la Luna tiene que ver sobre todo con los modelos inconscientes de comportamiento, que adoptamos de forma inconsciente para volver a sentirnos bien cuando nos sentimos incómodos o turbados.

La intuición se atribuye normalmente a otros factores del

horóscopo, como el elemento Fuego cuando se habla de intuición del tipo junguiano, o a Urano cuando tiene que ver con instantes de puro discernimiento. Pero la Luna no expresa con precisión el contenido de la carta de la Suma Sacerdotisa. Aunque la Luna representa las cualidades yin y refleja la luz del Sol, también tiene ciertos lados activos y formas de expresión, una faceta que está ausente por completo en la Suma Sacerdotisa. Aún más, los patrones de conducta inconsciente no forman parte de la Suma Sacerdotisa.

- *Ejemplo 2: el Diablo*

La carta del Tarot, el Diablo, representa un deseo casi irresistible de entregarse a apetitos de todo tipo en los ámbitos más diversos. Pueden ir de los anhelos sexuales a una ambición de poder, de la codicia a un afán de ostentación. El tema central es una concentración en los propios anhelos sin considerar las consecuencias para los demás; los «demás» pueden ser sacrificados en el proceso cuando sea necesario. A menudo es algo que sucede de forma no intencionada, ya que, por norma, este tipo de conducta no nos satisface, como tampoco los extremos a los que nos conduce.

Nuestra conducta puede ser una sobrecompensación de factores del pasado. Puede ir asociada a cierta fase juvenil (¡pubertad!) en la que la afirmación de uno mismo y el egoísmo son, con cierta moderación, mecanismos psíquicos que nos permiten diferenciarnos de los demás; probando y equivocándonos aprendemos a explorar y mantener nuestra identidad. El Diablo siempre es una confrontación con el yo, y sobre todo con las cosas que aún no vemos o que preferiríamos no conocer acerca de nosotros mismos. Nuestras represiones y los rasgos menos éticos del carácter salen a la superficie en la fase del Diablo con objeto de que les hagamos frente, los enderecemos y los integremos.

Considerando ahora las atribuciones astrológicas de nuestra lista, vemos Plutón una vez, Capricornio dos veces, Venus en Libra una vez, Sagitario una vez y Marte también una vez. Wirth no establece ninguna atribución.

Cualquiera que sepa algo de astrología sabe que las diferencias entre Plutón y Venus y entre Capricornio y Sagitario son abismales, por mencionar sólo dos ejemplos. Cuando se trata de una confrontación con la Sombra, el Diablo sin duda puede compartir algún aspecto de Plutón. Pero, en astrología, Plutón, como dios del otro mundo, es la fuerza que nos abruma de problemas mediante estallidos o crisis muy fuertes. Plutón es una fuerza en transformación, el fénix que surge de las cenizas. Se encuentra en una escala que se sitúa más allá del control humano.

Por establecer un símil: si Marte es un delincuente común, Plutón es la Mafia. Psicológicamente, Plutón es la imagen de una erupción volcánica: se crea una gran cantidad de desorden acompañada de gran violencia y escenas de destrucción, pero, en lo profundo de la tierra, en esas áreas precisas, se forman las gemas más preciosas.

Por consiguiente, Plutón es más que una confrontación con nuestra Sombra. Con toda seguridad, es un mecanismo que nos ayuda a sacar a la luz esto último, aunque no hacemos justicia a Plutón al equipararlo al Diablo. Esa carta no tiene nada que ver con crisis; he conocido a gente que la ha sacado y han tenido «un miedo del Diablo» durante años, sin dar ninguna muestra de crisis. Con Plutón, esto no habría sido posible.

De esta suerte podemos decir que Plutón presenta rasgos de los que carece el Diablo, pero, igualmente, el Diablo presenta rasgos que no posee Plutón. ¡Porque, en sí mismo, Plutón no representa nuestra naturaleza anhelante!

En esencia, Plutón es una necesidad imperiosa de crecimiento y transformación, y, de hecho, nos enfrenta al efecto inhibidor que actúa sobre nuestro crecimiento psíquico y que busca únicamente la gratificación personal.

El signo de Capricornio no es un impulso o energía psíquica sino un trasfondo para los planetas en astrología. Capricornio encierra una idea, la idea de la identidad, la organización y la estructura, tal como aparecen en las normas y reglamentaciones. También es el signo de los métodos y obligaciones, o la perseverancia y el ascenso social. Sinceramente, encuentro poco en común entre Capricornio y el Diablo, a menos que se suponga que vemos al Diablo únicamente como un macho cabrío.

El mismo problema de falta de coherencia en los significados surge con Venus/Libra y con Sagitario. Marte parece una perspectiva más aceptable: el planeta estimula la irreflexión a la hora de hacer aquello con lo que disfrutamos sin advertir que herimos los sentimientos de los demás. Pero Marte muestra un espíritu pionero, iniciativa y acción, características que no representa la carta del Diablo. Y Marte en cuanto planeta del deporte competitivo es incluso menos parecido al Diablo.

Lo miremos como lo miremos, el Diablo no puede emparejarse con ninguno de los indicadores astrológicos anteriores. Los intentos de emparejarlo con otros factores astrológicos aún son menos satisfactorios.

Podemos examinar todas las cartas de los Arcanos Mayores una a una y analizar minuciosamente todas las atribuciones astrológicas. Sólo se puede llegar a una conclusión: los conceptos astrológicos no van paralelos a los del Tarot; a veces se superponen parcialmente y a veces no se superponen lo más mínimo. Da la impresión de que algunos indicadores astrológicos son sugeridos por el diseño de la carta, como hemos visto al asignar el signo de Capricornio al Diablo, ya que ambos llevan símbolos del macho cabrío. Si contemplamos el Tarot de Marsella, en la carta del Sol descubriremos dos niños que parecen gemelos. ¡Por lo tanto podríamos pensar que en esta carta encontramos una referencia astrológica tanto a Géminis como al Sol!

Algunos autores atribuyen también varios factores astrológicos a las cartas de los Arcanos Menores. Por ejemplo, encontramos el As de Pentáculos vinculado astrológicamente a Venus en la segunda casa, y así sucesivamente. Aunque me identifico con los intentos de combinar la astrología con el Tarot, debo expresar objeciones a esta forma de trabajar.

En primer lugar, cuando se hacen atribuciones de modo indiscriminado tanto a los Arcanos Mayores como a los Menores (pues ¿qué diferencia en importancia hay entre el Sol en la quinta casa para la carta del Sol, y Venus en la segunda casa para el As de Pentáculos?), una tiene la impresión de que los Arcanos Mayores y Menores se valoran del mismo modo a la hora de interpretarlos, puesto que no hay diferencia cuando se trata de considerar los factores astrológicos.

En el Tarot, las cartas de los Arcanos Mayores son en esencia más penetrantes (más arquetípicas) que las de los Arcanos Menores, como bien sugiere su propio nombre. Otra objeción sería que con los Arcanos Menores no se abarcan todos los significados.

No obstante, los Arcanos Menores sí que conectan con la astrología de otro modo. La cuádruple división, los cuatro palos, pide a gritos que se la empareje con el cuarteto universal, los cuatro elementos. Es algo que se ha hecho de diversas maneras; pero, hasta el momento, no existe un acuerdo general.

Thierens ofrece las siguientes atribuciones:

Varas	=	Aire (corresponde a los Tréboles);
Pentáculos	=	Fuego (corresponde a los Corazones);
Espadas	=	Tierra (corresponde a las Picas);
Copas	=	Agua (corresponde a los Diamantes).

En otros autores también encontramos estas atribuciones:

Varas	=	Fuego;
Pentáculos	=	Tierra;
Espadas	=	Aire;
Copas	=	Agua.

Sólo las Copas mantienen la misma atribución; el resto difiere de forma considerable. Sobra decir que esto supone consecuencias importantes en relación con las interpretaciones y significados de las cartas. ¿Quién tiene razón? Ya sabemos que la opinión de un autor siempre es una proyección de sí mismo. Para Thierens, con antecedentes teosóficos conocidos, el tema «tierra» o «materia sólida» tenía que ver con cosas pesadas y problemas, algo que podía desconcertarnos con facilidad en nuestro viaje a la espiritualidad.

Sin embargo, otras personas encuentran una analogía entre

los Pentáculos (u Oros) y el mundo físico concreto. Establecer una conexión entre los Oros y el elemento Tierra, que va asociado a los sentidos, es por consiguiente un paso lógico. Personalmente, he obtenido excelentes resultados al aplicar la segunda serie, en la que las Varas (Bastos) reflejan una idea de Fuego, las Espadas, un tema de Aire, los Pentáculos, una afinidad con la Tierra, y las Copas se relacionan con el Agua.

Soy cauta a la hora de pensar en ello como «relaciones», ya que incluso en este caso no existe un acuerdo completo entre las características de los elementos astrológicos y las de los palos de los Arcanos Menores. Por ejemplo: las Espadas producen una impresión predominantemente de algo «difícil», y con frecuencia van unidas a problemas. Las rodea una atmósfera de disputa, lo que normalmente es indicativo de que se presentarán asuntos difíciles de resolver cuando aparezcan en una tirada.

La astrología no conoce elementos difíciles o fáciles. Cada elemento representa cierta función de la mente consciente (que puede ir unida a las cuatro funciones de la psicología junguiana), y cada función presenta sus ventajas y desventajas, sus oportunidades y sus riesgos. Por consiguiente, con toda seguridad, se da una concordancia sustancial entre los cuatro palos de los Arcanos Menores y los cuatro elementos astrológicos, pero no debemos considerarla como una identidad.

Hasta la fecha, no he encontrado ningún intento fructuoso de fusión de la astrología y el Tarot, ni he visto que alguien fuera capaz de intercambiar sus simbolismos de una manera que «funcione». Tal vez podríamos contemplar el asunto desde un ángulo por completo novedoso.

Una perspectiva interesante desde la cual abordar este problema es la que ofrece la psicología de C. G. Jung. Los practicantes de la astrología, el Tarot y otros sistemas que emplean simbolismos hablan de modo muy favorable de los arquetipos de Jung. Normalmente se piensa que los arquetipos son, para entendernos, imágenes latentes que existen en el inconsciente, que pueden desarrollarse de formas diferentes. Existe el concepto erróneo muy extendido de que los arquetipos están organizados con meticulosidad y que, como si de «casillas» independientes se trataran, cada uno está identificado con su propio nombre y se encuentra a la espera de que alguien lo abra.

Desde este punto de vista —incorrecto— sería lógico que cada sistema mántico dependiera en última instancia de las mismas «casillas», y que, en cierta medida, fuera posible traducir estos sistemas a los idiomas de otro, ya que su simbolismo tendría que ser intercambiable. No sólo se ha comprobado que esto suscita dificultades insuperables y que, normalmente, en la práctica no funciona (como ya he demostrado en relación con las atribuciones astrológicas del Tarot), pero es que, además, la psicología junguiana no respalda esta idea. No tenemos pequeñas imágenes ni casillas en nuestro inconsciente organizadas formando una hilera perfectamente ordenada. Nuestro inconsciente oculta experiencias riquísimas, tenemos un fondo increíble de «conocimiento» que nos permite manejar situaciones muy diferentes de forma instintiva y del modo adecuado. Los arquetipos de nuestro inconsciente actúan como reguladores. Quedan mejor descritos como nuestra manera innata de percibir, concebir y comprender. Igual que el bebé recién nacido «sabe» de inmediato que tiene que mamar del pecho de su madre en cuanto lo ve y lo siente, de igual modo nosotros «sabemos» de forma inconsciente e instintiva qué es lo que tenemos que hacer en situaciones humanas generales de todo tipo.

La importancia de esto es crucial. En el bebé de nuestro ejemplo, hablamos del «arquetipo de la madre» que cobra vida en el niño en cuanto ve y siente a su madre. El niño proyecta su conocimiento interior sobre la madre y responde de modo «automático».

Pero el arquetipo también forma imágenes. Los arquetipos que aparecen en los sueños adoptan el simbolismo apropiado, es decir, el simbolismo que se adapta a nuestra situación y nos ayuda a comprendernos mejor a nosotros mismos y nuestras circunstancias. El símbolo expresa el arquetipo en ciertas imágenes, y cada arquetipo ofrece una gama tremenda de posibilidades al respecto. Por consiguiente, en un sueño, el arquetipo de la madre puede aparecer literalmente como una madre, tal vez como nuestra propia madre, pero además como una cueva, como agua, como un árbol cargado de frutas, como una bruja, como la virgen María, etc. La opción de la imagen para el inconsciente depende por completo de nuestra situación psíquica en el momento y de lo que quiera decir el inconsciente con esa imagen en el preciso momento en que tiene lugar el sueño.

Muchas personas piensan que una imagen dada sólo puede pertenecer a un solo arquetipo. Pero éste no parece ser el caso. Un árbol, por ejemplo, como objeto erecto, puede tener una significación fálica y masculina, pero, por su vegetación y fruto, también puede tener una significación femenina. Depende mucho del contexto.

Pero también debemos tener presente que aún existen cosas más incomprensibles en el inconsciente, y una sola imagen puede pertenecer a varios arquetipos diferentes. Los arquetipos además pueden estar interconectados e influirse entre sí. Guggenbühl escribió en una ocasión que nuestros sueños son como teatros en los que los arquetipos ofrecen representaciones y se comunican unos con otros.[1]

Incluso es posible que se trate de un símbolo complejo que implique una asociación de varios arquetipos. Especialmente en cosas como el Tarot, donde cada carta presenta un tapiz de símbolos, existen muchas probabilidades de que tengamos que enfrentarnos a la interacción de muchas facetas inconscientes, los arquetipos. Y la influencia recíproca de los arquetipos en una sola carta sin duda no tiene por qué ser la misma interacción en un factor astrológico dado.

Personalmente, tengo la impresión de que los factores astrológicos, los componentes del horóscopo, están menos «mezclados» que las cartas del Tarot; y lo digo sin valoración alguna de que una cosa sea «mejor» o «peor» que la otra. Desde mi punto de vista, el Tarot y la astrología son diferentes en esencia: son proyecciones de contenidos diferentes del inconsciente que, surjan o no combinados, no por ese motivo son intercambiables.

Lo mismo es aplicable a las diferentes formas de astrología: la astrología azteca y la occidental o la hindú tampoco son con-

---

1. Adolf Guggenbühl-Craig, *Eros on Crutches: Reflections on Amorality and Psychopathy*, Spring Publications, Irving (Tejas), 1980, p. 79.

ceptos intercambiables, pero los resultados de estos sistemas distintos señalan una misma dirección. Es por ello que, tras veinte años de investigación y experimentación, he dejado de intentar traducir el Tarot y la astrología el uno al idioma del otro.

Lo que nos queda es la posibilidad de combinar dos métodos particularmente valiosos siempre que les permitamos hablar por sí solos. Precisamente, el hecho de que sean tan diferentes les permite complementarse el uno al otro a las mil maravillas. En numerosas ocasiones, cuando alguien ha recurrido a la astrología horaria para dar respuesta a una pregunta, le he pedido que también tire las cartas del Tarot, y ha sucedido con regularidad que las tendencias en la carta astral presentaban paralelismos con las de la tirada del Tarot.

Pero, debido a las diferencias en la composición de los símbolos, las cartas del Tarot pueden ofrecer una información adicional cuando la astrología no nos dice nada, mientras que la astrología puede revelar asociaciones y pautas temporales que darán la debida perspectiva al Tarot.

9
Trabajar con las cartas

Algunos lectores del Tarot crean un gran misterio a la hora de trabajar con las cartas. Nos advierten que no dejemos nunca nuestras cartas a nadie, o nos dicen que los naipes no funcionarán a menos que los guardemos envueltos en una tela de seda. Esto tiende a dar un aura mágica al Tarot, pero, normalmente, en la práctica carece de sentido. A mí no me importa que alguien coja y examine mis cartas, y llevo la baraja conmigo de formas diversas: a veces envuelta en un pañuelo para que las cartas se conserven limpias, a veces en una bolsa de plástico si por ejemplo está lloviendo. Después de usarlas, se quedan tiradas encima de mi escritorio. En pocas palabras, no son más que instrumentos, como la pluma con la que escribo. Nunca he advertido ninguna repercusión adversa por tratar las cartas de esta manera.

No obstante, puedo entender las ideas que sustentan estas normas obsoletas. Ciertamente es importante, cuando se trabaja con el Tarot (y con otros métodos mánticos como el I Ching, la geomancia, etc.), encontrarse en un estado mental tranquilo y relajado a la vez que concentrado. Si se tratan con respeto las cartas y se observa cierto ritual, uno a menudo entra en un estado muy diferente a la agitación y las prisas de la vida cotidiana. Por consiguiente, si sientes esa necesidad, puedes desarrollar tus propios rituales a la hora de manejar las cartas, pero, insisto, que quede claro que no hay por qué mantener normas estrictas e inquebrantables. Trata tu baraja del modo que te haga sentir más cómodo. Este es el consejo más importante que puedo dar acerca del tema.

Que todo salga correctamente a la hora de tirar e interpretar las cartas depende en gran medida de tu estado psicológico. Si te embarga alguna emoción fuerte, te encontrarás inquieto, y esto se reflejará en las cartas. Con frecuencia, en estas ocasiones, saldrán cartas que no son tanto una respuesta a la pregunta como una medida de la intensidad de tu emoción. Ten también presente que si te fuerzas a ti mismo a sentarte y plantearte una pregunta, el efecto será parecido. Si «haces todo lo posible» para concentrarte en la pregunta hasta el punto de excluir por completo cualquier otro pensamiento, te estarás poniendo restricciones. Al tirar las cartas, los resultados son normalmente mejores cuando tu interés por el tema no es tan trascendental y, por lo tanto, te dejas llevar por él con más flexibilidad. La rabia, el miedo y también el estado de enamoramiento descontrolado son estados mentales que es mejor evitar. El problema es que precisamente cuando te encuentras en estos estados mentales es cuando más necesidad tienes de descubrir «cómo van a ir las cosas». Es mejor calmarse primero y dejar las cartas hasta que te sientas más tranquilo contigo mismo.

Y esto nos lleva a otro punto que a menudo da pie a malentendidos: ¿qué preguntas se pueden plantear? En principio, puedes hacer cualquier pregunta en la que tú tengas cierta implicación, bien con el tema bien con la persona. Siempre son válidas las preguntas sobre uno mismo. Las preguntas referentes a otras personas pueden acarrear complicaciones, aunque en la práctica parezcan aceptables. Es importante no olvidarse de esto: si planteas una pregunta sobre terceras personas con las que no tienes nada que ver en la vida cotidiana, corres el riesgo de recibir una respuesta que carezca por completo de significado, e incluso que sea engañosa.

Cabe la posibilidad de que la respuesta sea un reflejo de los motivos que escondes tras tu consulta. Las preguntas acerca de celebridades a las que no conoces personalmente (como, por ejemplo: «¿Está manteniendo un romance la estrella X con fulano o con fulana?») no son asunto tuyo y no recibirán una respuesta satisfactoria. Un hombre me pidió en una ocasión que respondiera a una pregunta de este tipo y salió el Diablo. Este era precisamente el motivo de que planteara la pregunta: una actitud bastante provocadora y ególatra que él expresaba oponiéndose a lo que surgiera en su camino, con una postura «tú no eres capaz de hacer eso» y «a ver, demuéstramelo». Por consiguiente, la carta no tenía nada que revelar acerca del tema planteado por la pregunta.

Pero si estás implicado con la persona sobre la que se ha planteado la pregunta y si estás directa o indirectamente involucrado en la actividad o situación concerniente, entonces hay muchas más posibilidades de obtener una respuesta significativa. Pero ten presente que lo que también pueden revelar las cartas es la relación en la que te encuentras con esa persona. Por ejemplo, supongamos que le has cogido manía a alguien que ha abierto un nuevo negocio, que obviamente va viento en popa, y quieres saber cómo irá en el futuro esta iniciativa. Es bastante probable que saques el Diablo o alguna carta por el estilo, y esta carta probablemente no dirá cómo le va a ir a la otra persona, sino que revelará lo que tú esperas: que se meta en todo tipo de problemas. En otras palabras, mostrará el motivo oculto tras tu pregunta.

El Tarot, como espejo del inconsciente, normalmente funciona mejor cuando existe sinceridad. Por lo tanto, ten cuidado cuando plantees preguntas acerca de terceras personas y sé consciente de tus motivos.

Tirar las cartas

Si quieres plantear una pregunta y has decidido qué tirada vas a usar, empiezas por barajar las cartas. No existen reglas al respecto. Tú mismo puedes barajar. Si tienes delante a un cliente para quien haces una lectura, también puedes dejar que sea él quien baraje. Lo que hemos comentado en el apartado anterior se aplica también en este caso: haz lo que te parezca mejor en ese momento. No importa si se te da bien barajar las cartas o no: no hay necesidad de peinar las cartas con destreza como si estuvieras en un casino o en un club de cartas. Si no puedes barajarlas manualmente, ponlas cara abajo sobre la mesa y revuélvelas. Lo único que importa es que las cartas tengan un nuevo orden «propio» en la baraja.

Después de barajar, recoge las cartas formando un montón

bien formado. Mientras las remueves, es posible que algún naipe se salga de la baraja. En la Edad Media se decía: «Lo que cae, sucede». Y eso también es aplicable en este caso. Pero existe el pequeño problema de que la carta caída no se ajuste al modelo de tirada escogido y, por lo tanto, no sea fácil interpretar el «lugar» que ocupa. Una regla general consiste en que esta carta imparte cierta atmósfera a toda la tirada y representa una tendencia a tener en cuenta cuando se dispongan las otras cartas.

Coloca la carta otra vez en la baraja y pasa a realizar la tirada de acuerdo con el método de tu elección. Si la carta que había caído vuelve a aparecer, el lugar que ocupa tiene gran importancia. Considérala con especial valoración a la hora de interpretarla.

En general, es mejor tirar las cartas «a ciegas». Esto quiere decir que cuando tú (o el consultante) las coges de la baraja, no deberías poder ver la cara superior de la carta. Por lo tanto, extiéndelas en forma de abanico cara abajo y coge cierta cantidad (según cuántas requiera la tirada), una tras otra. Sólo cuando se hayan sacado todas las cartas, se ponen boca arriba en el orden de sucesión de la tirada.

Algunas personas ponen la carta cara arriba en cuanto la sacan, aunque aún queden otras cartas esperando en la baraja. No es muy recomendable, ya que las imágenes de la carta tienen una influencia sobre la psique de la persona y pueden incorporar emociones que influyan a la hora de sacar las siguientes cartas. Imagínate tan sólo cómo reaccionarías si estuvieras locamente enamorado y avistaras el Ocho de Espadas (o el Tres de Espadas). De forma involuntaria, tu corazón se espantaría. Normalmente, cuando estás en esta situación, no puedes responder de forma objetiva a las imágenes ni ver los aspectos positivos de las cartas «difíciles». De este modo, sacas las otras cartas con el alma en vilo y manos temblorosas.

Por lo tanto, es mejor mantener las imágenes ocultas durante todo el proceso de selección de las cartas. Incluso en el caso de que una carta caiga accidentalmente de la baraja, sería recomendable, mientras se lean las cartas a un cliente, esconder la imagen a éste (si el cliente aún no la ha visto). Si tiras las cartas para ti mismo, esto no es posible, por supuesto, pero deberás prestar buena atención a las emociones que experimentes en ese momento.

Muchos tiradores de Tarot cortan el mazo. Una vez que las cartas se han barajado y las has devuelto a un montón ordenado, tú (o el cliente) separarás este montón al azar en dos (o a menudo en tres) montones más pequeños. Algunos intérpretes del Tarot incluso miran la parte inferior de las pilas para disponer de dos o tres cartas que ellos consideran significativas. Pero la mayoría de consultantes colocan los tres montones pequeños uno encima de otro en un orden nuevo antes de empezar a tirarlas.

No obstante, hay muchos tiradores de Tarot que no cortan el mazo. Por mi parte, nunca me ha parecido que dejar de cortarlo sea perjudicial. Que lo cortes o no depende por completo de toda tu actitud acerca del tema. Si te parece una buena idea, hazlo. Si te parece que no tiene sentido, olvídalo.

¿Está el futuro predeterminado?

La vida es un proceso, es un torrente de movimientos. Las cartas de Tarot pueden ayudarte a decidir la naturaleza y las características de lo que sucede a tu alrededor y qué cosas desempeñan un papel en ello. Los procesos descritos tienen su propia legitimidad y modo de desarrollo, y con toda seguridad lo constatarás por tu propia experiencia. Supongamos, por ejemplo, que la imagen conjunta que presentan las cartas evidencia cierta situación que ha llegado al límite para ti y que exige cambios; es posible que te convenzas de que alguna situación de este tipo se materializará en la vida cotidiana y te hará pensar según estos parámetros. Es más, tus contactos con quienes te rodean y las reacciones que ellos muestren hacia ti pueden dejar claro que algo tendrá que cambiar.

Hasta este punto el futuro está predeterminado. Pero —y recalcamos el «pero»— al identificar los procesos que operan, puedes enfocarlos de forma constructiva y sacar provecho de ellos. También este es el motivo por el que es difícil «predecir» si algo va a acabar en drama o en crisis: depende del individuo.

En cualquier caso, las cartas revelan las tendencias básicas, pero ciertamente no ofrecen un análisis detallado. De modo que queda espacio para maniobrar. Cada tendencia puede materializarse de múltiples maneras. Finalmente, cuando consultas las cartas sin el impedimento de alguna emoción fuerte como la ansiedad, las ideas que te formas de la situación pueden influir en su posterior avance, por no mencionar la forma de abordarlo. De hecho, mientras se tiran las cartas ya estás cambiando el resultado de la tirada, aunque no necesariamente en sus rasgos principales.

Supongamos que una relación que mantenías ha entrado en crisis y deseas saber qué va a suceder. Sacas la Torre y ves un rayo que impacta sobre ella y a dos personas cayendo al suelo. Una primera reacción lógica puede ser: «¡Santo cielo! Va a haber una disputa, una pelea y una separación». Pero considera bien el significado simbólico de la carta y su papel en todo el proceso de individuación, y toda la situación aparecerá bajo una luz por completo diferente. La carta te advierte que si te has atascado en ciertas ideas y actitudes y no lo has advertido, o rehúsas ver las señales que te indican que hagas algún cambio, llegará un momento en que el inconsciente estará sometido a tal presión que «el dique acabará por romperse». Por consiguiente, no hay motivo para que la predicción de la Torre signifique una separación.

Lo que de hecho te dice la carta es: echa una ojeada a aquellos aspectos en los que te encuentras demasiado encerrado, siguiendo patrones y convicciones rígidas en relación contigo mismo o la otra persona. Han dejado de ser útiles. Si eres capaz de afrontarlos, la relación puede continuar sin desmoronarse. Lo único que dice la Torre es que ha llegado el momento de una renovación y que, de una forma u otra, verás que ésta se concreta en tu relación, bien a través de cierta agitación, bien mediante una explosión terrible de emociones, o bien de algún otro modo.

El punto crucial del asunto es que el Tarot, como espejo de tu inconsciente, revela qué parcela es la adecuada para la experimentación en este momento. Por mi propia práctica, sé que he sido capaz de llegar hasta este punto, pero no he sido capaz de predecir lo que hará el cliente o si la evolución de los acontecimientos será constructiva o destructiva. Y esto nos lleva a otro factor esencial a la hora de tirar las cartas: las preguntas a las que hay que responder con un «sí» o un «no» no pertenecen al Tarot. Este conjunto de cartas llenas de simbolismo te permiten un discernimiento general acerca de procesos y dinámicas. Revela entornos de situaciones. Y esto excluye cualquier «sí» o «no» breve y simplista. Por lo tanto, es preferible evitar preguntas del tipo «blanco o negro».

¿Qué tirada es mejor usar?

Aunque, en términos generales, los libros sobre el Tarot describen unos pocos métodos reconocidos de tiradas de cartas, constantemente se están divulgando nuevos métodos. La gama de posibilidades es simplemente infinita, y esto tiene sus ventajas y sus desventajas.

Lo que estoy a punto de decir puede sonar extraño, pero lo cierto es que el método que emplees cambia poco las cosas. Lo principal es que se trate de un método que te inspire, un método con el que estés familiarizado o puedas llegar a estarlo. Esto es lo más importante. Algunos métodos tradicionales son muy respetados, como la Pregunta Breve, la Cruz y la Cruz Celta, que pueden encontrarse en la mayoría de libros sobre el tema. Los explicaré más adelante, pero trabajando con el Tarot puedes descubrir de modo espontáneo nuevos métodos, o la analogía de ciertos símbolos o mitos te indicará nuevos métodos.

Es obvio que la gente que se dedica a la astrología pensará enseguida en tirar las cartas del Tarot siguiendo el diseño de un círculo del horóscopo con sus doce casas, aunque luego descubrirá que diversos autores ya han tenido la misma idea. Echar el Tarot según el esquema del Árbol de la Vida en analogía con la Cábala es otro ejemplo. El margen para la espontaneidad en este ámbito es muy amplio. Por ejemplo, puedes tomar la carta de la Suma Sacerdotisa y decir que la Torah que tiene en la mano es un elemento significativo, al igual que la corona sobre su cabeza, la Luna a sus pies y las columnas que la flanquean. Al seguir el simbolismo de esta carta, puedes asignar un significado especial a cada uno de estos lugares y puedes asociar los significados a las cartas que ocupan estos lugares en tu tirada. De este modo, las tiradas se producen en función de símbolos de todo tipo, desde el Grial hasta los signos del zodiaco.

Pero los mitos, leyendas y cuentos también se prestan a representaciones pictóricas. Cada mito encierra un mensaje simbólico. Las fases sucesivas de la narración pueden tratarse como lugares sucesivos para tus cartas, de modo que cada posición quede vinculada a una circunstancia dada o a una situación en el mito o cuento. Esta carta que se tira en esa posición tiene que interpretarse según esa parte del mito. Hay que admitir que esto requiere práctica, pero es una manera muy creativa de trabajar con el Tarot. Descubrirás que cuanto más trabajes con él, más deseos tendrás de sacarle provecho y querrás hacer cosas diferentes con él. Es realmente una buena idea desarrollar tus propias tiradas.

Todo esto nos lleva a aceptar que hay unos pocos métodos de uso muy extendido, pero que, de hecho, puedes incluir cualquier aspecto en tu baraja. Recuerda que tirar el Tarot supone trabajar con el inconsciente. El idioma del inconsciente es pictórico, creativo y decididamente no lógico. Manejar imágenes y símbolos sirve de inspiración, y si te atreves a emplearlos de forma creativa continuarás viendo nuevas dimensiones en ellas, especialmente en esta serie de diseños tan dignos de elogio.

No obstante, si sólo eres un principiante, suele ser una buena idea tener algo con qué continuar. Por consiguiente, en los capítulos siguientes explicaré unos métodos ensayados y reconocidos. ¡Pero no dudes en variarlos a tu gusto y cuando haga falta!

10
Tiradas y lecturas básicas

Existen unas cuantas tiradas que puedes emplear para saber cosas de tu vida a través de la baraja del Tarot. Empezaremos con las maneras más sencillas de lectura de cartas. Puedes sacar una carta, o unas cuantas cartas, y puedes emplear tiradas de gran complicación.

La Pregunta Breve

Un método sencillo y directo para leer las cartas del Tarot es concentrarte en tu pregunta o situación y sacar una carta de los Arcanos Mayores. Esta carta es característica de la situación (psíquica) relacionada con el tema de tu pregunta. Reflexionar sobre la carta y su simbolismo trae nuevas ideas sobre cómo evolucionará la situación. También puedes sacar una carta sin hacer ninguna pregunta, simplemente para poder ver cómo te va a ir el día o la semana; el objetivo es aprender cómo traducir las cartas en términos cotidianos, lo cual es una manera muy educativa de trabajar.

Por ejemplo: un chico tenía que escoger a qué centro de enseñanza secundaria iba a acudir. Le habían explicado las opciones y podía escoger entre ingresar en una prestigiosa escuela con amplias opciones de formación, o hacerlo en una pequeña escuela especial que ofrecía sólo los cursos en los que estaba interesado. Sus compañeros de clase iban a ir a la gran escuela. Lo que a él le interesaba no era tanto la enseñanza que se impartía en ambas escuelas como el tipo de vida que podría llevar en ellas.

Sacó la carta del Diablo para la escuela importante, y la

Figura 13. El Diablo (izquierda) y la Templanza (derecha).

Templanza para el pequeño centro especial (figura 13, arriba). La carta del Diablo es la carta de los impulsos del yo y la subordinación a los instintos. Traducido a la situación de un muchacho al inicio de la enseñanza secundaria, el Diablo puede indicar las confrontaciones con un comportamiento «machista» y la necesidad de luchar para ser aceptado, adoptando una fachada intrépida y cosas por el estilo. La Templanza no transmite nada de todo esto y (en función de la situación de un escolar) sugiere una mente relajada.

El chico escogió el pequeño centro especial, no tanto de acuerdo a las cartas sino por sus impresiones de las dos escuelas. Ha quedado muy contento, pese al hecho de ser el único miembro de su anterior clase que acudió allí. Se siente mentalmente sereno y aceptado, y no tiene ninguna necesidad de «dárselas de nada» para poder disfrutar de un sitio en el grupo. Por lo que dicen sus antiguos compañeros de clase, que han ido a la escuela grande, tuvieron que esforzarse mucho por mantenerse firmes sin perder su personalidad.

Tirada de dos cartas

Como variante y al mismo tiempo extensión de la Pregunta Breve, podemos usar una tirada de dos cartas. En primer lugar, tomamos la situación y sacamos un carta de los Arcanos Mayores para atribuirle una situación, y luego preguntamos cómo evolucionará dicha situación, para lo cual sacamos una segunda carta de los Arcanos Mayores. La Carta 1 refleja el problema y cómo tendríamos que abordarlo, y la Carta 2 revela cómo van a evolucionar estas cosas, o lo que nos encontraremos de una u otra manera.

Tirada de tres cartas

La tirada de tres cartas es una extensión de la tirada de dos cartas y permite tener en cuenta también el pasado. Si nos concentramos en la pregunta o situación, saca la Carta 1 para las influencias del pasado, la Carta 2 para la evolución actual, y la Carta 3 para la evolución futura. También aquí sólo se emplean las cartas de los Arcanos Mayores.

Tirada de cuatro cartas o la Cruz

En esta tirada final de cartas tomadas exclusivamente de los Arcanos Mayores, se sacan cuatro cartas que se tiran formando una cruz (véase la figura 14 de la página 246). El orden de las cartas es:

Carta 1	=	El tema y lo que sucede en el inconsciente o fondo.
Carta 2	=	Lo que tendrías que hacer.
Carta 3	=	Lo que tendrías que evitar hacer.
Carta 4	=	Cuáles serán las consecuencias, o cómo evolucionará la cuestión.

Otra serie con preguntas un poco diferentes podría ser:

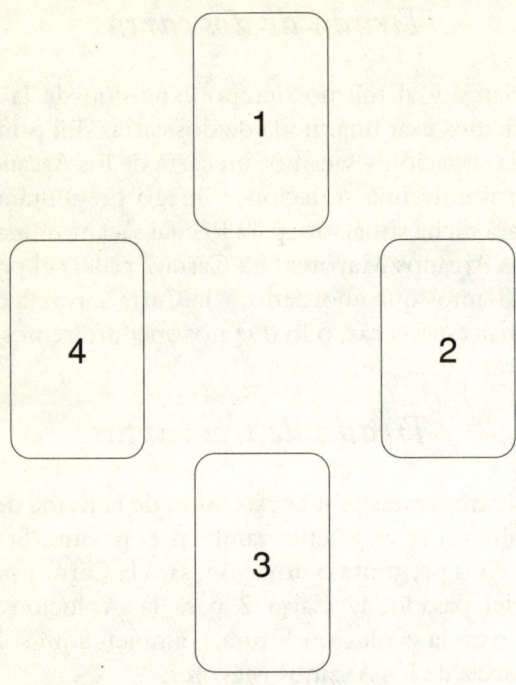

Figura 14. Tirada de cuatro cartas (la Cruz).

Carta 1 = ¿Cómo estás en este momento? O bien, ¿cuál es tu situación?
Carta 2 = ¿Qué quieres en realidad? (Algo de lo que no siempre eres consciente.)
Carta 3 = ¿Qué vas a hacer al respecto?
Carta 4 = ¿Cómo irá? ¿Cómo evolucionará?

Una desventaja de la segunda serie puede ser el hecho de que no incluya ninguna advertencia como la de la Carta 3 de la primera serie, la cual te indica lo que sin duda no deberías hacer. No obstante, en la segunda serie, la Carta 2 sugiere también un aviso en cierta forma: lo que quieres en secreto no es siempre lo que crees que quieres. Y esta carta, además, puede ayudarte a advertir un motivo inconsciente. Por ejemplo, en los casos en que de hecho te propones perjudicar a alguien pero lo escondes justificándote con motivos nobles o una conducta decente, la Carta 2 puede obligarte de pronto a ver lo que hay realmente detrás de todo ello.

Esta tirada de cuatro cartas se puede emplear también con toda la baraja, es decir, con los Arcanos Mayores y los Arcanos Menores. Pero también es importante advertir que cuando una carta de los Arcanos Mayores cae en uno de estos cuatro lugares, será lo principal que tener en cuenta. Si usamos la tirada de la Cruz según la primera serie de cartas y sale una carta de los Arcanos Mayores, entonces el significado del lugar en que cae la carta de los Arcanos Mayores es el siguiente:

Lugar 1 = El tema es extremadamente importante para ti.
Lugar 2 = Es esencial tratar el asunto con gran esmero; depende mucho de la forma en que lo hagas.
Lugar 3 = Tienes tendencia a tomar decisiones equivocadas. ¡Ten cuidado de no caer en la trampa que conlleva esta carta!
Lugar 4 = Los desarrollos que tengan que ver con este tema serán importantes para ti.

Cuantas más cartas de los Arcanos Mayores aparezcan en la Cruz, el tema quedará recalcado con mayor énfasis y más importante será para ti la situación presente y futura. Las cartas de los Arcanos Menores no tienen tanto peso y su efecto es más limitado.

Improvisación

También puedes improvisar una breve tirada dejándote llevar por el impulso del momento, tanto con los Arcanos Mayores por sí solos como añadiendo los Arcanos Menores. Asegúrate de que siempre incluyes los Arcanos Mayores en tu método, ya que si empleas sólo los Arcanos Menores te perderás detalles importantes, y la interpretación tendrá menos profundidad.

He aquí un ejemplo de tirada espontánea para enseñarte cómo funciona. Corresponde a una mujer de treinta y tantos años que sufría exceso de peso. Había probado una dieta tras otra, pero sólo había logrado resultados a corto plazo, en los que perdía una cantidad moderada de peso que no tardaba en recuperar, y en la mayoría de casos no era capaz de seguir la dieta. En cuanto a su puesto en la comunidad, era una mujer de negocios de éxito que no parecía tener demasiados problemas; sus asuntos iban siempre bien, sabía lo que quería y trabajaba con energía para lograrlo. Combinaba temperamento vigoroso con buen humor, y las personas que estaban a su alrededor no se daban cuenta de cuánto le preocupaba su aspecto y su incapacidad a la hora de comer de una manera más razonable. «¿Qué es lo que me impide seguir una buena dieta?», solía preguntarse. En realidad no buscaba una causa, ya que sospechaba que la estricta educación que le habían dado sus padres podía ser parte de ello, y esto no era lo que le molestaba. En posteriores conversaciones sobre cómo había que enfocar el asunto, apareció que debería buscar una explicación que la ayudara a entender el fenómeno y también ofreciera una salida al problema.

Decidimos, de forma improvisada, sacar dos cartas de los Arcanos Mayores que reflejaran el trasfondo de la cuestión: una que mostrara qué era lo que estaba relacionado con el problema, y la otra que indicara la dirección en la que se encontraba la solución. También decidimos sacar una carta de los Arcanos Menores para mostrar qué era lo que había hecho mal hasta el momento. Las cartas que sacó aparecen en la figura 15 (pág. 248).

No consultamos ningún libro para buscar una interpretación, sino que nos pusimos a trabajar nosotras mismas con las imágenes. No tardé en explicar a la mujer qué etapas ocupaban las Cartas 1 y 2 en el Camino del Héroe. Es sorprendente que ambos naipes presentaran dos caras de lo femenino: la cara misteriosa y pasiva con un conocimiento primario (la Suma Sacerdotisa), y la cara creativa que se deleita en la vida (la Emperatriz).

Se podía afirmar, sin temor a equivocarse, que las imágenes tocaron la fibra. Le pregunté si estaba preparada para no hacer nada en absoluto, aunque no le reportara ningún beneficio. A la Suma Sacerdotisa le gusta permanecer sentada en silencio

Figura 15. Arriba: la Suma Sacerdotisa y la Emperatriz. Abajo: el Ocho de Espadas.

y sumirse en una quietud absoluta, para mantener el contacto con la naturaleza, con la receptividad y la feminidad. La mujer contestó que no era capaz de hacerlo: siempre había tenido un deseo abrumador de mantenerse ocupada y, sobre todo, de ocuparse en cosas útiles. «Cuando el diablo no tiene qué hacer, con el rabo mata moscas» era algo que había aprendido muy temprano en su vida, y sus padres siempre se habían ocupado de que sus hijos tuvieran el día ocupado de la forma más útil posible. La mujer dijo que se sentía muy agradecida por ello, ya que le había permitido labrarse una buena carrera muy pronto en la vida y estar bien situada en la actualidad.

Le pedí que mirara la carta de la Suma Sacerdotisa e intentara relacionarse con ella y, sobre todo, que prestara atención a sus sentimientos. La carta le causó bastante impresión y pensó que era muy bella. Le recordó un pasado lejano, épocas de cuentos de hadas y de irrealidad. Al mismo tiempo expresó una opinión: «No está bien permanecer tan pasiva, a menos que haya motivo para ello». Era una señal importante: la imagen de la carta la había impresionado, aunque su educación la llevaba a rechazar con firmeza la atmósfera de la carta. Esto ofrecía un motivo para regresar al tema de «no hacer nada».

Pero pasemos a la segunda carta: la Emperatriz. Seguimos el mismo procedimiento. No fue tanto la imagen en sí, que a la mujer le pareció repugnante, como la interpretación que sugería una entrega a la vida, diversión y creatividad, sin tener en cuenta que fuera productiva. Al requerirle una explicación, dio la impresión de no saber qué era la diversión.

—Disfruto con mi trabajo —dijo—, pero si no tengo trabajo, no sé qué hacer y me siento vacía. No puedo disfrutar de otras cosas.

Incluso cosas como la jardinería, sólo le resultaban gratas cuando eran ventajosas, y si podía planificarlas. Le hice observar lo cómodamente que se reclinaba la Emperatriz sobre sus cojines. Reaccionó de forma emocional cuando le pregunté si podría ocupar el lugar de la Emperatriz en esta imagen. En lugar de relajarse, se puso tensa y dijo que sentía la mirada desaprobadora de su padre y oía suspirar a su madre: «Eres incorregible e ingrata, después de todos los sacrificios que tu padre y yo hemos hecho por ti».

Esta reacción la asustó terriblemente; nunca antes se le había ocurrido que su incapacidad para divertirse y su necesidad de mantenerse ocupada haciendo algo útil fueran una especie de cadena que arrastraba del pasado. No vivía para hacer las cosas que la hicieran feliz o que se adaptaran a ella, sino que cumplía con los deseos de sus padres. También le quedó claro que por este motivo rechazaba la pasividad de la Suma Sacerdotisa de modo tan absoluto y por eso la había condenado desde el primer momento con rotundidad.

Volvió a mirar las dos imágenes y empezó a hablar cautelosamente en tono meditativo:

—... Estaría bien ser como estas cartas del Tarot ... transmiten una buena sensación ... pero ¿podría? Me temo que me volvería loca sin nada que hacer.

E intentó entrar en la atmósfera de estas dos cartas. Era como si le estuvieran hablando. La mujer empezó a sentirse fascinada, una señal segura de que necesitaba hacer algo con aquel mensaje.

De modo que, sin ella saberlo, el problema relacionado con su obesidad podía expresarse en algunas preguntas básicas. ¿Dónde está tu componente yin? ¿Por qué no puedes relajarte como es debido? ¿Estás preparada para liberar cosas y permitir que desaparezcan? ¿Eres capaz de divertirte? ¿Te sientes a gusto con tu cuerpo? ¿Disfrutas de la vida? La mujer tenía respuestas negativas para todas estas preguntas, y se conmovió mucho. No sabía si llorar o si eso estaría mal, pero recalcó que creía que era muy importante para ella mantenerse tranquila.

Entonces nos ocupamos de la carta de los Arcanos Menores: el Ocho de Espadas.

—Así es como me siento exactamente —exclamó, y continuó más airadamente—: Y nunca sabré lo que está pasando, pero me siento hecha un lío. Ya no sé por dónde tirar, eso ahora lo veo claro. Y también veo que intento escapar de esta sensación de opresión comiendo.

El Ocho de Espadas salió como respuesta a esta pregunta: «¿Qué he hecho mal hasta la fecha?». A primera vista da la impresión de que lo que sucede fuera de la mujer tiene que ver con el problema, pero he conocido a varias mujeres que sacan esta carta cuando se encuentran atrapadas en un «complejo de Cenicienta», un complejo que las hace servir a los demás. Descuidan sus propios intereses para sacar las castañas del fuego a otras personas. Se dedican de lleno a los demás, hasta quedarse sin fuerzas, si hiciera falta, e incluso cuando saben que se han sobrepasado, se niegan a cuidar de sí mismas. Triunfar o no socialmente depende de este comportamiento; pero en su caso incluye una desconfianza fundamental en ellas mismas, sus identidades y sus cuerpos, como si dijeran: «¿Veis? ¡No soy digna de estar viva!». Por mi propia experiencia, esta actitud va asociada en muchos casos a opiniones muy asentadas sobre cómo debería vivir y actuar cada uno. Y una lección errónea que les han metido en la cabeza en sus familias es que debían tratarse a sí mismas de forma implacable, ya que la autocompasión es infantil.

En la práctica, parece que las mujeres de esta clase pueden luchar y trabajar muy bien por los demás, pero son duras en extremo consigo mismas. Como forma peculiar de compensación del inconsciente, tienen menos control sobre sus propios asuntos. Parecen atraer a consejeros equivocados, son incapaces de perseverar en sus dietas y, en pocas palabras, su vida personal e interior con frecuencia es lo contrario al éxito social.

Esta mujer no era muy diferente. Le pedí que volviera a mirar la carta. La mujer de la carta tiene una venda en los ojos y ya no puede percibir bien la realidad. Es más, no es capaz de mover los brazos, ya que los tiene fuertemente atados. Sólo tiene libres los pies; puede escaparse de la situación, pero necesita la ayuda de los demás para soltarse. Tras las espadas vemos un castillo, un símbolo de valores establecidos. Tiene que escapar del castillo, a través del lodo y el agua —o, en otras palabras, a través de sus problemas, su Sombra y sus deseos inconscientes—, para poder salir del estado de confusión. Debe descubrir sus propios valores.

Las espadas forman un grupo de tres a su derecha, lo cual significa: «¡Revisa tus ideas fijas!», y hay otras cinco a su izquierda, que indican un movimiento de otro tipo: la irrupción en la vida de Lilit, o la feminidad reprimida. Esto quiere decir: «¡Atrévete a relacionarte!». Por lo tanto, la carta no es en realidad tan mala; revela que hay una salida.

Pero la actitud implícita de que todo en la vida estaba predeterminado, más la ausencia del yin (la Suma Sacerdotisa y la Emperatriz) expresada en un complejo de Cenicienta (un posible efecto del Ocho de Espadas), era su verdadero problema, que se había materializado en su exceso de peso.

Durante un tiempo luchó contra esta situación, y finalmente fue capaz de decidir que no sería tan dura consigo misma, que no se castigaría tanto. Poco a poco aprendió a relajarse, aunque al principio había síntomas considerables de querer echarse atrás. Pero sabía que tenía que cambiar su actitud. Se volvió también más flexible en cuanto a sus comidas. Dejó de buscar dietas estrictas y optó más bien por tener cuidado con lo que comía de tanto en tanto. Muy poco a poco perdió unos cuantos kilos, y ahora sabe que podrá perder más en el futuro.

De todos modos, esto ahora no le preocupa, incluso ha conseguido no marcarse un determinado peso como objetivo. En completa coherencia con las dos cartas yin, sabe de forma intuitiva que llega un momento en el que simplemente te sientes bien, y luego no debes forzar más las cosas. Todo este proceso ha llevado años, pero ahora se siente mucho mejor. Su alegría es genuina en este momento, ya no es ninguna máscara con la que pretendía sentirse «integrada», como lo describió en una ocasión.

Resumiendo, esta tirada surgió de forma espontánea, trabajando básicamente con las imágenes. Por supuesto, los significados de las cartas que aparecen en la lectura no se pueden pasar por alto; pero el tratamiento fue abierto y creativo. Es un ejemplo en el que se pone al consultante en contacto y en asociación con las cartas, y se observa su reacción desde lo más profundo de su ser. Cuando te familiarizas con el Tarot, este método supone una gran ayuda en tratamientos psicológicos y terapias de ayuda.

11
La tirada de la Cruz Celta

Para la Cruz Celta se sacan diez cartas, que se colocan según el modelo que aparece en la figura 16, pág. 256. Cada posición tiene su propio significado, y la carta que cae en ella debe interpretarse teniendo en cuenta esa posición. Los significados de las posiciones son:

1. La situación del consultante o de la pregunta que se plantea.

2. Cualquier cosa que tienda a interferir en esta situación o cualquier cosa que se experimente como forma de resistencia. No siempre tiene por qué ser una resistencia real, también puede ser un factor que contribuya a que no se interprete correctamente.

3. Lo más importante en el consultante o en la consulta. En otras palabras, qué causas o fuerzas afectan claramente a la pregunta. Se puede enfocar como las influencias que afectan a la pregunta o a la situación desde el punto de vista de la mente consciente.

4. Cosas fundamentales para el consultante o para la pregunta, o aplicables a la situación, o bien que están firmemente ancladas en el inconsciente y que se hacen sentir de tanto en tanto, incluso cuando ya nos hemos olvidado de ellas. Puede tratarse de cosas agradables, pero también pueden resultar inquietantes, ya que, una y otra vez, hagamos lo que hagamos, parecen surgir de la nada. Llegados a este punto, debo comentar que he visto en muchos casos que esta carta significaba algún inconve-

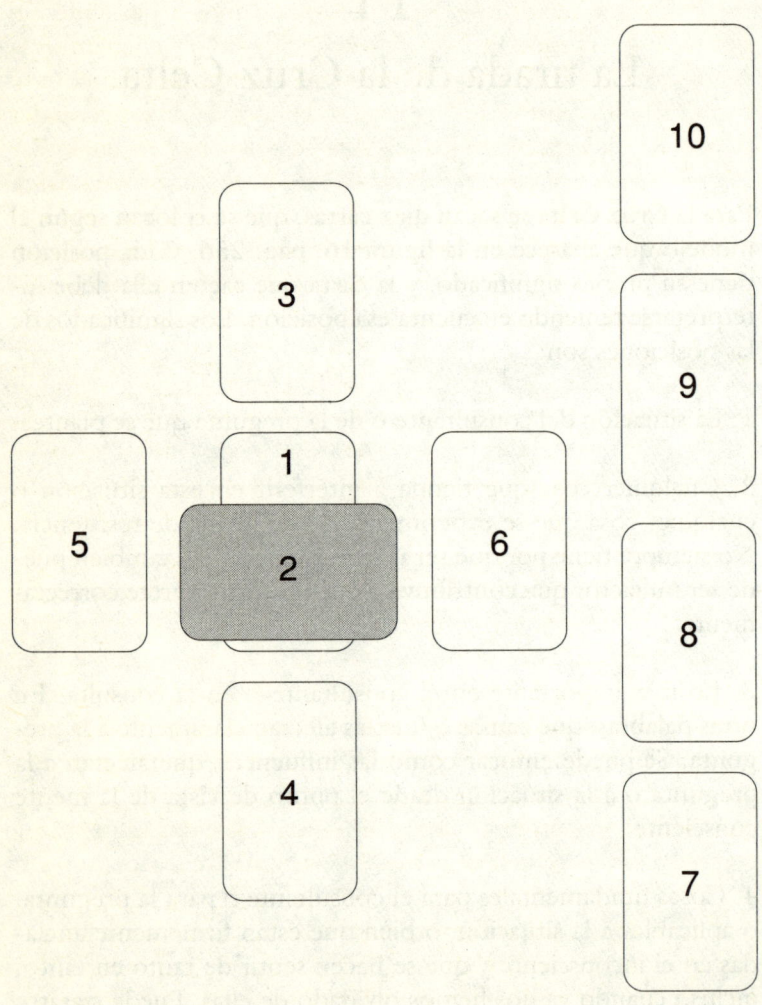

Figura 16. La Cruz Celta.

niente al principio, aunque fuera algo que el consultante considerara positivo. Creo que lo que sucede en esta posición es que aparecen ciertas cartas que, aunque sacan a la luz talentos ocultos o un potencial creativo, lo hacen en momentos delicados o recurriendo a mecanismos que no apreciamos especialmente. Por ejemplo, si padeces lapsus de concentración y encuentras la Emperatriz en la posición 4, tu inconsciente prácticamente te está pidiendo a gritos que ha llegado la hora de divertirte o dar rienda suelta a tus habilidades artísticas, y que, en cualquier caso, se niega a demorarse más en esquemas intransigentes. Si tu trabajo te exige demasiada dedicación, esta invitación a cambiar puede parecerte absolutamente irritante, pero en realidad significa un avance en la dirección de una totalidad interior. La posición 4 no se desplaza fácilmente.

5. Las influencias que ejerce el pasado sobre la actual pregunta o situación.

6. Desarrollos que se harán evidentes a corto plazo.

7. El consultante en cuanto se relaciona con la pregunta o situación; es decir, su posición respecto a ella y los rasgos de carácter que desempeñan un papel importante en lo que ha estado sucediendo.

8. El papel que desempeñan otras personas en la pregunta, o la naturaleza del entorno; es decir, cualquier influencia que tenga que ver con el papel de otras personas implicadas en este asunto o que se ocupen de él (la parte activa) y/o el papel del lugar real donde tienen lugar las cosas (la parte pasiva).

9. Aquello que ilusiona al consultante y/o lo que le asusta.

10. Pueden darse descripciones diferentes sobre este punto, según la manera en que se plantee la pregunta o el aspecto que se recalque. La posición 10 representa la conclusión de todo el asunto, si es que hay que concluir algo. También puede mostrar desarrollos en el futuro más distante (la posición 6 siempre

tiene que ver con el futuro inmediato) si nos ocupamos de un proceso o evolución de algún tipo. Por consiguiente, la posición 10 nos muestra en qué dirección o esfera acabará la cuestión planteada.

La Cruz Celta es un método fácil de aprender que ofrece una gran cantidad de información básica sobre alguien y que, por consiguiente, se emplea mucho cuando se echan las cartas de Tarot a alguien que nos es desconocido por completo. Las cartas ofrecen muchos puntos de partida para una consulta.

También aquí se puede aplicar un método que ya he mencionado anteriormente. Cada vez que salga una carta de los Arcanos Mayores, habría que conceder una atención especial a su posición, ya que esta carta desempeñará una papel destacado en todo el asunto.

• *Ejemplo 1: una nueva vida*
Un hombre, al que le faltaba poco para cumplir cincuenta años, sacó las siguientes cartas en la Cruz Celta sin plantear en realidad ninguna pregunta (véase la figura 17 en la página 259). La situación en la que el consultante se encontraba a sí mismo quedaba expuesta por el Seis de Espadas en la posición 1. Exteriormente su vida se desarrollaba tranquilamente y parecía tener poco en común con esta carta: tenía una profesión, una buena familia, disfrutaba de relativamente buena salud, o sea, que para los demás poco del Seis de Espadas quedaba visible. Cada vez tenía más dificultades para contener los miedos que siempre se había esforzado por mantener a raya, pero que, no obstante, siempre habían afectado en cierta medida a su funcionamiento en el mundo exterior. Una falta de aceptación de sí mismo le había hecho adoptar por un lado una actitud de «evita atraer la atención a toda costa», y por otro un comportamiento infantil para eludir las cosas mencionadas. Y cada vez que, contra su voluntad, se encontraba en una posición conspicua, se ponía de inmediato a la defensiva, se mostraba más mordaz y más agresivo de lo que era en realidad, especialmente en su forma de hablar. Quería cambiar esta conducta y

La tirada de la Cruz Celta

Figura 17. La Cruz Celta. Ejemplo comentado en el texto.

empezar de nuevo. El Seis de Espadas indicaba que ya se había embarcado en una nueva conducta y una nueva actitud. Pero las espadas aún seguían en la embarcación, llevaba consigo su antigua personalidad. Buscar una nueva actitud significaba una confrontación con sus propias espadas para poder echarlas de la barca una a una. Se sugería la promesa de un nuevo principio, pero aún había que poner mucho orden en cosas del pasado.

El Mago está cruzado sobre la primera carta y ocupa la posición 2. Como naipe de los Arcanos Mayores, esta posición incorpora mucho énfasis; por consiguiente existe una gran obstrucción. Normalmente, el Mago es una fuerte carta yang, llena de energía masculina, dispuesta a la acción, a nuevas responsabilidades y a empezar de nuevo para poder llegar a nuevas conclusiones y resultados. Cuando aparece cruzada, es posible que existan problemas de identidad masculina, o una incapacidad para pasar a la acción, o alguna clase de descompensación en estas zonas.

En el ejemplo 1, el hombre admitió que tenía problemas consigo mismo. No sabía qué significaba adoptar una postura. Sí, podía defender cosas no personales, pero no era capaz de defenderse a sí mismo. La consecuencia era una sensación de inseguridad en sí mismo y respecto al mundo exterior, y una negación de su capacidad para hacer cualquier cosa que ya duraba toda una vida, es decir, una negación de su capacidad ejecutiva; por consiguiente, se retiraba siempre que podía de situaciones en las que tendría que tomar alguna decisión. También evitaba confrontaciones fuera de su pequeño círculo. El cambio de actitud que buscaba con el Seis de Espadas, aquí se centra en el problema de su percepción de su valía personal en el área de la masculinidad y la capacidad de decisión, algo que quedaba fuertemente acentuado.

Con el Diez de Copas en la posición 3, él sabe que, aunque eche a faltar otras cosas, siempre cuenta con el apoyo de su familia. Hay presente una dosis de alivio emocional y seguridad que valora enormemente. De hecho, gran parte de su motivación son sus hijos. Esto tiene su lado positivo y su lado negativo. El lado positivo es que este es el primer paso hacia saber que se siente seguro y aceptado. El lado negativo es que su entorno doméstico le proporciona una ruta de escape, un lugar seguro donde poder esconderse para no tener que salir al mundo exterior, o al menos no más de lo absolutamente necesario. Este retiro a un círculo pequeño puede acentuar la falta de iniciativa y acción representada por el Mago cuando está cruzado.

El Tres de Bastos en la posición 4 continúa actuando en el consultante desde el inconsciente y esboza el problema en que se encuentra. He visto con frecuencia el Tres de Bastos haciendo aparición cuando alguien se encuentra en un punto crítico o un punto de intersección. Has logrado algo y puedes sacar beneficio de ello, no obstante al mismo tiempo comprendes que quieres hacer más. Existe una búsqueda de nuevas cosas que te satisfagan, o de una mejora de lo que antes te satisfacía, ya que se acabó parte del revuelo de hacerse una carrera. Se trata de un naipe propicio en sí mismo. En el caso de este hombre, quedó claro de inmediato que también luchaba contra la idea de que ya nadie le ofrecería un empleo, con lo cual se refería a que, si perdía su trabajo, caería en la categoría de personas que buscaban trabajo y que los empresarios descartaban de inmediato. Era demasiado mayor. Y esto le preocupaba mucho. De cualquier modo, no había el menor indicio de que fuera a perder su trabajo, ni mucho menos. Pero la mera idea de que no le dieran un empleo le llenaba de angustia. A la luz de lo que ya hemos descubierto, es comprensible. Naturalmente, si uno ya ha estado enfrentándose a una baja autoestima, que no te vayan a dar trabajo es una idea descorazonadora. Detrás de este pensamiento (y esto explica su sensibilidad al tema) se halla en realidad el problema del Mago cruzado y el Seis de Espadas central. El hombre también mencionó que en el pasado había tenido varios trabajos, que le habían parecido bien en sí mismos. Pero ahora era del todo incapaz de encontrar el menor entusiasmo en ellos. Tampoco tenía la impresión de ser capaz de sacarles provecho o de progresar a partir de ellos, aunque este es un rasgo propio del Tres de Espadas. Y, no obstante, el tema operaba de otra manera. Tras revisar y meditar sobre su vida, llegó a la conclusión de que había ciertas cosas que simplemente no podía seguir haciendo. Ciertos sueños habían concluido, lo cual lamentaba, pero muchos se habían marchitado probablemente porque había madurado. Se percataba de que, a medida que él había cambiado, había encontrado la ayuda interior para encontrar una nueva actitud en la vida. De su inconsciente le llegó la convicción de que había alcanzado un punto crítico y que buscaba nuevas satisfacciones en la vida, y evidentemente tenía que hacer algo al respecto.

El Rey de Espadas en la posición 5 revela una estructura mental muy estricta que ha persistido del pasado, del cual se han excluido las emociones, posiblemente en interés de mantener la cabeza fría. Por lo tanto, el Rey de Espadas puede coger la sartén por el mango en muchos casos, aunque no siempre. El hombre respondió de inmediato describiendo la manera cruel en que su madre solía burlarse de él y cómo, cuando ella veía a su hijo sin saber qué hacer, se ensañaba con él para que se sintiera aún más inseguro. Se divirtió así con él durante años, algo por lo que él sufrió enormemente y que le había vuelto muy tímido y retraído. Es más, la forma en que ella le trataba le hizo ponerse muy a la defensiva contra el mundo exterior. También reconocía que esta carta reflejaba la opinión cruel y negativa que tenía de él mismo y que le creaba tal carencia de confianza en sí mismo.

El Rey de Bastos en la posición 6 representa una evolución a corto plazo. Por suerte, tal vez este fuera el problema del hombre, es decir, necesitaba en gran medida aclararse con ciertas cuestiones, o buscar de manera activa el desarrollo personal. No obstante, no quería hacerlo de forma infantil y despreocupada sino con más madurez e independencia. Y eso es precisamente lo que muestra el Rey de Varas. Su conflicto interior debería llevarle a una transformación en su actitud, aunque tiene entre manos una pugna con el Mago cruzado.

El Dos de Pentáculos en la posición 7 es el propio consultante en esta situación. Revela la incoherencia entre lo que espera de la vida y la manera en que intenta alcanzarlo. La cuestión en este caso es si está preparado o no para comprometerse con la vida y disfrutar de lo que hace. A la luz de lo sucedido antes, esta carta subraya la actitud ya creada por él —que ahora va a experimentar como un problema— y le pregunta qué va a hacer al respecto.

El Mundo, otra carta de los Arcanos Mayores, en la posición 8, nos informa del papel de otras personas en esta lectura, y también de la influencia del lugar donde vive el hombre. El Mundo es una carta que cede el paso y baila, lo cual puede indicar que el entorno no le pone a él las cosas difíciles; es aceptado. Pero el Mundo revela también que el entorno ejerce poca influencia sobre él. Ni siquiera el lugar donde vive afecta realmente a su proceso. En sentido positivo, el Mundo sugiere aquí que la gente que le rodea no le hostiga y que le permite ser él mismo. En un sentido negativo, esto puede significar la ausencia de cualquier incentivo para iniciar una actividad, lo cual hace que la motivación dependa de sí mismo. El Mundo en esta posición parece reforzar el papel del Diez de Copas en la posición 3: su vida familiar positiva le respalda, pero también puede proporcionarle una salida fácil.

El Cuatro de Pentáculos en la posición 9 representa el temor a tomar alguna medida. La posición 9 muestra aquello que nos ilusiona o lo que uno teme. Parece algo paradójico: tener miedo a tomar alguna medida. Pero puedes considerarlo de esta manera: lo que el hombre cree es que «nada bueno volverá a suceder pese a sus esfuerzos», empeñado en mantener su propia imagen negativa. Siempre siente una fuerte inclinación a no moverse. Puesto que aquí están involucrados los Pentáculos, esto afecta a su funcionamiento principalmente en el mundo material. Aunque no le satisfaga demasiado su trabajo, no ha dado ningún paso para buscar alguna otra cosa. Por consiguiente, existen pocos impulsos concretos. Con el Rey de Varas en la posición 6 vimos que, de hecho, tomaría alguna iniciativa. Con el Cuatro de Pentáculos aquí, esta situación va a crearle un par de problemas, pero el Rey de Varas promete que saldrá airoso. El consultante reaccionó a esta información con una mezcla de alegría y sorpresa, y una pizca de incredulidad.

Finalmente, el Paje de Pentáculos en la posición 10 indicaba que emprendería nuevas actividades, y que además se lanzaría a las actividades presentes con entusiasmo renovado y un nuevo planteamiento. Y eso confirmó, para concluir, algo parecido al mensaje del Rey de Varas, a saber, que tendría que tomar alguna iniciativa. Pero el Paje de Pentáculos es un mozalbete y tiene una perspectiva juvenil. A los Pajes les puede resultar difícil hacerse cargo de alguna responsabilidad, y el Paje de Pentáculos se encuentra aquí en un campo de cierta tensión. Los Pentáculos están orientados a un resultado concreto del tipo que sea, pero los Pajes aún son bastante inexpertos e incompetentes. Una posible solución sería que el hombre empezara a hacer cosas que le interesaran, que se implicara en ellas y disfrutara con ellas. No importa demasiado si las cosas en cuestión son ciertas actividades laborales o aficiones, mientras sean prácticas.

Sin necesidad de que el hombre planteara una pregunta, la Cruz Celta expuso los problemas más profundos a los que se había enfrentado durante cierto tiempo, su actitud hacia ellos y los motivos de todo esto. La coincidencia fue asombrosa, como no tardó en reconocer. Lo cual demuestra cuán útil es esta tirada cuando no se ha preguntado algo específico.

12
La tirada del Árbol de la Vida

Son varios los practicantes del Tarot que asocian las veintidós cartas de los Arcanos Mayores a la Cábala y sus veintidós rutas que enlazan a diez Sefirot en el Árbol de la Vida, un símbolo clave del cabalismo.

La Cábala, transmitida oralmente durante siglos, empezó a escribirse en nuestra era. Como fuentes importantes cabe citar el *Sepher Yetzirah* [El libro de la creación] y la recopilación de escritos de Rabbi Simeon ben Yochai, en el Zohar (*Sepher ha-Zohar* [El libro de los esplendores].[1]

En esencia, la Cábala trata de la naturaleza de Dios y las llamadas emanaciones divinas en nuestro mundo, y es un relato místico y simbólico acerca de la creación. La Cábala mantiene que Dios impregna todo el universo. Él *es* el universo. No obstante, su presencia sólo es evidente cuando activa su poder creador, para lo cual utiliza como medio los diez Sefirot o inteligencias que brotan de él como luz de una fuente luminosa.

Los Sefirot se describen también como fuentes de energía

---

1. Los estudiosos que quieran profundizar en la Cábala pueden leer numerosos libros editados sobre el tema. El *Sepher Yetzirah* ha sido editado por Rabbi Aryeh Kaplan, Samuel Weiser, York Beach (Maine), 1990, y la edición más común del Zohar ha sido editada bajo la dirección técnica de Maurice Simon y Paul Levertoff, Soncino Press, Nueva York, 1934. Además, puede verse William Blank, *Torah, Tarot & Tantra*, Sigo Press, Boston, 1991, Alexandra Gabrielli, *Kabbalah*, Mirananda, Wassernaar (Holanda) y Gareth Knight, *A Practical Guide to Qabalistic Symbolism*, Samuel Weiser, York Beach, 1978. [En castellano puede verse Aryeh Kaplan, *Sepher Yetzirah: el libro de la creación*, Mirach, Villaviciosa de Odón (Madrid), 1994; *Sepher Yetzirah*, Obelisco, Barcelona, 1983; *Sepher Yetzirah: el libro de la formación*, Obelisco, Barcelona, 1992. *(N. del E.)*]

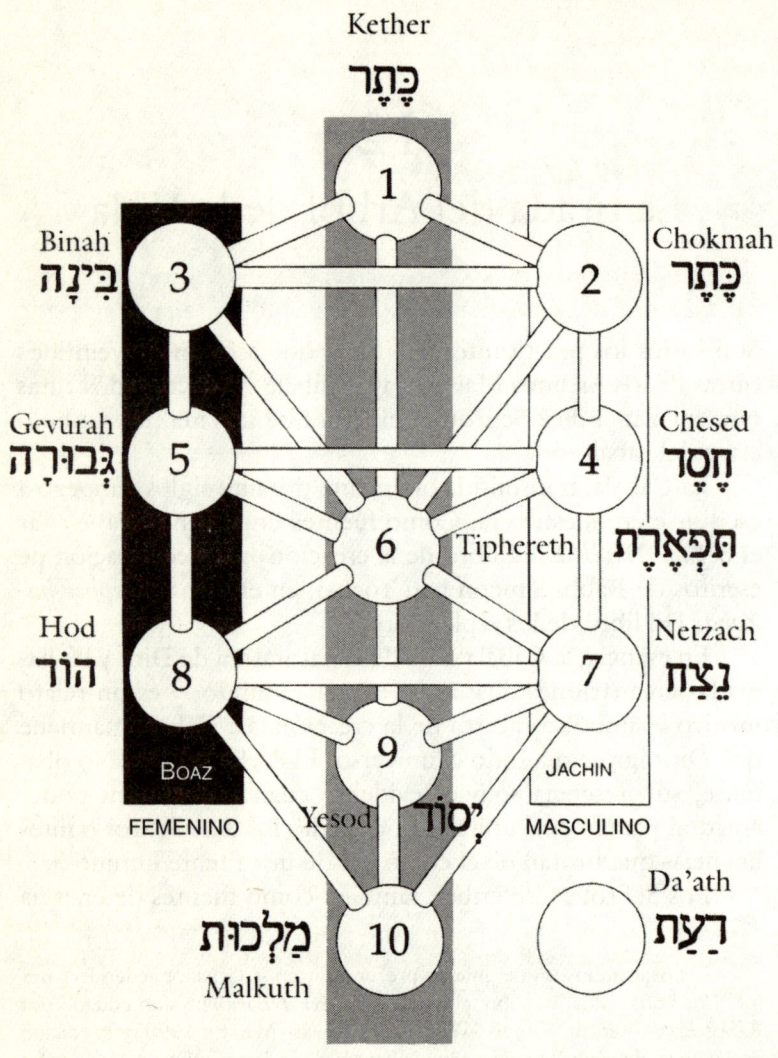

Figura 18. El Árbol de la Vida de la Cábala, con los Tres Pilares.

dinámica y como campos de acción dentro del alma humana. El primer Sefirah es el deseo de manifestarse. Contiene los nueve Sefirot restantes que surgen unos de otros siguiendo un orden numérico. Véase la figura 18 en la página 266.

1. KETHER: LA CORONA
El centro que se cristaliza a partir de la Luz Infinita. La voluntad o deseo de la Deidad, el germen de la creación: por consiguiente, el germen de la conciencia individual. Aunque no haya coincidencias acerca de su sexo en la bibliografía al respecto —hay quien dice que Kether es masculino, otros dicen que es masculino o femenino—, en muchos casos Kether se considera simbólicamente como una figura paternal.

En las lecturas de Tarot, Kether puede considerarse el modelo siempre implícito en tu desarrollo presente. Es la dinámica de la que todo fluye, pero al mismo tiempo es el objetivo hacia el cual todo se encamina de forma inconsciente (si careces de introspección).

Una carta de enfrentamiento en esta posición puede revelar un patrón fijo que te ha mantenido atrapado durante un largo periodo de tiempo. No obstante, puesto que la carta ha caído en este lugar, ahora el modelo se transformará.

2. CHOKMAH: SABIDURÍA
La Corona toma conciencia de sí misma y proyecta una imagen de sí misma en Chokmah: se sitúa cara a cara con la Deidad. «En el principio era el Verbo [la Palabra], y el Verbo estaba en Dios y el Verbo era Dios» (Juan 1,1). El universo fue creado por la Sabiduría concurrente, conocida también como forma primaria. Este Sefirah se considera simbólicamente como el Hijo, también como la creatividad divina.

3. BINAH: ENTENDIMIENTO, INTELIGENCIA
De la fuerza pura antes mencionada surge la idea de la forma. Binah sigue siendo una fuerza, pero existe una forma-idea latente en ella. Entender implica que hay algo que tiene que entenderse, en tanto que la Sabiduría, el Sefirah anterior, es más abstracta. Binah es femenina, y simbólicamente es la madre.

También se atribuyen a Binah la razón y el discernimiento. Binah es Torah por escrito (como distinción de la Torah oral). Como Torah escrita, Binah pertenece al mundo físico, que es el motivo de que a menudo se llame Binah a la materia prima (o primera).

En la interpretación del Tarot: ¿cuándo necesitamos del discernimiento? ¿A qué dinámica se ha recurrido sin ser conscientes de su significación? Igual que una madre está siempre presente como factor en segundo plano, y su papel normalmente se da por supuesto, una carta en esta posición puede indicar una influencia poderosa de la que tal vez no nos percatemos del todo.

¿Eres capaz de someterte a esta energía e integrarla sin coacción (o sea, de manera yin)? Un naipe en este lugar también puede indicar una manera manifiesta de hacer cosas, que asombre a otros aunque no a ti.

Estos tres primeros Sefirot forman, por decirlo así, la idea existente tras la realidad: se hallan en un plano muy profundo. Representan el mundo de las ideas (o de la emanación). Los tres siguientes muestran una actividad mucho más material y forman conjuntamente el mundo de la creación, también calificado como mundo ético. Pueden considerarse una condensación de los tres primeros Sefirot.

4. CHESED: MISERICORDIA, BENEVOLENCIA, AMOR, GRACIA

La energía latente del universo, la energía virgen. La experiencia de la suerte y las condiciones favorables. Eres especialmente consciente de esto cuando avanzas hacia un objetivo que te conviene, y esto, a su vez, afecta a tu personalidad.

En la interpretación del Tarot: ¿qué influencia han tenido sobre ti tus logros (tanto si hablamos de la paternidad como de unos ingresos elevados)? Este tipo de éxitos marca el tono de un posterior desarrollo. ¿Qué dirección parece más prometedora?

Cuando aparecen cartas de confrontación en esta posición, nos previenen del riesgo de sacrificar la suerte y las condiciones favorables si persistimos en la actitud aludida.

5. GEVURAH: SEVERIDAD, FUERZA Y JUICIO

También se denomina «miedo», y va asociada a la ley inexorable o curso inexorable de la vida. Debemos ver el atributo del «juicio» desde este punto de vista. No es un miedo ordinario sino algo más similar al «temor de Dios», la sensación de temor reverencial que experimentamos en presencia de un poder extraordinario.

En las lecturas de Tarot: ¿qué tenemos que temer en relación con nuestro desarrollo? ¿Ante qué debemos ponernos en guardia? ¿Qué nos sucederá como resultado irremediable de la ley de causa y efecto o como consecuencia del curso de los acontecimientos que somos incapaces de cambiar? ¿Qué es lo que nos llena de voluntad y nos ayuda a estar motivados? Gevurah parece bastante negativa, pero no lo es tanto en realidad. Revela lo que estamos a punto de encontrar; porque ha llegado el momento de descubrirlo, prescindiendo de si es algo agradable o desagradable. La experiencia, negativa o positiva, nos puede fortalecer y motivar. Por supuesto, con las cartas de confrontación el proceso nos pone más a prueba.

6. TIFERETH: BELLEZA, ORNAMENTO

El punto central del Árbol de la Vida y centro de gravedad de todo lo que ha existido y todo lo que está por llegar. Tifereth también se conoce como el libertador, y representa el equilibrio. La belleza y el equilibrio son resultado conjunto de la gracia y la ley. Pero Tifereth también es el equilibrio entre Kether (1) y Malkuth (10).

En la interpretación del Tarot: ¿cómo está nuestro equilibrio interior? ¿Estamos lo bastante equilibrados físicamente para hacer frente a la vida? ¿Cuál es nuestra actitud hacia nosotros mismos?

Con las cartas de confrontación, se verá afectado todo el Árbol de la Vida, ya que entonces la capacidad para ser flexible y equilibrado en el propio planteamiento queda reducida.

El siguiente triángulo se considera el lado invisible de todo el mundo físico o natural.

7. NETZACH: VICTORIA, FIRMEZA, ETERNIDAD
El equilibrio de Tifereth se ha dividido en diferentes aspectos o energías. Se trata de un Sefirah activo. Netzach también es el poder de la imaginación creativa, o de la imaginación en general, y las emociones. El dominio es otro atributo de Netzach, pero en relación con su opuesto Hod. Netzach indica patrones fijos que pueden tener éxito o resultar útiles.

En la interpretación del Tarot: ¿de qué dinámica o energía dispones para volver a aplicar tu creatividad a esquemas útiles? O, con cartas de confrontación, ¿qué energía es la que bloquea esta reorganización, y que, por lo tanto, hay que superar?

8. HOD: GLORIA, ESPLENDOR
Las energías de Netzach ahora toman forma. Hod es el poder de las imágenes concretas pertenecientes a conceptos mentales; la sumisión en relación con Netzach; en un sentido positivo, nuestra vida gana esplendor cuando estamos dispuestos a hacer un sacrificio para que nuestra creatividad salga a la luz. El sacrificio consiste en cultivar la «sumisión». Hemos dejado de ser libres del todo. Pero la faceta creativa que ahora se percibe ya puede brillar y cada vez hacerse más visible.

En la interpretación del Tarot: ¿qué es lo que ha de sacrificarse antes de lograr un nuevo progreso? O bien: ¿qué es lo que iluminará nuestra vida?

9. YESOD: FUNDAMENTO, BASE
En esta base se unen todos los poderes de los Sefirot anteriores, y Yesod pasa a constituir la fuente de todo lo existente y de todo lo perceptible y palpable en la Tierra. Yesod es como un dibujo arquitectónico, o una copia de lo que va a expresarse en los siguientes Sefirah. El mundo de los instintos está también incluido en Yesod.

En la interpretación del Tarot: ¿qué hay latente bajo la superficie, a punto de irrumpir tanto en el plano psicológico como en la realidad concreta? Además, ¿qué camino puede ayudarnos a movernos hacia nuestro interior (es decir, de Malkuth al Sefirot más elevado)?

10. MALKUTH: EL REINO

En este Sefirah contemplamos el total de los anteriores Sefirot; Malkuth se considera correctamente como la Tierra, pero es mejor tratarlo como todo nuestro universo físico, de quien Yesod constituye, por así decir, el cuerpo sutil. Malkuth es el mundo de las paradojas: aquí los contrarios se encuentran como fuerzas contrarias, lo masculino y lo femenino se oponen, aunque en un plano superior del Árbol de la Vida están unidos armoniosamente. Malkuth es el mundo del individuo humano en el que uno tiene que luchar y hacer todo lo posible en la vida diaria para devolver la armonía a la polaridad primaria. (Generalmente se acepta que podemos acceder a los últimos siete Sefirot, pero que los últimos tres quedan más allá de nuestro alcance.)

A la hora de leer el Tarot, aunque la carta que cae en esta posición implica una confrontación inmediata y directa con la realidad, no puede considerarse de forma aislada sin tener en cuenta todas las cartas precedentes, ya que éstas muestran el proceso de construcción, del cual esta posición es el resultado.

No sólo la figura del Árbol de la Vida tiene lugares especiales para cada uno de los diez Sefirot, sino que se construye de acuerdo a un modelo profundo. De este modo, el Árbol de la Vida tiene tres pilares:

- El pilar de en medio no tiene nombre, pero se denomina el pilar de la benignidad; este pilar simboliza el equilibrio y la unión, y es andrógino.
- El pilar izquierdo se llama Boaz y es el pilar de la Justicia; es el pilar femenino y su color es negro.
- El pilar derecho se llama Jachin y es el pilar de la Misericordia; es el pilar masculino y su color es blanco.

Los diez Sefirot se distribuyen entre los tres pilares: cuatro en el pilar de en medio, tres en el de la izquierda y tres en el de la derecha. Cada uno de los Sefirot de los tres pilares se vincula directa e indirectamente a un patrón conocido como los caminos. Como hemos mencionado antes, hay veintidós caminos asociados regularmente a las veintidós cartas de los Arcanos Mayores.

Los Sefirot Kether (Corona), Chokmah (Sabiduría) y Binah (Entendimiento), el primero, segundo y tercero, forman conjuntamente un triángulo con la punta hacia arriba. Los números cuatro, cinco y seis, Chesed, Gevurah y Tifereth, forman un triángulo con la punta hacia abajo. Además, los dos triángulos se disponen de tal forma que estos Sefirot combinados conjuntamente forman un círculo (véase figura 18, pág. 266).

Por debajo hay cuatro Sefirot más, que pueden unirse con líneas, pero también pueden formar una figura tridimensional: el tetraedro, o cuatro superficies triangulares que forman una unidad. Aquí los Sefirot números tres y cuatro se unen para marcar la entrada de la forma sólida y material.

Aunque el Árbol de la Vida encierra mucho más simbolismo que todo esto, nos importa principalmente el simbolismo que podemos aplicar a la lectura del Tarot. Una vez que te hayas familiarizado con la combinación de Tarot y Árbol de la Vida, te recomendaría encarecidamente que ahondaras más en la Cábala. La tirada del Árbol de la Vida (que aparece en el apartado siguiente) dispondrá de más perspectiva y una dimensión adicional, y se convertirá en una verdadera aventura. Dejará de ser una tirada que empleas sólo para responder a preguntas. El Árbol de la Vida se relaciona con cuestiones más espirituales y místicas; por no hablar de tu propio desarrollo como individuo, tu proceso de individuación, como lo denominaría Jung.

Pues bien, ¿cómo puede emplearse el Árbol de la Vida como tirada de Tarot? De hecho, se puede hacer de cualquier modo que te parezca sugerente, pero podemos usar las siguientes formas como modelo.

El Árbol de la Vida y los Arcanos Mayores

Para poder formarte una idea de tu estado psíquico, puedes echar las cartas de los Arcanos Mayores en el diagrama del

Árbol de la Vida, preferiblemente en los lugares de los diez Sefirot. La tirada tiene que interpretarse entonces desde el punto de vista de los significados de cada puesto. También se puede dejar sitio para el denominado Sefirah undécimo, oculto o velado: Da'ath. Algunas personas lo localizan entre los Sefirot segundo y tercero (que, cuando se toman conjuntamente, representan el matrimonio entre hombre y mujer), pero si no hay sitio para él en el conjunto de la tirada, puedes dejarlo aparte, al lado (o debajo) del Árbol de la Vida. Desde un punto de vista simbólico, es mejor no ponerlo encima del Árbol, ya que este es el lugar que corresponde a Dios.

El Árbol de la Vida y los Arcanos Mayores y Menores

Aquí nos ponemos a trabajar exactamente de la misma manera descrita antes, excepto que ahora se emplea toda la baraja. Se atribuye más profundidad a cualquier interpretación cada vez que sale un naipe de los Arcanos Mayores, ya que los lugares donde caen tienen un acento especial y atraen una parte de la interpretación a sí mismos.

El Árbol de la Vida en toda su extensión

Para este sistema tomamos los Arcanos Mayores y Menores y echamos las cartas cara abajo, una tras otra, en los diez Sefirot del 1 al 10. En total, puedes dar la vuelta siete veces de manera que cada Sefirah reciba siete cartas. Las ocho cartas restantes pertenecen al undécimo Sefirah secreto, Da'ath.

El arte de la lectura es asociar el significado de cada Sefirah a las cartas que caen en esa posición. Estas cartas revelan inhibiciones y estímulos, necesidades y problemas en la manifestación de esta emanación divina o tema. Por consiguiente, tenemos que encontrar una conexión entre las siete cartas de cada Sefirah para que presenten una imagen o historia coherente. En un comienzo tal vez no sea fácil. El método es bastante complicado y requiere experiencia para manejarlo satisfactoriamente, pero merece la pena hacerlo.

- *Ejemplo 1: un consultante masculino*

Un hombre de mediana edad repartió las siguientes cartas sobre los diez Sefirot del Árbol de la Vida para poder formarse una idea de la situación por la que atravesaba en aquel momento. Aunque le estaban pasando muchas cosas y su situación era turbulenta, estaba saliendo adelante y no dejaba que los acontecimientos le deprimieran. Estas eran las cartas (véase la figura 19 de la página 275):

  1. Kether: Nueve de Espadas
  2. Chokmah: El Emperador
  3. Binah: As de Varas
  4. Chesed: Siete de Varas
  5. Gevurah: Paje de Copas
  6. Tifereth: El Juicio
  7. Netzach: La Templanza
  8. Hod: Diez de Espadas
  9. Yesod: El Loco
  10. Malkuth: El Carro
     Da'ath: Tres de Pentáculos

Hay cinco Sefirot que destacan porque han recibido una carta de los Arcanos Mayores: 2, 6, 7, 9 y 10. El Sefirah 6 es especialmente importante: Tifereth indica cómo se ve el hombre a sí mismo, lo equilibrado que está y si es capaz de enfrentarse a problemas. El Juicio aquí es positivo y confirma la impresión que ya se ha formado. Es bastante optimista y capaz de aceptar el revuelo existente en su vida (tanto dentro como fuera de él), y se percata del motivo sin necesidad de racionalizarlo. Con esta combinación podemos considerar el resto de la tirada con mayor confianza.

El Loco está a punto de hacer acto de aparición: sigue inactivo, pero está a punto de irrumpir en Yesod. Es un paso en el espacio, un salto a lo nuevo y lo desconocido. Una nueva dirección en la vida, o algún gran cambio interior combinado con una nueva actitud, está a punto de manifestarse. El hombre ha sabido durante un tiempo que su vida tendría que transformarse, pero no ha sido capaz de determinar las diferencias necesa-

Figura 19. La tirada del Árbol de la Vida.

rias, o cómo podrían presentarse. Esta impresión ha sido bastante intensa.

Malkuth tiene el Carro. Esto significa tenerse a uno mismo controlado, es un impulso hacia el (subsiguiente) desarrollo del yo. También significa percatarse de las fuerzas contradictorias que existen en uno mismo y que se han de dominar (las esfinges negra y blanca que se supone tiran del carro). En combinación con el Loco situado inmediatamente arriba, representa la tarea de volverse a mirar a uno mismo y, simultáneamente, ocuparse de los impulsos interiores de forma diferente, sin perderlos de vista ni dejando de mantener el control sobre ellos. Con el Juicio en Tifereth, debería ser capaz de enfrentarse a este desarrollo con confianza.

No obstante, el Nueve de Espadas en Kether indica que los problemas internos se remontan muy atrás en el tiempo. A Kether se le llama el padre, y, aunque es una idea metafórica, el hombre no duda del gran daño psicológico que la crueldad del padre y su falta de afecto le han hecho en el pasado. Comentó que la idea de «padre» aún le molestaba, pese a la ayuda psicológica y sus propios esfuerzos para superarlo. El Nueve de Espadas es una carta depresiva que aparentemente no tiene mucho que ofrecer. Podemos encontrar la causa en la colcha estampada del naipe. Si la observas de cerca, verás varios símbolos astrológicos. ¡El planeta clásico que se echa de menos es Venus! Venus, como sabrás, es el planeta de la relación: la energía dirigida a la otra persona, una mano tendida. Es la seguridad que proporciona el amor entre uno mismo y los demás. Todo esto se echa de menos en la colcha de la cama, y es una causa que contribuye a la depresión del Nueve de Espadas. Cuando el pensamiento se lleva demasiado lejos sin ninguna comunicación con la vida ni con una pareja, acaba por ser destructivo. Kether, para entendernos, está pidiendo que borden a Venus en la colcha o, en otras palabras, que el hombre esté preparado para relacionarse más.

El Emperador en Chokmah revela que está haciendo todo el esfuerzo posible para ocuparse con eficacia de cuestiones concretas. Pero la rigidez, la inhibición y la torpeza, y tal vez el deseo de controlar demasiado, pueden obstruir la consecución de objetivos interiores. Puesto que la carta en cuestión pertenece a los Arcanos Mayores, la advertencia es mucho más seria.

El As de Varas en Binah señala que el hombre no tiene ni idea (o casi) de cuántos pensamientos e iniciativas de todo tipo desempeñan una función en él. ¿Qué clase de función? Su aplicación puede rescatar a este hombre de problemas de todo tipo. Aunque él haga lo que sea necesario al instante, la combinación del Emperador en Chokmah indica demasiado control, y es posible que parte de lo que él hace, sumado a su manera de aferrarse a las cosas, acabe por desbaratar su objetivo interior. Lo cierto es que el Nueve de Espadas no facilita ningún proyecto arriesgado. Aunque tomar el mando y mantenerse activo a veces puede serle de ayuda cuando está deprimido, tiene verdadera importancia implicarse en el mundo exterior y en la misma vida cuando el Nueve de Espadas hace acto de presencia. El As de Varas puede revelar una fuerte implicación, ya que representa un fluir inocente de posibilidades e ideas, pero el Emperador definitivamente no es una carta benigna.

El Siete de Varas en Chesed se sitúa en la misma línea. ¿Qué ayuda podemos esperar? Mantenerse ocupado, por sí solo, puede provocar una buena sensación. Pero el Siete es paradójico y lleva con él el peligro de que cualquier cosa que hagamos creará rivalidades y agravará la contienda. Otro riesgo del Siete de Varas es una guerra de desgaste con uno mismo. Hay que tener cuidado con esto para no echar a perder las cosas.

No obstante, el Paje de Copas en Gevurah aparece de manera irrevocable en su camino, con una incipiente vida emocional o alguna respuesta emocional prematura; y el Paje, puesto que sólo es un Paje, aún está inseguro sobre qué hacer. Pero, inseguro o no, se trata decididamente de algo que necesita para contrarrestar al Nueve de Espadas en Kether. Es importante que él haga algo con sus sentimientos embrionarios, ya que lo que realice dará fruto.

Netzach tiene la Templanza y Hod tiene el Diez de Espadas. Netzach pregunta qué energía podemos gastar para expresar nuestra creatividad de mejor forma. La Templanza es una dinámica que encontramos en nuestra psique después de una época difícil o después de una crisis, cuando las cosas se han calmado y dejamos de actuar, cuando nos quitamos las máscaras y descartamos toda conducta artificial. En este estado de tranquilidad, intentamos lograr un mayor equilibrio; a esto alude aquí la Templanza. Si el hombre es capaz de preservar su calma interior (y con el Juicio en Tifereth hay muchas posibilidades de que sea así), su creatividad se abrirá camino. No obstante, debe tener cuidado y no abandonarse a un estado de falso reposo ni imaginar que ya ha llegado. Con el Nueve de Espadas en Kether, esto constituye un peligro evidente. El Diez de Espadas en Hod deja claro que el hombre tiene que renunciar a su opinión de sí mismo si quiere evitar inhibir sus procesos creativos. Una luz reluce en el horizonte con el Diez de Espadas, pero esta carta a menudo transmite pensamientos fuertemente negativos o temores que entorpecen la vida. El hombre tendrá que renunciar a ellos para poder proseguir, antes de iluminar su vida.

En Da'ath cae el Tres de Pentáculos. El hombre aún no ha cumplido su trabajo. Debe seguir insistiendo para alcanzar su objetivo. El conocimiento de Da'ath se puede interpretar mejor como la garantía de que, si él asimila bien las ideas que se ha formado con los otros naipes que forman el resto de la lectura, el camino en el que se encuentra ahora producirá resultados genuinos.

La imagen que surge como un todo indica que el hombre está bien equilibrado (el Juicio en Tifereth) pese al momento difícil por el que está pasando. Irá recuperando su compostura. Sus problemas internos tienen que ver principalmente con juicios negativos y situaciones del pasado en donde se le privó de afecto y no se sintió parte de la vida: el Nueve de Espadas en Kether.

El hombre puede ponerse a trabajar de forma sistemática (el Emperador) y esforzarse para superar los problemas, pero corre el riesgo de subir demasiado el listón, regresar a su antiguo patrón y mantener su actitud negativa hacia sí mismo.

Tal vez no se percate de lo activo que es y cuántas cosas nuevas está ingeniando con la intención inconsciente de alcanzar cierta forma de seguridad (el As de Varas en Binah).

Este modelo de actividad puede obstruir sus vínculos emocionales con el mundo. Está demasiado ocupado y, con el Siete de Varas en Chesed, incluso corre el riesgo de sufrir reveses como consecuencia de la actividad excesiva o de su larga lucha consigo mismo.

Surgirán situaciones en las que tomará contacto con sus sentimientos, aunque no se sentirá del todo cómodo en ellas (el Paje de Copas), y necesita percatarse de la vital importancia de este contacto para su subsiguiente desarrollo (¡será juzgado por ello en Gevurah!).

Aunque se encuentra en condiciones de vivir y trabajar con tranquilidad, tiene que tomar precauciones para no desarrollar esto convirtiéndolo en una especie de distanciamiento mental, o el Paje de Copas no será capaz de hacerse notar.

Es más, debe hacer algo acerca de la baja opinión que tiene sobre sí mismo: el Diez de Espadas en Hod. Por consiguiente, debe hacer un hueco para sus emociones y abandonar sus pensamientos negativos. Entonces el Loco en Yesod será libre para dar el paso decisivo hacia una nueva vida, con nuevas responsabilidades y una identidad en vías de cambio (el Carro en Malkuth).

El hecho de que el Pilar de en Medio tenga una carta de los Arcanos Mayores en tres de sus cuatro posiciones indica que el hombre se encuentra en un punto importante en su vida, un periodo en el que existe una gran actividad y tumulto interior en el camino hacia un nuevo equilibrio.

13
La tirada astrológica

Para los astrólogos, interpretar las doce casas del horóscopo es un método comprobado y seguro. Sin duda, los practicantes experimentados de astrología, que conocen al dedillo el significado de las doce casas, no tardarán en dominar el arte de echar las cartas del Tarot en las posiciones de las doce casas astrológicas. Incluso los no astrólogos podrán desenvolverse bien, pero, por supuesto, les llevará más tiempo entender los puntos más sutiles, que a un buen astrólogo le serán evidentes desde el principio.

La tirada

Con este método, lo habitual no suele ser hacer preguntas, ya que el sistema es tan extenso que permite discernir la situación de forma global; la pregunta que te interese a ti ya forma parte de esto. Si prestas demasiada atención a una sola pregunta, puedes embrollar la interpretación.

Dispón de un sitio amplio e imagina un círculo; empieza por la izquierda y forma el círculo en el sentido contrario a las manecillas del reloj. También puedes emplear una carta astral ya elaborada. Tu círculo tiene que dividirse en doce compartimientos: son las casas. Cada casa tiene el mismo tamaño y su propio significado. La casa de la izquierda situada por debajo de la línea del medio es la primera casa, y la siguiente (en sentido contrario a las manecillas) es la segunda, y así sucesivamente (véase la figura 20, pág. 282).

Ahora puedes ponerte a trabajar según uno de los dos siguientes sistemas: o bien repartes los Arcanos Mayores y Menores por separado, o bien los repartes a partir de una sola ba-

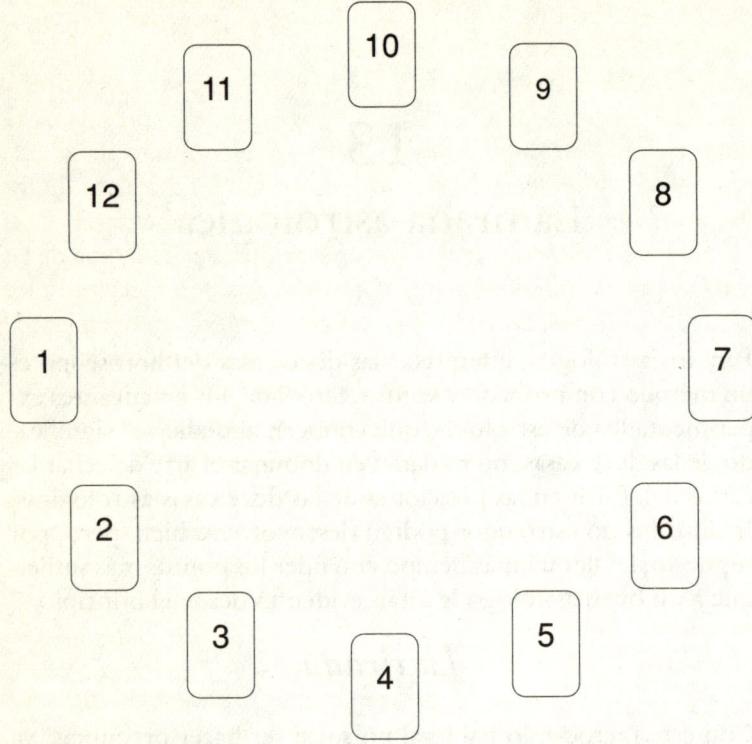

Figura 20. La tirada astrológica.

raja en la que los Arcanos Mayores y Menores se han mezclado conjuntamente. Con ambos métodos puedes escoger cuántas veces repartes cartas a toda la vuelta. Por ejemplo, puede bastarte una sola carta para cada casa, pero también puedes tirar cuatro o cinco cartas para cada una. Esta última opción convierte la interpretación en un asunto mucho más complicado, por lo tanto no se lo recomiendo al principiante. Más adelante merecerá la pena experimentar con dos cartas en cada casa; en mi caso, generalmente me parece suficiente tres cartas por casa. Así todo queda claro, ya que las cartas se respaldan unas a otras y se delinea un curso que seguir. Ten presente que lo que sale en las casas en la primera ronda es lo más significativo y que las cartas siguientes no son tan importantes. Matizan el significado de la primera ronda y muestran la evolución que se puede producir como resultado de esa ronda con el paso del tiempo, o bien señalan a qué tendríamos que prestar atención.

La ventaja de usar toda la baraja —los Arcanos Mayores y Menores juntos— es la certidumbre de que, cuando una carta de los Arcanos Mayores cae en una casa, ese ámbito de la vida toma preponderancia en ti o lo hará pronto. Las cartas de los Arcanos Menores tienen una relación más suplementaria.

Bien podría ser que, al echar varias cartas por casa, una de las casas destaque por contener más de una carta perteneciente a los Arcanos Mayores. De hecho, es una experiencia común en la vida que cierto ámbito sea preferente durante un periodo concreto, o tal vez que otras áreas se retiren a la sombra durante un tiempo. Con este método identificas automáticamente las diferentes áreas, así como cualquier cosa que suceda interiormente.

Si decides usar las cartas de ambos grupos por separado, primero de todo toma doce cartas de los Arcanos Mayores sin mirarlas y ponlas cara abajo en las casas de tu elección. De este modo es posible que tires tu primera carta en la novena casa. La secuencia no importa; lo que cuenta es que, sin pensar demasiado, te limites a tirar cada carta donde te parezca o intuyas que debería ir. Tras poner tus doce cartas, aún quedan diez cartas de los Arcanos Mayores; lo cual significa que no hay suficientes para repartir otra ronda puesto que hay doce casas. Deja a un lado la baraja; tal vez puedas usarla más tarde.

Ahora coge los Arcanos Menores y reparte una o más cartas de los mismos por cada casa. Se puede hacer de varias maneras. También puedes tirar una carta por casa al azar en la primera ronda y luego sacar cartas una tras otra desde la parte superior de la baraja en series sucesivas. Si quieres saber más acerca de cierta casa mientras haces una lectura, puedes sacar de los Arcanos Mayores restantes una carta al azar para esa casa, para poder detectar cualquier otra tendencia o desarrollo.

Puedes agotar toda la baraja y poner varias cartas en cada una de las posiciones, sin importar que haya más cartas en una u otra casa. Déjate llevar por tu intuición y sé creativo. Pero ten presente que, debido a ciertos temores e incertidumbres, tenderás a apilar las cartas en cierta casa para tener algo sólido a lo que agarrarte, ¡y el número total de cartas resultará confuso!

Por ejemplo, cuando una relación sentimental empieza a tener problemas, tenderás a acumular cartas en la séptima casa simplemente para descubrir el desenlace final. Estas cartas representan no sólo el proceso que tiene lugar dentro de ti y cómo transcurre la relación amorosa, sino también tu preocupación presente. Y si estás demasiado ansioso por buscar una solución o una respuesta, tu psique normalmente estará tan predispuesta que será fácil cometer errores en el momento de leer las cartas. A veces es mejor tratar esa casa con normalidad cuando se hace la tirada y esperar a encontrarte en un estado mental más calmado en relación a este tema antes de lanzarte a una interpretación.

Como ya habrás deducido, la tirada consiste en un círculo con doce compartimientos, cada uno de los cuales contiene una o más cartas. Cada división o «casa» representa un ámbito de la vida, un terreno de la existencia cotidiana a través del cual (y en el cual) se adquieren ciertas experiencias. Las casas también tienen un peso psicológico y se asocian a predisposiciones específicas. Por lo tanto una casa puede tener interpretaciones diversas.

La carta o cartas que se tiran en una casa indican qué está sucediendo en esa área de la vida, las experiencias que tienen lugar ahí, lo que se presenta en tu camino, lo que tú, tú mismo, estás haciendo, y qué necesidades y respuestas son inevitables. Se requiere cierta habilidad para conseguir una combinación significativa de carta y casa e interpretarla correctamente. Para que puedas seguir adelante, expondré brevemente los significados de las casas astrológicas.

PRIMERA CASA
Psicológico: Nuestra actitud inmediata hacia el mundo externo y la impresión que creamos en él. Nuestra manera de reaccionar (mental y físicamente) a cualquier tipo de estímulo externo. El comienzo; la forma de emprender algo nuevo; la personalidad; la vitalidad; el nervio; el amor propio.

Externo: Las características externas de la persona en cuestión; gestos; aspecto; la imagen pública de cada cosa o persona; forma externa, con su belleza o falta de belleza.

Personal: El consultante, el recién llegado, alguien que acaba de aparecer, compañeros de viaje.

Físico: La cabeza.

SEGUNDA CASA
Psicológico: Nuestra actitud hacia la riqueza y los objetos que ofrecen seguridad. Sensaciones de satisfacción y falta de satisfacción, y las motivaciones consecuencia de ellas. Habilidades para mantener nuestra existencia; por ejemplo, habilidades que nos permiten tener ingresos. La necesidad de seguridad material y la manera en que la expresamos; sentido económico.

Externo: Dinero y propiedades; todo lo relacionado con las posesiones; hábitos de consumo; fuentes de ingresos; deudas, riqueza; ganancias y pérdidas.

Personal: Antepasados, joyeros, banqueros, inversores, cajeros, corredores de Bolsa, tasadores.

Físico: Garganta y nuca.

TERCERA CASA
Psicológico: Pensamiento práctico, la necesidad de analizar y clasificar todos los hechos y asuntos que suceden ante nosotros. En consecuencia: pensamiento analítico; la conexión de hechos; la conexión de gente entre sí a través de la comunicación y el contacto; también la conexión entre personas y cosas, como en el comercio (en el que la gente intercambia bienes por dinero); pensamiento analítico práctico; clasificación, ordenación; comunicaciones breves, y contactos rápidos y cortos pero no demasiado profundos; sed de noticias; intercambio de información.

Externo: Cartas, correo, comunicados, toda forma de publicidad, viajes breves; medios de transporte; documentos; el texto de contratos y acuerdos; teléfono; vecindario y entorno inmediato; números y matemáticas; radiodifusión.

Personal: Vecinos, hermanos, hermanas, comerciantes, funcionarios de Correos, representantes, vendedores comerciales, maestros, periodistas, portavoces, visitantes, traductores, escritores, publicistas y profesionales de la radiodifusión.

Físico: Pulmones; conductos respiratorios; manos.

CUARTA CASA
Psicológico: La necesidad de alivio y seguridad emocional; base emocional interior; actitud y experiencia en circunstancias domésticas; deseo de cuidar y estimar a los demás, tanto de forma activa como pasiva; sensibilidad hacia el origen de las cosas: por consiguiente, la tradición, familia y ancestros; la juventud y cómo la recordamos; solución final o conclusión.

Externo: Casas, tierra (lugares de edificación), hoteles, propiedades históricas, bienes heredados.

Personal: Padres, familia, el granjero, horticultor o constructor.

Físico: Pecho y estómago.

QUINTA CASA
Psicológico: La necesidad de distinguirse en cosas que nos divierten, como deportes, juegos, placeres, diversión y el amor; deseo de ser nosotros mismos, de desarrollar la confianza en uno mismo y de situarnos en el centro de las cosas. Nuestra necesidad creativa y la necesidad de ser productivo para deleite propio y satisfacción interior, sin consideración de ninguna utilidad. El impulso creativo en cosas como el amor y el arte, o en el amor «procreador» donde nos rendimos al deseo sexual y podemos implicarnos en la creación de niños.

Externo: Todos los lugares de entretenimiento, cines, teatros, casinos, circo, salas de conciertos, lugares donde se organizan festivales, parques temáticos, campos de golf, campos de fútbol y béisbol y otros terrenos deportivos, etcétera.

Personal: Niños, gente del espectáculo, amantes, gente con aficiones, especuladores, jugadores, corredores de Bolsa especuladores (en combinación con la segunda casa), deportistas.

Físico: Corazón y espalda.

SEXTA CASA
Psicológico: La necesidad de deliberar, analizar y entender, para ser capaz de aplicar mediante un sistema claro, útil y concreto, lo que hemos aprendido. Nuestra actitud hacia el trabajo y el entorno laboral, especialmente cuando existe subordinación y se realizan tareas humildes. El cuidado que dedicamos a nuestro cuerpo, especialmente cuando afecta a nuestra salud: por lo tanto, lo que hacemos en referencia a la dieta, enfermedad y asuntos relacionados. La manera en que reaccionamos ante la realidad cotidiana objetiva.

Externo: Condiciones de trabajo; la oficina, fábrica; consulta de un médico; tiendas; restaurantes; comisarías de policía; campamentos militares. Además: lesiones provocadas por animales, como mordeduras y rasguños. La cosecha.

Personal: Trabajadores manuales, guardas de almacén, dietistas, dependientes, asistentes, médicos, y cualquiera que esté al servicio de los demás.

Físico: Intestinos.

SÉPTIMA CASA
Psicológico: Actitud hacia la pareja, qué hemos llegado a esperar de nuestra pareja y experiencias en la relación de pareja (matrimonio o convivencia). Enfoque del trabajo en equipo con otras personas y experiencias al respecto; necesidad de armonía y belleza; necesidad de equilibrio y una atmósfera amistosa; enemigos y cómo los tratamos.

Externo: Licencia de matrimonio, contratos, tratados de paz, bellas artes.

Personal: Parejas, compañeros, diplomáticos, enemigos declarados; socios contractuales, la otra parte en una demanda judicial, a veces el extranjero o refugiado, «la otra persona» en general.

Físico: Riñones y parte inferior de la espalda.

OCTAVA CASA
Psicológico: Afición al riesgo; ahondar hasta lo más profundo para obtener la verdad; talento para la psicología, la parapsicología, el ocultismo; actitud inconsciente hacia compañeros y trabajo en equipo, que en este caso es consecuencia de la relación que mantenemos con nuestro inconsciente. Por consiguiente, ansiedades y represiones que entran en juego con la necesidad de emplear y exhibir nuestra creatividad. Miedo a la muerte y amor a la vida; intensidad; poder de recuperación psíquica; actitud sexual (y entrega a nuestra pareja).

Externo: Legados, donaciones, funerales, muerte, enfermedad mental, seguros (de vida), testamentos, finanzas compartidas (con socio o compañero), tributación, autopsias, cementerios, mataderos, alcantarillas.

Personal: Empresarios de funerarias, cirujanos, aseguradores, arqueólogos, buceadores de gran profundidad, a veces también los mineros (en combinación con la sexta casa), psicólogos, psiquiatras, detectives, inspectores fiscales, detectives de policía, investigadores científicos, carniceros, asesinos y suicidas.

Físico: Órganos de reproducción.

NOVENA CASA
Psicológico: Necesidad de expansión y una visión más amplia; ansia de viajar (tanto física como espiritualmente); nuestra actitud hacia la educación de adultos, hacia los estudios en el extranjero y hacia la religión y la filosofía; ideales y sentido de la justicia.

Externo: Viajes largos (más allá del entorno familiar), países extranjeros, cualquier lugar distante de nuestro sitio de residencia, libros de texto, embajadas, contactos a nivel mundial, el Tribunal Supremo, exportaciones, publicaciones, universidades, institutos, transporte internacional.

Personal: Profesores universitarios, clérigos, jueces, exploradores, embajadores, mensajeros, agentes de viaje, extranjeros, nietos, cuñadas y cuñados, jurados, filósofos, escritores que se especializan en matemáticas, viajes, religión, ciencia, derecho (en cuanto a la dispensación de la justicia). [La ley en el sentido de mantener el orden pertenece a la décima casa.]

Físico: Hígado y caderas.

DÉCIMA CASA
Psicológico: Necesidad de demarcar nuestro «yo» y formarnos una imagen clara de nosotros mismos y del mundo exterior; búsqueda de una posición social reconocida; máscara que nos ponemos conscientemente para sentir que funcionamos en el mundo exterior; el deseo de definirnos y encasillarnos a nosotros y a los demás de tal manera que todo el mundo conozca su sitio; la primera impresión que creamos.

Externo: Edificios gubernamentales, carrera, fama o deshonor, posición social, reputación, ley, todas las normas y regulaciones, condición y lugar en la sociedad.

Personal: Jefes de Estado, primeros ministros, presidentes, monarcas, gente con poder y autoridad, empresarios, legisladores, ejecutivos, individuos ambiciosos; a menudo, uno de los padres.

Físico: Huesos, dentadura, cabello, uñas (es decir, las partes duras del cuerpo), rodillas y otras articulaciones.

UNDÉCIMA CASA
Psicológico: La necesidad compulsiva de traspasar rígidas limitaciones y acabar por conocer a los demás como iguales (es decir, ni como superiores ni como inferiores); actitud hacia los amigos y la amistad y lo que se espera y se experimenta en esta área;

la necesidad de asociarse con personas de mentalidad similar y ser capaz de discutir libremente con ellas.

Externo: Centros sociales, sedes de sociedades y partidos políticos, la asamblea legislativa y la democracia; organizaciones con una finalidad específica; legisladores (especialmente cuando se desarrollan programas políticos); tratados internacionales.

Personal: Amigos, asesores confidenciales, sindicalistas, miembros de asociaciones, yernos y nueras.

Físico: Pantorrillas y tobillos.

DUODÉCIMA CASA
Psicológico: La necesidad de aislamiento y distanciamiento para poder romper las trabas con el mundo de las preocupaciones cotidianas. Temores secretos e inhibiciones que pueden inmovilizarnos, pero que posiblemente también nos proporcionen el incentivo de buscar una unión mística interior que trascienda la personalidad. Por un lado, la absorción de la personalidad por el colectivo, las masas o el inconsciente (con cierto riesgo), pero, por otro, el regalo de ser capaz de comunicarse con el inconsciente, comprender el significado de los sueños, el simbolismo y toda la vida interior, y ser capaz de integrarlos a la vida diaria.

Aquí encontramos un mecanismo que amenaza con «liquidar» el desarrollo personal, pero, al mismo tiempo, tiene la facultad de elevar la personalidad fuera del mundo de los contrarios hasta un nivel superior, de un modo poco menos que místico-religioso. La confrontación con todo lo que está operando en nuestra psique personal como resultado de las experiencias inconscientes de la infancia (una fase mítica) y de nuestras reacciones al entorno en aquel tiempo, las susceptibilidades y represiones de nuestros padres y cuidadores y su entorno, y a las circunstancias difíciles.

Esta casa significa nuestra necesidad de expresar una sensación más profunda de unión con la vida, por ejemplo a través de la oración y la religión, pero además con la música y el arte, o con la ayuda a los desprotegidos. Nuestra unidad con la vida también puede encontrar una salida en la clarividencia y la adivinación.

Externo: Conventos, instituciones, prisiones, hospitales, sanatorios y lugares similares, sitios ocultos, lugares aislados, el mar, las sociedades secretas, drogas, venenos, impedimentos, dolor, asesinato con sufrimiento, suicidio, escándalos, difamación, soborno. Pero también: meditación, obras de caridad, voluntariado, sueño e hipnosis.

Personal: Monjes, monjas, yoguis, asistentes sociales; pero también enemigos secretos, ladrones, embaucadores, secuestradores, marginados, fugitivos y toxicómanos. Viudas y huérfanos, gente ingresada en instituciones o que están en un centro de acogida, y todas las personas que necesitan ayuda o que están marginadas. Funcionarios de prisiones, enfermeras (también en la sexta casa como profesión al servicio de otros), anestesistas. Aventuras sentimentales clandestinas. Médiums, pero también los sonámbulos, hipnotizadores y practicantes de terapias alternativas, como los homeópatas. Marinos, artistas y músicos.

Físico: Pies.

Una vez que estés preparado para una tirada astrológica, haz un esfuerzo para permitir que las imágenes de las cartas tengan algún efecto en ti. No te preocupes por cartas que te parezcan «negativas», y, al mismo tiempo, no te entusiasmes con lo que parecen cartas «positivas»: cada carta tiene dos facetas y, en la práctica, no es buena idea limitarse a alguna de ellas. Trata las cartas como una descripción de tu situación actual y comprueba si puedes deducir, a partir de su simbolismo, cuál es la salida a un problema dado.

- *Ejemplo 1: una consultante femenina*

Una mujer joven, emprendedora y activa, se sentía tensa e inquieta. Habían surgido ciertos problemas maritales y, en su trabajo, se sentía motivada y al mismo tiempo falta de motivación. Sus hijos estaban bien y tenía una buena relación con ellos.

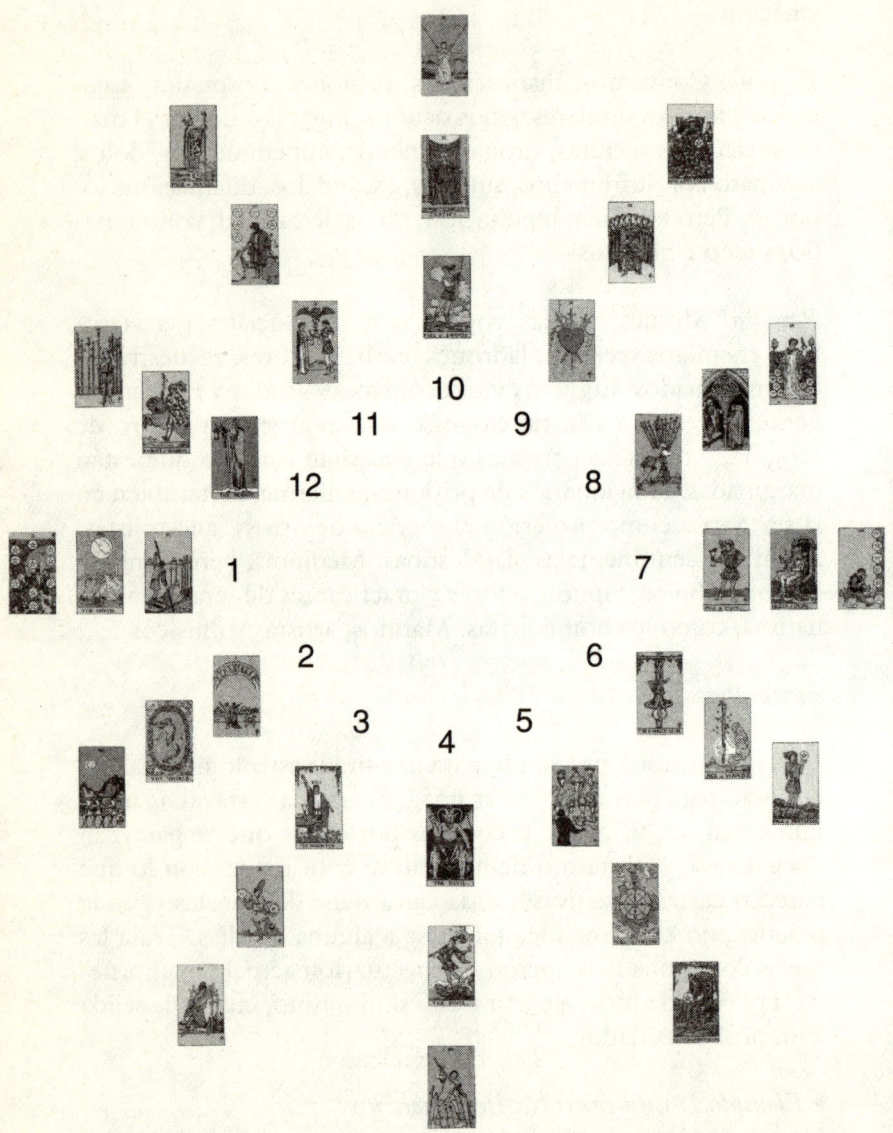

Figura 21. La tirada astrológica. Se trata de la tirada que comentamos en el ejemplo 1.

La tirada astrológica

Sacó las siguientes cartas de una baraja que incluía tanto los Arcanos Mayores como los Menores. En la primera ronda las cartas se extendieron en forma de abanico y ella las eligió al azar; pero en la segunda y tercera rondas se repartieron desde la parte superior de la baraja (véase figura 21, pág. 292).

Primera casa:	Seis de Espadas	(1)
	La Luna	(2)
	Diez de Pentáculos	(3)
Segunda casa:	Diez de Copas	(1)
	El Mundo	(2)
	Ocho de Copas	(3)
Tercera casa:	El Mago	(1)
	Dos de Pentáculos	(2)
	Siete de Espadas	(3)
Cuarta casa:	El Diablo	(1)
	El Loco	(2)
	Siete de Varas	(3)
Quinta casa:	Siete de Copas	(1)
	La Rueda de la Fortuna	(2)
	Reina de Pentáculos	(3)
Sexta casa:	El Colgado	(1)
	As de Varas	(2)
	Paje de Pentáculos	(3)
Séptima casa:	Paje de Copas	(1)
	Reina de Copas	(2)
	Ocho de Pentáculos	(3)
Octava casa:	Diez de Varas	(1)
	Tres de Pentáculos	(2)
	Nueve de Pentáculos	(3)
Novena casa:	Tres de Espadas	(1)
	Nueve de Copas	(2)
	Rey de Pentáculos	(3)

Décima casa:	Paje de Espadas	(1)
	La Justicia	(2)
	Dos de Espadas	(3)
Undécima casa:	Dos de Copas	(1)
	Seis de Pentáculos	(2)
	Paje de Varas	(3)
Duodécima casa:	El Ermitaño	(1)
	Caballero de Varas	(2)
	Nueve de Varas	(3)

No hay nada intrínsecamente malo en ir sistemáticamente casa por casa para comprobar y combinar los significados de las cartas; pero tal vez prefieras ver si hay alguna cosa destacable, como las casas donde ha caído una carta de los Arcanos Mayores en la primera ronda. Con cierta frecuencia, la historia parece girar en torno a estos temas. En nuestro ejemplo vemos que, en la primera ronda, los Arcanos Mayores ocupan las casas 3, 4, 6 y 12. En la segunda ronda, las casas 1, 2, 4, 5 y 10 incluyen también cartas de triunfos, pero tienen un significado complementario. De cualquier modo, acentúan el papel de las casas y nos alertan del hecho de que su significado adicional es importante.

La cuarta casa ha recibido cartas de los Arcanos Mayores en dos de las rondas, y por consiguiente el énfasis es aún mayor. Ahí se encuentra precisamente el núcleo del dilema con el que pugnaba la mujer. Aunque describía su problema como una sensación de inquietud y una crisis de motivación, al analizarlo con más atención se percibía que atravesaba por un periodo muy turbulento.

Duras experiencias juveniles en forma de maltrato, agravio emocional e interminables peleas domésticas se habían quedado bloqueadas en su interior durante este periodo, pero ahora ya no podía omitirlas. Comentó que se ponía de muy mal genio, que continuamente estaba llorosa y furiosa, y le costaba contenerse y no echarse a gritar: «¡Ahora me toca a mí, A MÍ!». Admitió que no siempre tenía en cuenta cómo repercutía sobre su familia este comportamiento y tanta tensión. Le resultaba difícil controlarse, dijo.

Prestemos atención al Diablo como carta de los Arcanos Mayores en la cuarta casa. No podía estar más claro: en la casa de las experiencias juveniles vemos la energía asociada al impulso, la agresión y la autoafirmación. Este instinto de salvaguardarse a uno mismo, que empieza con el Diablo pero que luego tiene que llevarse más lejos, había sido suprimido en su juventud, y ahora se hacía visible de manera explosiva. Es más, el ambiente en el que ella vivía de niña queda bien descrito por la carta.

Las cartas complementarias son el Loco y el Siete de Varas. El Loco le pide que ahonde en estas emociones, que viva la experiencia aunque no sepa qué hacer al respecto. Pero, al mismo tiempo, el Loco le insta a que adopte una actitud totalmente nueva respecto al pasado y que encare las emociones y los sentimientos de distinta manera. El legado del pasado era la tensión, la agresión y el egoísmo en el hogar infantil. El Loco indica que la mujer se enfrenta ahora a un punto crítico, si lo que quiere evitar es acabar atrapada. No obstante, tiene que entrar en contacto con lo que estas experiencias y energías han liberado en ella. El Siete de Varas es una carta que implica acción, aunque corres el riesgo de verte arrastrado por sus consecuencias. Este naipe es muy aplicable a la situación de esta mujer, que siempre ha intentado en parte olvidar su estado emocional involucrándose en diversas actividades. Siempre estaba ocupada haciendo algo, en su trabajo, aficiones, ayudando a los demás, en labores de voluntariado, ayudando a crear organizaciones. El número siete debería alertarla aquí sobre la presencia de una mezcla paradójica del bien y el mal. Por un lado la tranquiliza y por otro le advierte: es bueno que esté ocupada siempre que esto no sea una excusa para aplazar cualquier consideración del problema. El Loco pide un cambio radical, y ella no debe permitir que sus actividades se interpongan en el camino.

Las demás casas que contienen una carta de los Arcanos Mayores en la primera ronda son la 3, la 6 y la 12. Vemos que las cartas de interiorización intensifican el problema: el Colgado y el Ermitaño en las casas 6 y 12 respectivamente, y una carta muy activa, el Mago, en la tercera casa.

¿Qué había realmente en juego? Todo marchaba correctamente en el trabajo; no existía ninguna dificultad insuperable.

Pero el Colgado en la sexta casa, la casa del trabajo, indicaba con claridad lo que estaba sintiendo: una necesidad tremenda de tiempo libre, de un «año sabático». Pero eso parecía imposible. La mujer comentó que ir a trabajar se le hacía cada vez difícil, lo cual no entendía pues le gustaba trabajar. Aquí es donde hacía aparición el conflicto entre la motivación y la desmotivación.

—¡Me desbordan las nuevas ideas! —exclamó—. Veo todo tipo de formas nuevas de hacer las cosas, e incluso me han pedido que organice cursos de empresa y que ofrezca charlas.

Por lo tanto, tenía nuevas ofertas de todo tipo donde escoger, todos los trabajos eran retos que, en circunstancias normales, la deleitarían. Pero algo la contenía y no sabía explicar de qué se trataba. De pronto se sentía muy cansada, sin interés, y perdía el tiempo con cualquier cosa sin llegar a nada. Luego pensaba en todo ello de forma positiva, pero también podía adoptar una actitud negativa y desorientada de aislamiento. Observamos aquí una combinación del Colgado y la sexta casa, que indica una fuerte posibilidad de fatiga y la sensación de que existe un enorme hueco entre su trabajo y lo que saca de él.

Al mismo tiempo, la presencia del Mago en la tercera casa deja claro que ella está en condiciones de organizar cursos de empresa sumamente creativos. La tercera casa siempre tiene que ver con la organización y la comunicación práctica y con impartir instrucciones. Se trataba de un reto maravilloso que podía aceptar de buen grado; pero el hecho de poner en marcha todo este esfuerzo le crea un conflicto con el Colgado, la energía que dice: «Primero debes interiorizar y entrar en la "sala de espera". Ahora están teniendo lugar otros procesos; las perspectivas del exterior deben esperar».

El Ermitaño en la casa 12 revela su ánimo experimentador; ella busca una conexión más profunda con la vida y quiere darle cierto sentido. Le gustaría introducir unas cuantas ideas Nueva Era en los cursos que quiere organizar, pero todavía no ve claro cómo. Sigue buscando, pero no sabe determinar el qué. Hay «algo» en ella que la turba, que la atrae hacia otro tipo de circunstancias, pero no tiene idea de cómo describirlo.

Entretanto, cada vez le interesa más el misticismo, la mitología, los sueños y el simbolismo: el Ermitaño en la casa 12.

—Sin duda, todo esto me llevará a algún sitio, pero no sé a dónde —dice encogiéndose de hombros—. Pero es gracioso, tengo energía de sobras para cosas de este tipo —añade.

Al analizar más a fondo las casas 12 y 6, encontramos que la casa 12, que representa la dimensión más profunda de lo que ella está buscando, contiene los naipes del Caballero de Varas y el Nueve de Varas como cartas complementarias. Una vez más, se trata de cartas activas. El Caballero de Varas señala el peligro de la impaciencia, de querer apresurar las cosas. El Nueve de Varas te previene contra hacer las cosas basándote en el recelo, como consecuencia de lo sucedido en el pasado, algo que simplemente impide ser receptivo.

Estamos ante una paradoja: en la casa donde ella debería estar tomándose las cosas con más calma, en la que las exigencias del inconsciente toman preferencia, le resulta imposible asimilarlo todo. Las Varas de la casa 12 parecen estar conectadas con el Siete de Varas de la casa 4: hay mucha actividad y un deseo de mantenerse ocupado, como defensa contra sentimientos de angustia, lo cual viene a ser una sobrecompensación. Esta combinación de cartas advierte de que la mujer estará inclinada a persistir en una conducta así y por lo tanto insistirá en operar contra sus mejores intereses en ciertos aspectos.

En la casa 6, las cartas complementarias son el As de Varas y el Paje de Pentáculos. El As de Varas es un reflejo claro del hecho de que ha recibido muchas oportunidades nuevas en el trabajo y que le podrían ofrecer todavía más. El Paje de Pentáculos también es una indicación de nuevas oportunidades en el plano material. Esta carta muestra cómo tendría que encarar los nuevos retos, como diversión más que como obligaciones. La naturaleza juguetona y la respuesta emocional se adaptan bien al Colgado; en cambio, actuar por sentido del deber y de cara a obtener resultados externos no sirve. De modo que no hay ningún daño en que ella acepte nuevos retos, pero es mejor que todavía no se comprometa ni que fije plazos; es preferible que se ocupe de estudiar qué se puede hacer y cómo saldrán las cosas. Esto por sí solo sería toda una labor para ella.

Las casas 4 y 6 obviamente se complementan entre sí en un sentido psicológico: la resistencia, que de joven le permitía aguantar, se ha transformado con el tiempo en una determinación de trabajar duro, de encarar los problemas con coraje y no preocuparse. El Colgado revela que ya no es lo adecuado que ella mantenga esta actitud en la vida cotidiana y en el trabajo, ahora que la vieja herida vuelve a abrirse y se hace sentir en el estado emocional de la mujer en casa. Por lo tanto, se encuentra en un verdadero punto crítico en su conducta.

Echemos ahora un vistazo a la casa 3 y la carta de los Arcanos Mayores en ella: el Mago. Las cartas complementarias son el Dos de Pentáculos y el Siete de Espadas. Aún es un momento incierto para dar sustancia a las lecciones e ideas y ponerse a trabajar en ellas (Dos de Pentáculos), y debe guardarse de tomar atajos (Siete de Espadas) aunque crea que se le hace tarde. En otras palabras, si no es capaz de progresar porque sus emociones y energía psíquica están ocupadas en otra parte (por ejemplo, el Colgado en la 6 y el Diablo en la 4), y se sume en viejos patrones de conducta trabajando demasiado duro, entonces tal vez se sienta obligada a tomar atajos (Siete de Espadas) y asumir las consecuencias. O, en sus propias palabras:

—Bien podría empezar con un curso e ir preparándolo sobre la marcha.

Sin duda esto sería un enfoque equivocado con estas dos cartas complementarias en esta casa y, por lo tanto, hay que prevenirlo.

Una vez interpretados los rasgos más llamativos y tras llegar al meollo del problema, podemos echar un vistazo a las demás casas. Ahora estará claro por qué hay una imagen tan variada en la primera casa, la casa de la imagen pública.

El Seis de Espadas permite que la sensación de alienación de la mujer se exprese en su actitud hacia el mundo; podemos apreciar su necesidad de empezar de nuevo, ya que aún arrastra una gran carga del pasado. De hecho, no es que le apetezca irse y trabajar en otro sitio fuera de su entorno inmediato, pero, como ella dice, todo le resulta bastante difícil de manejar. Es probable que irrumpan emociones fuertes, miedos, pesares y cambios de ánimo (es asombroso lo mucho que esto tiene que ver con las cartas en su cuarta casa), que podrían hacerle perder la marcha y probablemente conseguir que se sintiera desplazada.

Por otro lado, también puede sentirse repentinamente alegre y comunicativa, contenta de estar viva y agradecida de cuanto se le presenta en el camino. No lo entiende del todo pero, si consideramos por un lado la confrontación con el pasado y, por otro, la búsqueda de la dimensión espiritual en la que los éxitos son menos importantes (el Ermitaño en la casa 12), veremos que se encuentra en vías de adoptar una nueva actitud (el Seis de Espadas).

Por supuesto que aún mantendrá una lucha con su antigua actitud (como lo demuestran las Varas en las casas 4 y 12), y entretanto está experimentando el dolor del pasado en todo tipo de formas (la Luna). Pero como ya lo ha asimilado y lo ha aceptado, no tiene necesidad de demorarse aquí sino que puede experimentar el lado positivo de la vida: el Diez de Pentáculos. Puesto que la Luna tiene un mayor acento que el Diez de Pentáculos, debemos poner más énfasis en las emociones que tienen sumida a la consultante e influyen en su actitud hacia el mundo exterior.

Otra casa que representa su contacto con el mundo exterior es la 10, que, en este caso, recibió una carta de los Arcanos Mayores en la segunda ronda. En primer lugar, esta casa tiene que ver con lo que uno revela (de forma consciente o inconsciente) al mundo exterior y la impresión que causa. En segundo lugar tiene que ver con el funcionamiento de uno en la sociedad y por consiguiente con la posición social. El Paje de Espadas previene contra las actitudes demasiado bruscas, como no tener pelos en la lengua y responder con excesiva rudeza. Aunque ella no tiene problemas en el trabajo, destaca que sus superiores le caen peor que antes. Aunque siempre se ha mostrado dispuesta a cooperar y aplicar las ideas que le sugerían, ahora una simple petición o una pregunta directa puede ponerla furiosa; le entran ganas de responder: «¿Cómo demonios te atreves a interferir?», o: «¡Déjame en paz para que pueda continuar con esto!». Tiene la impresión de haberse vuelto más susceptible y estar menos abierta a cooperar.

Las cartas complementarias, la Justicia y el Dos de Espadas, subrayan la advertencia de no ser demasiado contundente. Lo que haga se juzgará de forma del todo objetiva, dice la Justicia.

Pero esta carta indica además que también ella es capaz de ser objetiva con su propia conducta y es capaz de ver qué está haciendo. Por consiguiente, ciertamente puede revisar su actitud, pero con el Dos de Espadas le resulta duro implicarse emocionalmente en lo que está haciendo y en lo que debería hacer.

—A veces, simplemente estoy demasiado cansada y no me apetece preocuparme más de qué quieren los demás. Que se ocupen ellos —dice—, y sobre todo que no me comprometan a mí. Tengo bastante con lo que hago.

Por derecho propio, esta casa tiene que interpretarse por separado, como ya he mencionado al principio de nuestro ejemplo. Pero esta casa gana perspectiva si se coloca en el contexto de nuestro anterior análisis del énfasis que aportaban los Arcanos Mayores en la primera ronda. Su fatiga tiene que ver con el hecho de que las emociones de la casa 4 (el Diablo) le están costando mucha energía, y con su búsqueda de un nuevo ángulo desde donde enfocar su trabajo (el Colgado) y su actividad fuera de él. Es fácil ver que, como resultado de esto, puede mostrarse como una persona quisquillosa y ruda cuando aumenta la presión de la sociedad o de las obligaciones sociales.

En la segunda ronda, la casa 2 puede recibir también una carta de los Arcanos Mayores, el Mundo. La primera carta, que constituye el punto de partida de esta casa, es el Diez de Copas. La casa 2 tiene que ver con la seguridad y, sobre todo, con nuestros recursos materiales y la manera en que los manejamos. Además, calibra nuestros sentimientos de satisfacción y falta de satisfacción, y el grado en que nos motivan. Aunque resulte extraño, el Diez de Copas en esta casa revela a menudo una motivación poderosa, y en particular una actitud de inspiración emocional que produce automáticamente una sensación de certidumbre. En conexión con esto vemos que las perspectivas financieras normalmente son buenas y que cualquier problema puede resolverse con facilidad.

Esta carta parece estar en pugna con la crisis de motivación que la mujer describe al principio de la lectura. No obstante, en conversaciones posteriores con ella, vimos que su problema de motivación iba asociado sobre todo a la idea de que *debía* hacer cosas, que *tenía* que acabar los trabajos, que la ataban las obligaciones, que tenía que ser puntual; en pocas palabras, tenía que ver con la palabra «deber». En cuanto se levanta esta presión, siente que puede hacer cualquier cosa. Y esto incluso le puede proporcionar cierto prestigio. Pero el núcleo de su problema de motivación es que quiere hacer las cosas por impulso interior, y luego tiene una gran dificultad para hacer frente a la presión del exterior. Esto reactiva el dolor del pasado, aquellas situaciones de la infancia en que la menospreciaban por no estar a la altura.

De modo que el Diez de Copas nos señala que no hay nada malo en la motivación de la mujer en sí. El Mundo, como carta complementaria, revela que «se pone a bailar con lo que se presenta en su camino». Ella misma lo describe de forma simple:

—Cuando las cosas van a mi favor me divierto, y cuando las cosas van en contra me comporto de forma un poco más apocada. Pero no puedo estar echada en la cama despierta y preocupándome por ellos; no se lo merecen en lo que a mí respecta.

Y esta actitud está estrechamente relacionada con el Mundo. El Ocho de Copas parece subrayarlo aún más. Está dejando copas llenas tras ella, para ir en busca de algo nuevo. No hace mucho rechazó una oferta lucrativa: un trabajo excepcionalmente bien pagado, pero que no la entusiasmaba lo más mínimo; además, sobre todo, habría sido una atadura. No dudó en rechazar la oferta pese a tener que vivir con más limitaciones con el sueldo actual.

La última casa que recibió una carta de los Arcanos Mayores en la segunda vuelta fue la quinta: la casa en la que tenemos que aprender a gustarnos a nosotros mismos y aprender a jugar y divertirnos (lo que para mucha gente es una tarea dificilísima). Además es la casa en la que vamos al encuentro con la vida con una actitud mental relajada y alegre y vamos a desarrollar un sentimiento de aceptación y confianza en nosotros mismos. En esta casa la primera carta es el Siete de Copas, que advierte de que la joven se encuentra en un cruce de caminos: se halla, en apariencia bastante alegremente, ante la opción de la línea inferior de Copas (poder, posesiones, honor y agresión) o de la superior (contacto con el ser interior, asumir el Verdadero Yo y crecimiento psíquico). Puede decidir trabajar duro y adquirir poder, dinero y propiedades —todo ello a expensas de su desarrollo espiritual—, o puede aprender a escuchar lo que tenga que decirle su ser interior. Ahora bien, en la quinta casa, la hilera superior de Copas significa también estar preparada para disfrutar siendo ella misma, estar dispuesta a relajarse y aceptarse como es. Resulta destacable que aparezca esta opción con la imagen que ya nos hemos formado de su estado.

La Rueda de la Fortuna parece entrar aquí en juego. Según Jung, si continuamos volviendo a una misma situación, es el momento apropiado para descubrir cuál es el papel adoptado inconscientemente que nos entrega a este «destino». Con discernimiento y un cambio de conducta en consecuencia podemos cambiar este «sino» y dar una nueva dirección a nuestra vida.

Da la impresión de que, en este caso, la Rueda de la Fortuna tiene que ver con el círculo vicioso en que la mujer se encuentra y en el que seguirá si opta por el Siete de Copas en la hilera inferior, aunque esta opción está tergiversada y justificada por argumentos como: «¡Se supone que no puedo rechazar una oferta así!», o: «¡Estaría loca si no aprovechara una oportunidad tan buena!». El inconsciente no hace caso a excusas de ese tipo. Sabe con exactitud si huyes una vez más de ti mismo o si estás haciendo lo correcto para tu crecimiento interior o tu estado presente. Por lo tanto, sin duda esto se aleja de las recomendaciones que, para entendernos, le hace la Reina de Pentáculos para que se disponga a un intenso disfrute interior de lo que tiene y lo que hay. El lujo no es excesivo en esta carta cortesana, pero sí existe una predisposición a ser uno mismo y saborear la vida con madurez.

La mujer reconoce esta pugna interna:

—No puedo quedarme sentada —argumenta—. Siempre tengo la impresión de que debería hacer algo útil; y, cuando se piensa en algo mejor, siempre se reduce a ganar más dinero. Pero no puedo seguir así, el dinero en realidad nunca me ha interesado. Es algo que pertenece al pasado, que tiene que ver con la forma en que me educaron. Me he hecho a la idea de divertirme, pero me temo que de algún modo tendré que evitar hacerlo. De hecho, probablemente no sé cómo. Y, no obstante, el trabajo duro me entusiasma cada vez menos.

Un comentario bastante elemental sobre esta combinación de cartas, y también muy natural a la luz de lo que descubrimos después.

Llegados a este punto, ya hemos estudiado todas las casas que contenían cartas de los Arcanos Mayores, tanto en la primera como en la segunda ronda. Nos quedamos con las casas menos destacadas. Los procesos que éstas reflejan no están tan resaltados en este momento de la vida de la consultante, y no tendrán tanto impacto en el curso de los acontecimientos del futuro más inmediato.

Esto no quiere decir que haya que pasar por alto estas casas; por el contrario, contienen mucha información valiosa. Pero, en ausencia de una carta de los Arcanos Mayores, no debemos colocarlas en primer plano. En este caso, las casas sin Arcanos Mayores son las 7, 8, 9 y 11. Tendremos que darles ahora un rápido repaso.

La octava casa es, a todos los respectos, la casa de las represiones y de la asimilación de problemas. El hecho de que aquí no haya cartas de los Arcanos Mayores, aunque la mujer obviamente tiene problemas psicológicos y se está ocupando de aclararlos, puede considerarse un signo positivo. En la mayoría de casos, la ausencia de Arcanos Mayores sugiere problemas que ya han salido a la luz, y el hecho de que no estén presentes en la «casa del inconsciente personal» alude también a que no pasa nada estremecedor por debajo de la superficie, en el inconsciente. Las cartas de los Arcanos Menores en esta casa indican los instrumentos que tiene la mujer a su disposición para resolver y asimilar sus problemas. Cualquier naipe que presente la naturaleza de «carta de aviso» podría estar revelando factores inhibidores en el proceso de asimilación.

La primera carta en la casa 8 es el Diez de Varas. Esto sí es de interés. Su proceso de asimilación se ve coartado por demasiada actividad y demasiado pensar. Se trata de su estilo habitual: pasa a la acción con la mayor rapidez posible y se mantiene muy ocupada. Como vimos antes, mantenerse ocupado era un medio para evitar sentirse desgraciada en su juventud. Era un mecanismo de defensa entonces y se ha convertido en una conducta estereotipada. Pero ahora la excesiva actividad es algo que puede inhibir su proceso interior y la nueva orientación de su vida. No obstante, la carta en sí es útil, ya que le recomienda hacer inventario de su actividad, ser decidida y reorganizarse un poco. Teniendo en cuenta las cartas anteriores, ciertamente este consejo llega en el momento apropiado.

Merece la pena resaltar que la cuarta casa, en la que se pueden descubrir muchos de los problemas de la mujer, contiene el Siete de Varas, y la casa 12, que busca la abstracción (especialmente cuando el Ermitaño cae en ella), contiene dos cartas de Bastos: el Caballero y el Nueve de Bastos. Pero la octava casa también contiene una carta de Bastos, y los Bastos en general indican acción, y vemos la medida en que esta mujer ha empleado la acción y la laboriosidad como armas para combatir sus sentimientos y emociones. (Para los astrólogos entre nosotros: las casas 4, 8 y 12 son casas de agua, y siempre revelan nuestra actitud en relación con el mundo emocional y las circunstancias emocionales.) El Siete de Bastos amenaza con no calcular las consecuencias de lo que hace, el Nueve de Bastos amenaza con dar vueltas y más vueltas en círculos, y el Diez de Bastos exige una revisión por fin de todo el terreno que se ha removido y de los escombros que hay que retirar. Es algo que tiene que hacer la mujer si quiere normalizar sus sentimientos y resolver sus problemas.

La segunda y tercera cartas en la casa 8 son Pentáculos las dos: el Tres y el Nueve. «Aún no ha concluido el trabajo —dice el Tres de Pentáculos—, pero continúa en ello con la confianza de que alcanzarás tu objetivo.» Los Pentáculos dan resultados muy concretos, de modo que tal vez podamos esperar que se produzca algún cambio visible. El Nueve de Pentáculos significa que debería mantener ambos pies sobre la tierra, pero disfrutando por entero de su unión con la naturaleza, la vida y con ella misma. Esta carta promete la conclusión de un proceso sin quedarse atascado en él.

En lo que a la asimilación se refiere, lo más importante para ella es tener presente que «evadirse en la acción es una receta para el desastre». Las otras cartas indican que el proceso avanzará por buen camino y se verá potenciado desde dentro de ella si continúa persiguiéndolo.

La ayuda prometida no sólo se encuentra en la octava casa:

dos casas importantes para las relaciones, la 7 y la 11, también ofrecen su apoyo. La séptima casa representa su relación con la pareja, y la undécima casa representa su actitud hacia los amigos y la gente en su misma onda.

Primero analicemos la séptima casa: aunque la mujer manifestó que existían tensiones en la relación, las cartas no las recogen. En una relación pueden surgir nuevos sentimientos con la aparición del Paje de Copas en el escenario, lo cual normalmente es positivo. Pero las cartas con Pajes indican también una dualidad a causa de cierta inexperiencia. En la situación de la mujer, esto puede significar una actitud nueva, más abierta y más sensible, hacia su pareja, pero todavía no tiene idea de cómo expresarla, y tal vez sea vaga al respecto de manera deliberada.

No obstante, la Reina de Copas es una carta suplementaria, e indica una expresión mucho más madura y equilibrada de los sentimientos. Es asombroso que las dos cartas yin de Copas se encuentren en esta casa de las relaciones. Esto, por sí solo, señala que está involucrada en un proceso en el cual debe aprender a mostrar más sus sentimientos y dejarse ir. La mujer admitió que creía que era esto lo que tenía que hacer, pero añadió que la idea aún la incomodaba. Todavía no se sentía capaz, pero a veces sí que deseaba serlo. El Ocho de Pentáculos revela que, de hecho, aún está metida en esta tarea; aunque no ha acabado, su conclusión está próxima. Puesto que los Pentáculos se hallan orientados hacia la realidad física, podemos esperar justificadamente que aquí, también, el proceso interior de la mujer llevará a otra actitud hacia quienes la rodean, lo que, en este caso, no pasará inadvertido a su pareja. Al mismo tiempo, la carta revela que la mujer se siente motivada para alcanzar el objetivo, que consiste en mostrar sus sentimientos de forma más abierta pese a sus recelos.

¿Puede también la séptima casa decir algo sobre su pareja? A veces sí, pero he observado en muchos casos que lo que dice no está relacionado con la situación interior del consultante. La mujer recalcó que su pareja apreciaba en gran medida una armonía en la que ella expresara más sus emociones, y la respaldaba mucho en su proceso, aunque él no siempre sabía qué hacer cuando ella explotaba emocionalmente. De modo que las cartas de Copas pueden tener algo que ver con el anhelo por parte de su marido de un mayor contacto emocional (la Reina de Copas), así como con su torpeza a la hora de manejar la situación (el Paje de Copas).

El tema principal de la undécima casa es el encuentro: el Dos de Copas complementado por el Seis de Pentáculos y el Paje de Varas. La casa de la amistad y de la asociación con personas de la misma mentalidad es especialmente afable. La mujer reconoció que tenía unos cuantos amigos y amigas y que, aunque sus caracteres eran muy diferentes al suyo, se entendía verdaderamente bien con ellos.

El Seis de Pentáculos muestra a un mercader que permite que los demás —especialmente los pobres— compartan con él sus riquezas. Ha alcanzado cierta posición y tiene que adoptar una nueva actitud para no caer en la trampa de la codicia u otras ambiciones. Al principio no acepté este naipe como una imagen apropiada. A veces una carta indica una falta de equilibrio en una amistad, de modo que una parte cede todo el tiempo y la otra toma.

Pero la mujer descartó esta última idea. No obstante, sí dijo que pocos años atrás no sabía tratar a los amigos y apenas tenía alguno. Siempre estaba o trabajando o implicada en varias organizaciones en su tiempo libre, pero no consideraba este entorno como su verdadero círculo de amigos. Sentía claramente que el mercader de la carta representaba esa parte de ella que había sido creada por la actividad económica —finalmente había alcanzado una buena posición—, pero ahora esto debía dejar paso a otra parte de ella que hasta el momento había estado descuidada: su papel social.

—Debo encontrar un mejor equilibrio —me dijo—, y las cosas mejorarán.

Parecía preferir la gente que abordaba las cosas de manera directa, fueran aficiones o trabajo. Se encontraba mejor con personas entusiastas, «activas» y estimulantes, ya que ella también era así. El Paje de Bastos es explícito a ese respecto.

Nos queda una casa por interpretar: la novena. La casa 9 representa nuestra necesidad de viajar física o mentalmente para poder decidirnos sobre las cosas, y muestra el papel que desempeñan los ideales en nuestra vida.

La tirada astrológica

La primera carta es el Tres de Espadas, una carta que literalmente representa a una persona abatida. El Tres de Espadas es un proceso: estás en el camino y ya has tenido que tomar unas cuantas decisiones importantes, normalmente dolorosas. Debemos centrarnos en esto ahora dentro del tema de la novena casa.

—Me encuentro en una pugna —dice ella—. Es tanto lo que quiero hacer; pero comprendo que no puedo organizarlo todo, aunque todavía soy joven. Estoy llena de ideas, me gustaría estudiar y aprender de todo, pero tengo una familia y no sería justo que ellos pagaran por mis aspiraciones inquietas.

¿Ha tomado ya alguna decisión? En cierta medida, sí. Quería asistir a las clases necesarias, pero ha limitado de forma drástica el número a unas pocas que de verdad le parecían importantes. No iba a continuar con estudios adicionales.

—Ya podré hacerlo cuando los niños se vayan de casa, pero no por el momento. —Y añadió—: Sigo leyendo, y no me concentro sólo en libros que tengan que ver con mi profesión. Mis intereses abarcan muchas cosas y tengo una mente inquisitiva.

La amplia gama de intereses no abarcaba tanto libros de cocina y novela romántica en su órbita cuanto textos financieros, económicos y científicos. ¿Es éste el significado del Nueve de Copas, que también se encuentra en la novena casa? Esta carta puede estar relacionada con temas que nos atraen emocionalmente (Copas) y en los que nos sumergimos cada vez que tenemos ocasión. El Nueve de Copas no necesita indicar algo muy profundo (e incluso puede dejarle a uno rozando la superficie), pero representa una satisfacción emocional.

Por lo tanto, por lo que yo puedo ver, la carta bien puede indicar la lectura de materias que nos interesan y entretienen y a la vez nos son instructivas. Mi propia impresión es que ella volverá a estudios útiles. Lo que tiende a convencerme es que la serie acaba con el Rey de Pentáculos, perteneciente a un palo que tiene que ver con la realización en el mundo material. De este modo, aunque ha decidido dejar por el momento ciertas cosas y cierto aprendizaje (Tres de Espadas), su afición a adquirir información a través de la lectura (Nueve de Copas) probablemente la llevará a nuevos planes concretos e ideales que podrá alcanzar si se concentra en ello y no permite que la desconcierten. Además, el Tres de Espadas también puede indicar cierta severidad a la hora de formarse opiniones y juicios.

Si reflexionamos sobre todo ello, vemos que lo que la mujer había expresado de forma bastante vaga, es decir, sus sentimientos de inquietud y la crisis de motivación en cuanto a su trabajo, no sólo quedaba claramente reflejado en la tirada sino que además encontraba un fondo y se situaba en un contexto.

Hay una cosa que dijo la mujer que no se pudo apreciar en las cartas: había tenido problemas en su matrimonio, malentendidos y peleas, que la habían hecho sentirse sola y rechazada. Esto no se discernía en la séptima casa como un problema conyugal, aparte de las indicaciones de la lucha por afrontar su necesidad de responder con mayores muestras de emoción y ser más abierta en este ámbito de su relación.

Admitió que su matrimonio era bueno de verdad, y aunque su marido tenía un carácter bastante complejo, siempre conseguía apañárselas. Más tarde confesó que no era el matrimonio o la relación lo que iba mal, sino que siempre se trataba de esos malentendidos.

Analizándolo más a fondo, sus propias emociones, su miedo a un ambiente alborotado —lo cual había constituido una experiencia tan amarga en su juventud—, el miedo a que no le permitieran ser ella misma y su falta de seguridad en el hogar parecen ser grandes factores en su conflicto conyugal.

No era el matrimonio en sí (la séptima casa) sino su base emocional y su pasado (la cuarta casa) lo que representaban problemas en la relación. Las cartas en la séptima casa mantenían la promesa de que la propia relación no estaba en peligro.

Para la mujer, esta tirada era un gran «festín de reconocimiento». La ayudó a disfrutar de una perspectiva mucho mejor de lo que pasaba en su interior.

—En lo más recóndito de mí, ya sabía todas estas cosas —dijo—, pero no veía cómo enlazaban entre sí. Sólo eran cabos sueltos y fragmentos de cosas. Pero ahora veo su conexión, sé qué es lo que tengo que hacer —añadió con un suspiro de alivio.

Y esta es la gran ventaja del método astrológico: ofrece un profundo discernimiento de la relación entre sentimientos internos y fenómenos externos.

Bibliografía

Bach, Susan, *Life Paints Its Own Span: On the Significance of Spontaneous Pictures by Severely Ill Children*, Daimon Verlag, Einsiedeln (Suiza), 1990.
Banzhaf, Hajo, *The Tarot Handbook*, U. S. Games Systems, Stamford (Connecticut), 1993.
Bindel, Ernst, *Die Geistigen Grundlagen der Zahlen*, Freies Geistesleben, Stuttgart, 1975.
—*Die Zahlengrundlagen der Musik im Wandel der Zeiten*, vol. 3, Freies Geistesleben, Stuttgart, 1950.
Blank, William, *Torah, Tarot & Tantra: A Guide to Jewish Spiritual Growth*, Sigo Press, Boston, 1991.
Campbell, Joseph, *The Hero with a Thousand Faces*, Bollingen Series, n.° 17, Princeton University Press, Princeton, 1990. [Hay trad. al castellano: *El héroe de las mil caras. Psicoanálisis del mito*, FCE, México, 1997.]
Camphausen, Rufus C., *Tarot en Kabbala*, W. N. Schors, Amsterdam, 1993.
Case, Paul Foster, *The Tarot: A Key to the Wisdom of the Ages*, Builders of the Adytum, Los Ángeles, 1947.
Cavendish, R., *The Tarot*, HarperCollins, Nueva York, 1975.
Cirlot, Juan Eduardo, *Diccionario de símbolos*, 3.ª ed., Siruela, Madrid, 1997.
Crowley, Aleister, *The Book of Thoth: A Short Essay on the Tarot of the Egyptians*, Samuel Weiser, York Beach (Maine), 1974.
Doane, Doris Chase, y Ken Keyes, *Tarot Card Spread Reader*, Parker, Nueva York, 1967.
Edinger, E. F., *Ego & Archetype: Individuation & the Religious Function of the Psyche*, Shambhala, Boston, 1992.
Eerenbeemt, Noud van den, *Sleutel tot de Tarot*, Tango, Langenfeld [Alemania], 1972.
Franz, Marie-Louise von, *Creation Myths*, Shambhala, Boston, 1995.

—*The Feminine in Fairy Tales*, Spring Publications, Dallas (Tejas), 1972.
—*Individuation in Fairy Tales*, Spring, Zúrich, 1977.
—*An Introduction to the Interpretation of Fairy Tales*, Spring Publications, Dallas (Tejas), 1982.
—*Number and Time: Reflections Leading Towards a Unification of Psychology and Physics*, Rider, Londres, 1974.
—*On Divination and Synchronicity: The Psychology of Meaningful Chance*, Inner City Books, Toronto, 1980.
—*Psyche and Matter*, Shambhala, Boston, 1972.
—*The Psychological Meaning of Redemption Motifs in Fairytales*, Inner City Books, Toronto, 1980. [Hay trad. al castellano: *Símbolos de redención en los cuentos de hadas*, Luciérnaga, Barcelona, 1990.]
—*Psychotherapy*, Shambhala, Boston, 1993.
Funk & Wagnalls Standard Dictionary of Folklore, Mythology, and Legend, HarperSanFrancisco, San Francisco, 1972, 1984.
Furth, Gregg M., *The Secret World of Drawings: Healing through Art*, Sigo Press, Boston, 1989. [Hay trad. al castellano: *El secreto mundo de los dibujos*, Luciérnaga, Barcelona, 1992.]
Gabrielli, Alexandra, *Kabbala*, Mirananda, Wassenaar (Holanda), 1981.
Glahn, A. F., *Das Deutsche Tarot Buch*, Bauer Verlag, Freiburg, 1958.
Guggenbühl-Craig, Adolf, *Eros on Crutches: Reflections on Amorality and Psychopathy*, Spring Publications, Irving (Tejas), 1980.
Hamaker-Zondag, Karen, *The Houses of Personality Development in Foundations of Personality*, Samuel Weiser, York Beach (Maine), 1988 y 1994.
—*Wat is toch Astrologgie?*, Schors, Amsterdam, 1986.
Harding, M. Esther, *The «I» and the «Not-I»: A Study in the Development of Consciousness*, Bollingen Series, n.° 79, Princeton University Press, Princeton, 1965.
—*Psychic Energy: Its Source and Its Transformation*, Bollingen Series, n.° 10, Princeton University Press, Princeton, 1963.
Ifrah, Georges, *De Wereld van het Getal: De geschiedenis van een grote uitviding*, Servire, Utrecht (Holanda), 1988.
Javane, Faith, y Dusty Bunker, *Numerology and the Divine Triangle*, Schiffer, Atglen (Pennsylvania), 1979. [Hay trad. en castellano: *La clave secreta de los números*, Martínez Roca, Barcelona, 1984.]

—*De Goddelijke driehoek: een synthese van numerologie, tarot en astrologie*, Mirananda, Wassenaar (Holanda), 1983.
Johnson, R. A., *Inner Work: Using Dreams and Active Imagination for Personal Growth*, HarperSanFrancisco, San Francisco, 1986.
Jung, C. G., *The Collected Works, Vols. 1-20*, Bollingen Series, n.° 20, Princeton University Press, Princeton, 1960-1985.
—*The Collected Works, vol. 14. Mysterium Coniunctionis*, Princeton University Press, Princeton, 1960-1985.
—*Man and His Symbols*, Aldus Books, Londres, 1964; Doubleday, Nueva York, 1969. [Hay trad. al castellano: *El hombre y sus símbolos*, Paidós, Barcelona, 1995.]
Jung, Emma, *Anima and Animus*, Cary F. Baynes y Hildegard Nagel (trads.), Spring, Dallas (Tejas), 1985.
Kaplan, Aryeh, *Sefer Yetzirah*, Samuel Weiser, York Beach (Maine), 1993. [Hay trad. al castellano: *Sefer Yetzirah: el libro de la creación*, Mirach, Villaviciosa de Odón (Madrid), 1994.]
Kaplan, Stuart R., *The Encyclopedia of Tarot*, vols. 1-3, U.S. Games Systems, Inc., Stamford (Connecticut), 1978, 1985, 1990. [En castellano sólo está traducido un compendio: *El tarot*, Plaza & Janés, Barcelona, 6.ª ed., 1994.]
Kast, Verena, *Creative Leap: Psychological Transformation through Crisis*, Chiron Publications, Wilmette (Illinois), 1991.
—*Fairy Tales as Therapy*, Fromm International, Nueva York, 1995.
—*Omgaan met Angst: De Werkelijkheid van het sprookje*, Ankh-Hermes, Deventer, 1989.
Knight, Gareth, *A Practical Guide to Qabalistic Symbolism*, Samuel Weiser, York Beach (Maine), 1978.
Konraad, Sandor, *Numerologie: Sleutel tot de Tarot*, W. N. Schors, Amsterdam, 1989.
Kopp, Sheldom, *The Hanged Man: Psychotherapy and the Forces of Darkness*, SBB Books, Palo Alto (California), 1974.
Larousse World Mythology, Pierre Grimal (ed)., Hamlyn, Londres, 1965.
Masino, Marcia, *The Easy Tarot Guide*, ACS Publications, San Diego (California), 1987.
Muchery, Georges, *Le Tarot divinitoire*, Éd. du Chariot, París, 1972.
Myer, Isaac, *Qabbalah: The Philosophical Writings of Solomon Ben Yehuda Ibn Gebirol or Avicebron*, Samuel Weiser, Nueva York, 1974.

Neumann, Erich, *The Great Mother: An Analysis of the Archetype*, Ralph Manheim (trad.), Bollingen Series, n.° 47, Princeton University Press, Princeton, 1963.

New Larousse Encyclopaedia of Mythology, Introducción de Robert Graves, Hamlyn, Londres, 1968.

Nichols, Sallie, *Jung and Tarot: An Archetypal Journey*, Samuel Weiser, York Beach (Maine), 1980. [Hay trad. al castellano: *Jung y el tarot: un viaje arquetípico*, Kairós, Barcelona, 1989.]

Paneth, Ludwig, *Zahlensymbolik im Unbewusstsein*, Rascher, Zúrich, 1952.

Papus, *The Tarot of the Bohemians*, Wilshire, North Hollywood (California), 1978.

Pollack, Rachel, *The 78 Degrees of Wisdom*, Aquariam Press, Londres, 1980. [Hay trad. al castellano: *Los setenta y ocho grados de sabiduría del tarot: Arcanos Mayores* y *Arcanos Menores y Lecturas*, Urano, 2 vols., Barcelona, 1987 y 1995.]

Reeth, A. Vlan, *Encyclopedie van de Mythologie*, Tirion, Baarn, 1992.

Ten Dam, Hans, *Zonlicht door 78 Vensters: Praktische Handleiding Voor de Tarot*, Bres, Amsterdam, 1985.

Thierens, A. E., *The General Book of the Tarot: Containing the Astrological Key to the Tarot System Published for the First Time*, Introducción de A. E. Waite, Rider, Londres, s. f. (hacia los años treinta).

Walker, Barbara, *The Woman's Dictionary of Symbols & Sacred Objects*, HarperSanFrancisco, San Francisco, 1988.

—*The Woman's Encyclopedia of Myths & Secrets*, HarperSanFrancisco, San Francisco, 1983.

Wirth, Oswald, *The Tarot of the Magicians*, Samuel Weiser, York Beach (Maine), 1986.

Zohar, Maurice Simon y Paul Levertoff (eds.), Soncino Press, Nueva York, 1934.

Zweig, Connie, y Jeremiah Abrams, *Meeting the Shadow: The Hidden Power of the Dark Side of Human Nature*, J. P. Tarcher, Los Ángeles, 1991.

Índice analítico

A
abismo, 164
acción, 164
Adán, 64
alfabeto, 32
Amantes, 58, 177, 220
Amor, 268
Amun, 129
Amunet, 129
andrógina, divinidad, 27
angustias, 208
anhelos sexuales, 226
anima, 62, 70, 74
animus, 62, 70, 74
Árbol de la Vida, 241, 265, 271, 272, 273
Arcanos Mayores, 17, 23, 77, 218, 272, 273
Arcanos Menores, 17, 24, 93, 143, 218, 273
Ardhanarisvara, 27
arithmos teleios, 121
armonía, 197
arquetipos, 77, 231, 232
Astarté, 116
astrología, 217
astrológica, tirada
    primera casa, 284
    segunda casa, 285
    tercera casa, 285
    cuarta casa, 286
    quinta casa, 286
    sexta casa, 287
    séptima casa, 287
    octava casa, 288
    novena casa, 289
    décima casa, 289
    undécima casa, 290
    duodécima casa, 290
As
    de Copas, 103
    de Espadas, 102
    de Pentáculos, 103
    de Varas, 102
autoconservación, 198

B
Banzhaf, Hajo, 218, 225
baraja
    Arcus Arcanum, 50, 51, 53, 56
    escoger una, 21
    Crowley, Tarot de Tot, 18
    Haindl, 48, 56, 57, 58, 67, 70
    Hanson-Roberts, 48, 50, 53, 56, 64, 69
    Marsella, 18
    Morgan-Greer, 48, 50, 53, 57
    Rider-Waite, 18, 48, 52, 57, 59, 64, 69, 71
    Visconti-Sforza, 18, 34, 63
Base, 270
bastón, 104
Belleza, 269
Benevolencia, 268
Binah, 267, 268, 272
Bindel, Ernst, 130, 133
Blank, William, 265
Boaz, 271

C
Cábala, 36, 265
cabalístico, 266
Caballero, 143, 145, 149
    de Copas, 151
    de Espadas, 149
    de Pentáculos, 150
    de Varas, 149

Caín, 125
cambio, 171, 196
Camino del Héroe, 91, 93, 159
Caperucita Roja, 19, 20
Carro, 83, 180, 220
cartas
    cortesanas, 95, 143
    de juego, antiguas, 33
    tirar las, 237
    numeradas, 93
    trabajar con las, 235
Chesed, 268, 272
Chokmah, 267, 272
ciclos, 121
    finalización de, 121
    grandes, 160
Cinco, 115
    de Copas, 119
    de Pentáculos, 118
    de Espadas, 117
    de Varas, 117
cisne, 51
Colgado, 191, 222
comunidad religiosa, 177
confianza en uno mismo, 179, 204
confrontaciones psicológicas, 184
consciente, integración de la mente, 87
Constant, Alphonse Louis, 36
construcción, 130
contrarios, reconciliación de, 197
Copas, 26, 58, 95, 143, 229
    Siete de, 70
Corona, 267, 272
    de Laurel, 71
Court de Gebelin, 35
creación, 130
creatividad, 169, 170
Crowley, Aleister, 36, 218
Cruz Celta, 241, 265, 268, 269
Cruz, 241, 245, 246
Cuatro, 111
    de Copas, 114
    de Espadas, 113
    de Pentáculos, 114
    de Varas, 112

Cupido, 63, 64

D

de vida y muerte, 69
depresión, 201
desasosiego, 124
destino, 188
Diablo, 77, 88, 198, 199, 222, 226
Diez, 136
    de Copas, 140
    de Pentáculos, 139
    de Espadas, 138
    de Varas, 137
diosa del amor, 116
discriminación, 190
Dos, 104
    de Copas, 106
    de Espadas, 105
    de Pentáculos, 106
    de Varas, 105
drama, 125
dualidad, 104

E

ejemplo 1, 17, 259, 274, 293
emociones, 168, 208
Emperador, 82, 172, 220
Emperatriz, 82, 169, 219
Entendimiento, 267, 272
equilibrio, 190
Ermitaño, 83, 184, 221
Eros, 59, 115
escudero, 143
Espadas, 26, 58, 94, 104, 143, 229
Espíritu Santo, 133
Esplendor, 270
esqueleto, 69
estancamiento, 71
Estrella, 89, 20, 223
Eternidad, 270
ética, 200
Eva, 64
expiación, 125

F

Firmeza, 270
flexibilidad, 209
Fobias, 208
formación, 107
    acto de, 111
Franz, Marie-Louise von, 96
Fuerza vital, 161
Fuerza, 182, 221, 269
    interior, , 209
Fundamento, 270
futuro, 239

G

Gabrielli, Alexandra, 265
gato, 48, 49, 50, 51
Gevurah, 269, 272
gitanos, 25
Gloria, 270
gobierno, 172
gracia (condescendencia), 268
Grimaud, 43
guerra, 116
guerrero, 143
Guggenbühl-Craig, Adolf, 232
guru, falso, 186

H

Hermópolis, 129
Héroe, El Camino del, 77
Hierofante, 81, 174, 220
Hod, 270
Hu, 129
Huhet, 129
humildad, 192

I

Imágenes interiores, 206
improvisación, 247
impulsos básicos, 80
inconsciente, 19, 167, 205, 206
    fuerzas aniquiladoras, 71
    integración, 87
individuación, 162
inmortales, los ocho, 129
insomnio, 202
Inteligencia, 267
interpretación, 159
involucrarse, miedo a, 179
Ishtar, 116

J

Jachin, 271
Johannes, hermano, 33
Juicio, 90, 210, 224, 269
Jung, 29, 62, 77, 96, 97, 98, 230
Justicia, 189, 221, 271

K

Kaplan, Rabbi Aryeh, 265
Kaplan, Stuart R., 35, 36, 38, 39, 40, 41
Kether, 267, 272
Knight, Gareth, 265
Kuk, 129
Kuket, 129

L

La Papisa, 176
lanza, 58
lectura, 243
Levertoff, Paul, 265
Levi, Eliphas, 36
liberación, 201
Lilit, 116
lince, 48
Loco, 44, 46, 82, 161, 218
Luna, 89, 205, 223

M

madre-concubina, 116
Magno, Alberto, 126
Mago, 52, 57, 82, 93, 104, 164, 219
Mainzer Kartenlosbuch, 35
Malkuth, 271
Mandalas, 111
Marte, 126, 127, 128
máscara, 71
Masino, Marcia, 218
matrimonio, 137
Maya, 25, 99
mesa del prestidigitador, 104

mesa, 57
Misericordia, 268, 271
mitología, 95
mitos, 97
Muchery, 218
Muerte, 67, 87, 194, 222
Mundo, 91, 213, 214, 184
    árbol del, 64
    instintivo, 182

N

Némesis, 26, 28
Netzach, 270
normas, 176
Nueve, 133
    de Copas, 136
    de Espadas, 134
    de Pentáculos, 135
    de Varas, 134
numerológicos, aspectos, 129
números, 96
Nun, 129
Nunet, 129

O

Ocho, 129
    de Copas, 132
    de Espadas, 131
    de Pentáculos, 131
    de Varas, 130
Opciones, 174, 177
Ornamento, 269

P

Paje, 143, 144
    de Copas, 148
    de Espadas, 149
    de Pentáculos, 148
    de Varas, 149
palos, 26
Paneth, Ludwig, 101
Papa, 81
Papus, 219
Paranormal, 167
pecado, 125
Pentáculos, 26, 95, 103, 143, 229

perdón, 125
Perro, 48, 49, 50
Personalidad, 44
piedra, 58
Pilares, 271
    derecha, 271
    izquierda, 271
    medio, 271
Pitágoras, 25
Plutón, 226
poder, ambición de, 226
precisión, 172
Pregunta Breve, 241
preguntas, 236
    breves, 243
protección, 176
proyección, 178, 183
psique, 77, 79
psíquico
    mecanismos, 23
    proceso, 68
punto crítico, 134

R

receptividad, 182
redención, 126
Reina, 143, 144, 152
    de Copas, 154
    de Espadas, 155
    de Pentáculos, 153
    de Varas, 152
Reino, 271
renovación, 171, 203
Rey, 143, 144, 154
    de Copas, 156
    de Espadas, 155
    de Pentáculos, 156
    de Varas, 154
Rider-Waite, 43
romaníes, 25
Rueda de la Fortuna, 85, 187, 221

S

Sabiduría, 267, 272
San Agustín, 125
San Bernardo de Siena, 33

sanación, 130
Santísima Trinidad, 29
Sefirot, 265
seguridad, 176
Seis, 121
    de Copas, 124
    de Espadas, 122
    de Pentáculos, 123
    de Varas, 122
serpiente, 71
Severidad, 269
sexualidad, 116
Sí mismo, 99
Siete, 124
    de Copas, 127
    de Espadas, 126
    de Pentáculos, 127
    de Varas, 126
signos zodiacales, 217
simbolismo, 18, 43
    árbol, 62
símbolos
    colectivos, 23
Simon, Maurice, 265
Smith, Pamela Coleman, 37
Sol, 90, 208, 223
Sombra, 175
Sota, 143
sueños, 23, 95, 205
Suma Sacerdotisa, 81, 166, 219

T
Tarot, 34, 217, 218
    Arcus Arcanum, 43
    de las Brujas, 43, 51, 53, 56, 57, 64, 69, 70
    de Marsella, 43, 47, 48, 51, 52, 57, 59, 62, 63, 68, 70
    Haindl, 43, 51
    Hanson-Roberts, 43
    historia y antecedentes, 25
    Morgan-Greer, 43
    Rider-Waite, 36, 43
    símbolos en el, 22
    Sola-Busca, 37
    Visconti-Sforza, 18, 34, 35, 63

Templanza, 88
Thierens, 218
Tifereth, 269, 272
tirada
    Árbol de la Vida, 265
    astrológica, 281, 282
    Cruz Celta, 255
    de cuatro cartas, 245
    de dos cartas, 245
    de tres cartas, 245
    espontánea, 247
    mejor, 241
Torre, 88, 89, 201, 223
totalidad, 71
trabajo duro, 173
tranquilidad, 88
Tres Pilares, 266
Tres, 107
    de Copas, 110
    de Pentáculos, 109
    de Espadas, 109
    de Varas, 108

U
unión, 116
Unus Mundus, 96, 97, 99

V
valores universales, 185
Varas, 26, 94, 143, 229
Viaje de descubrimiento, 186
Victoria, 270

W
Waite, 36, 70
Wirth, Oswald, 218
wu wei, 141

Y
yang, 63, 82, 145
    principio, 95
Yesod, 270
yin, 63, 82, 104, 143, 144
yo, 180
    construcción del, 82